宁波工程学院学术著作出版基金资助出版
国家社会科学基金“十二五”规划2011年度教育学课题研究成果
（课题编号：BKA110086）

农村剩余劳动力转移培训实效研究

朱占峰　著

WUHAN UNIVERSITY PRESS
武汉大学出版社

图书在版编目(CIP)数据

农村剩余劳动力转移培训实效研究/朱占峰著. —武汉：武汉大学出版社，2014.6

ISBN 978-7-307-13367-9

Ⅰ.农… Ⅱ.朱… Ⅲ.农村剩余劳动力—劳动力转移—研究—中国
Ⅳ.F323.6

中国版本图书馆 CIP 数据核字(2014)第 101505 号

责任编辑：邓 瑶　　责任校对：路亚妮　　装帧设计：吴 极

出版发行：**武汉大学出版社**（430072 武昌 珞珈山）
（电子邮件：whu_publish@163.com 网址：www.stmpress.cn）
印刷：湖北睿智印务有限公司
开本：787×1092 1/16 印张：12.5 字数：304 千字
版次：2014 年 6 月第 1 版 2014 年 6 月第 1 次印刷
ISBN 978-7-307-13367-9 定价：45.00 元

序

城乡结构的重构使农村剩余劳动力有序转移成为重要课题。

童年时期，一首《燕子飞回来了》的歌谣，表达了当时的儿童对未来美好世界的憧憬。到了知天命之年，在外耕耘的我年终回到故乡确实有迷路的感觉。斗转星移，沧海桑田。21世纪，城乡空间整合的加速必然带动城乡各类资源的深度融合。

2014年3月16日，中华人民共和国中央人民政府正式颁布《国家新型城镇化规划(2014—2020年)》。这是我国城乡发展史上具有里程碑意义的规划。该规划指出："城镇化是伴随工业化发展，非农产业在城镇集聚、农村人口向城镇集中的自然历史过程，是人类社会发展的客观趋势，是国家现代化的重要标志""城镇化是解决农业农村农民问题的重要途径""以人的城镇化为核心，合理引导人口流动，有序推进农业转移人口市民化""加强农民工职业技能培训，提高就业创业能力和职业素质"。城乡空间整合的核心是"人"。如何使农村剩余劳动力资源流向城镇、定居城镇、扎根城镇是落实新型城镇化规划的关键一环。

城乡人力资源融合需要大批农村剩余劳动力向城镇转移的有序化、制度化。其制度化的推进诉求农村剩余劳动力转移培训绩效评估的科学化。基于此，作者有幸承接了国家社会科学基金"十二五"规划2011年度教育学课题"农村剩余劳动力转移培训实效研究"(课题编号:BKA110086)。本书即为该项目研究成果。

农村剩余劳动力有序转移的基点在于培训。

从雷文斯坦(Ravenstein E G)到赫伯尔(Herberle R)，从阿瑟·刘易斯(Lewis W A)到西奥多·W.舒尔茨(Theodore W Schultz)，从肯尼斯·约瑟夫·阿罗(Kenneth J Arrow)到托达罗(Todaro M P)，从埃德加·富尔(Edgar Faure)到雅克·德洛尔(Delors J)……这些国际著名的学者倾力研究农村剩余劳动力转移到城镇的必然性，欲提升其地位使其上升为人力资本。

劳动经济学理论、职业教育学理论、就业理论从不同的视角提供了攸关劳动力的供给与需求、劳动力再生产、劳动效率，职业教育的功能、价值、发展战略，就业结构、就业质量、就业培训等领域的理论支撑问题。为农村剩余劳动力转移培训绩效研究奠定了理论基础。

农村剩余劳动力转移培训的质量在于实效。

农村劳动力转移培训的目的是使农村劳动力获得或改进与工作有关的知识、技能、动机，以利于在新的产业领域能够尽快地适应新的工作岗位，快速融入城镇生产与生活。

培训实效的衡量可分为培训的个体实效和社会实效两个层次。个体实效关系着受训后对劳动者工作及生活影响的程度和时间跨度;社会实效表现为社会的整体就业结构、就业质量以及劳动者整体素养的层级。

农村剩余劳动力转移培训绩效的评估亟待创新。

本书融合关联度、适配度、契合度和投入产出模型于一体,对农村剩余劳动力转移培训绩效开展了四维综合评价。评估方式具有创新性。

农村剩余劳动力转移培训与经济协调发展的关联度分析。本书以非农产业从业人员占全社会从业人员的比例作为农村剩余劳动力转移培训指标,在河南省、山东省、浙江省、新疆维吾尔自治区构成的研究样本空间内,得出该空间内农村剩余劳动力转移培训与经济协调发展具有较大关联性。农村剩余劳动力的转移培训,加快了城乡一体化步伐,促进了社会转型和产业升级。

农村剩余劳动力转移培训与产业结构升级的适配度分析。本书将两者的适配度划分为十个等级。通过建模分析不难看出,在选取的样本空间内,通过对农村剩余劳动力的转移培训,使其与产业结构升级的适配度均得到了缓和或提升。

农村剩余劳动力转移与培训的工作契合度分析。本书从供给-需求契合、需求-能力契合、自我概念-工作契合的视角,探索了样本空间相应区域内三次产业的内劳动力的变化、劳动增长率及就业弹性,体现农村剩余劳动力的转移培训增加了相应的契合度。

农村剩余劳动力转移培训的投入产出分析。本书选取产业结构、就业结构、经济结构偏离度三项指标,衡量农村剩余劳动力转移培训的投入产出效益,分别对样本空间数据进行了经济结构分析、经济质量分析和经济总量分析。分析结果显示:在农村剩余劳动力转移培训领域的投入产出具有较好的拟合度。

农村剩余劳动力转移培训绩效的提升路径诉求资源整合。

对样本空间的进一步实证分析,发现了制约绩效提升的诸多瓶颈。本书挖掘了影响农村剩余劳动力转移培训实效的体制与机制的障碍、区域分布的障碍、供需单位的障碍和劳动力个体的障碍,探索农村剩余劳动力转移培训绩效提升的路径,必然诉求资源的整合。为此,本书重点论述了培训政策整合、培训方式整合、培训内容整合以及绩效评价体系整合。

农村剩余劳动力转移培训绩效的优化需要特色模式支撑。

根据当前我国经济社会发展的背景,为科学、准确地评估农村剩余劳动力转移培训的绩效,本书构建了整合性较强的四维联合评估模型。模型以接受培训的农民、培训管理部门(政府相关部门)、培训机构、培训相关组织(劳务中介、行业协会等)这四维主体作为评估对象,针对不同主体的特点,制订不同的实效评价方法。这种四维联合评估模型通过定性分析和定量分析的有效结合,充分均衡了转移培训各方的利益,因而具有可应用性。

以整合的四维联合评估模型为基础,通过实施放大剩余劳动力转移培训获利的动力源、抑制剩余劳动力转移培训博弈的失策点、拓展剩余劳动力转移培训增效的协同圈等方案,塑造了农村剩余劳动力转移培训增效的特色模式。剩余劳动力转移培训博弈的失策点主要表现在传统体制运行的惯性思维组合、旧文化习俗的陈旧观念组合以及利益相关者的劣根意识组合。剩余劳动力转移培训增效的协同圈主要包括张扬角色主责,去除消极因素以及共筑多赢平台等要素。

农村剩余劳动力转移培训工作需要管理创新。

关于农村剩余劳动力转移培训工作的管理，本书通过建议加强农村剩余劳动力转移培训主体、客体以及过程的法制化，农村剩余劳动力转移培训任务、管理和评估的常态化，农村剩余劳动力转移培训理念、体系以及保障的国际化架构等环节，提出了农村剩余劳动力转移培训增效以及强化管理创新的针对性建议。

本书的撰写具有优秀团队支撑。

宁波工程学院经济与管理学院教授朱占峰博士拟订本书编著大纲，并执笔撰写了第 1 章、第 2 章、第 7 章、第 9 章且统稿；宁波工程学院经济与管理学院张晓东博士执笔撰写了第 3 章第 1 节、第 3 节、第 4 节，第 4 章第 3 节和第 8 章；商丘职业技术学院副教授陈勇博士执笔撰写了第 3 章第 2 节、第 4 章第 1 节和第 5 章；山东商业职业技术学院刘敏教授执笔撰写了第 4 章第 2 节，并搜集了山东省农村劳动力转移培训的相关数据；乌鲁木齐职业大学鲍卫新副教授执笔撰写了第 4 章第 4 节、第 6 章，并搜集了新疆维吾尔自治区劳动力转移培训的数据素材。撰写过程充分体现了优秀团队的合作精神。

本书的编著紧紧依托国家社会科学基金“十二五”规划 2011 年度教育学课题的研究成果。课题负责人朱占峰在课题申报以及成果形成过程中多次与课题组其他成员（河南大学王发曾教授、徐晓霞教授、史亚娟博士、郭志富博士，宁波工程学院杨仁法教授、贾春玉教授、张晓东博士、吕海珍老师，武汉理工大学朱耿博士研究生、朱一青博士研究生，商丘职业技术学院陈勇副教授、李良敏教授、刘洪运教授、张向前博士，山东商业职业技术学院刘敏教授，乌鲁木齐职业大学鲍卫新副教授等）进行座谈，采纳了他们的许多修改建议。尤其是河南大学王发曾教授、朱连奇教授对该项目申报、研究的全过程给予了大力指导和帮助，宁波工程学院经济与管理学院许燕博士认真校正了书稿。

在本书的撰写过程中，作者参阅了大量的文献资料，在此对相关文献资料的作者一并表示感谢！

朱占峰

2014 年 3 月

目　录

1 导　论

1.1 研究背景与意义

1.1.1 研究背景

进入21世纪，我国政府逐步提高了对农村剩余劳动力转移培训的重视程度，从2000年起不断增加对农村劳动力转移培训的投入。

2003年9月18日，国务院办公厅转发农业部等部门关于《2003—2010年全国农民工培训规划》的通知（国办发〔2003〕79号），明晰了2003—2010年的具体培训目标和任务。

2004年3月24日，教育部关于印发《农村劳动力转移培训计划》的通知（教职成〔2004〕1号）发布，提出"以服务为宗旨，以就业为导向，以改革创新为动力，充分利用职业教育与成人教育资源，全力推进农村劳动力转移培训工作，努力提高农村转移劳动力的就业能力和创业能力，加快农村劳动力有序、稳定地向非农产业和城镇转移"的工作思路。

2006年3月27日，《国务院关于解决农民工问题的若干意见》（国发〔2006〕5号）颁布，全文分10个部分、40条，约9000字，涉及农民工工资、就业、技能培训、劳动保护、社会保障、公共管理和服务、户籍管理制度改革、土地承包权益等各个方面的政策措施。

2006年5月17日，教育部关于教育系统贯彻落实《国务院关于解决农民工问题的若干意见》的实施意见（教职成〔2006〕6号）下发，确立"继续大力实施《教育部农村劳动力转移培训计划》，努力提高培训质量"的工作重点，强调"'十一五'期间，平均每年农村劳动力转移培训和农民工培训达到3000万人次，其中技能培训逐步达到2000万人次"。

2010年1月21日，《国务院办公厅关于进一步做好农民工培训工作的指导意见》（国办发〔2010〕11号）出台，提出了"逐步建立统一的农民工培训项目和资金统筹管理体制，使培训总量、培训结构与经济社会发展和农村劳动力转移就业相适应；到2015年，力争使有培训需求的农民工都得到一次以上的技能培训，掌握一项适应就业需要的实用技能"的奋斗目标。

事实上，经过"十五"期间转移培训的磨炼，从"十一五"到2012年底，农村剩余劳动力的转移培训工作成效卓著。据统计，2006—2012年间，大批培训队伍及7000万名需要向非农产业和城镇转移的劳动力得到培训，取得了巨大成就。但认真分析当前的形势，在农村剩余劳动力转移培训领域，仍然面临待转数量庞大、社会转型加速、各种角色复杂、培训任务艰巨等现实难题。

(1)待转数量庞大

经过新中国成立后近30年轰轰烈烈的“大干快上”,又经历改革开放后30余年快速发展,中国发生了翻天覆地的变化。前30年“定叫日月换新天”的豪言壮语在近30年已变成现实。斗转星移,沧海桑田,南飞的乳燕返回时的确难以找到家园。昔日的耕牛变成了“铁牛”,昔日的流程在技术革新中简化,现代化的工具将大量的农民工从繁重的农田耕作中解放出来,他们变成了推动产业由“一二三”向“三二一”转化的生力军。

第一产业与第二产业、第三产业的巨大投入产出差距使农民看透了发展的前景:必须跳出农业管农业的老路子。课题组曾深入豫东农村做过深度访谈,老乡们算过一笔细账:全身心务农者,越精耕细作,竞争收入越低。因为产值、粮价均有上限,投入越多,成本越高,效益越不明显。欲彻底改变农村面貌,必须采取现代化的耕作、收储手段,形成农业的产业化。然而产业化后的农村,必然形成大量亟待转移出去的剩余劳动力。

同乡人转移出去后积聚的成功案例产生了巨大的示范效应,加速了农村剩余劳动力的转移。一般来说,淳朴的农民在作决断时大多是谨小慎微的。在离开第一产业的问题上,他们一开始往往是犹豫不决的,但一旦一些同乡在外地有所成就后,他们就立即产生仿效心理。这就是为什么在劳动力转移过程中出现了“制衣村”“木工村”“装潢村”“泥工村”“搓背村”“理发村”等的原因。

国家政策的宏观调控也适宜于剩余劳动力的转移。基于经济全球化激烈竞争的态势,国家必须在产业发展上形成统筹的战略布局和科学的顶层设计。人力资源作为经济发展中的最活跃的因素,必须被规划好、引导好和利用好。

事实上,根据国家统计局统计数据整理得出,近5年农村剩余劳动力转移出的总量及其结构分布如表1-1所示,近3年每年净增仍在千万人左右,并且就地转移的数量呈攀升趋势。这说明在可预见的时期内,农村剩余劳动力需要转移的数量仍然庞大。

表1-1　**2008—2012年农村剩余劳动力转移总量与结构表**

年份	总量/万人	外出数量/万人	本地数量/万人	当年净增/万人
2012年	26261	16336	9925	983
2011年	25278	15863	9415	1055
2010年	24223	15335	8888	1245
2009年	22978	14533	8445	436
2008年	22542	14041	8501	

(2)社会转型加速

根据国家统计局2012年统计公报,2012年我国国内生产总值已达519322亿元(图1-1),人均38353.5元,按当时汇率折合成美元人均已达6101.9美元。事物的发展往往要经过量变到质变的过程。根据世界发达经济体演进的规律,在经济总量积聚到这个阶段,就进入到经济社会的转型加速期。这时,产业要升级,社会要转型,其关键要素还是人的素质要快速提升。否则,就容易落入“中等收入陷阱”。

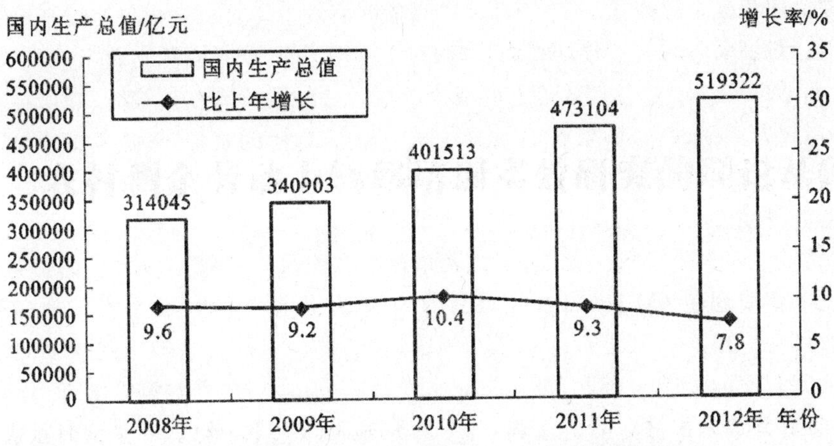

图 1-1 2008—2012 年国内生产总值及增长示意图

总体看来，我国经济社会的转型是顺利的，产业的演进驱动了社会结构的变化。昔日的草房变成了大厦，昔日的生产队变成了社区。随着以信息技术为支撑的第三次科技革命浪潮的到来，使距离更近、世界更平。人们对几千年"老婆孩子热炕头"的田园生活不再留恋，人员的重构、空间的重构、组织的重构愈来愈加速，中国的社会转型期已快速到来。

例如，2013 年浙江省全面实施的"四换三名"工程就是加快社会转型的最好例证。他们通过积极推进"腾笼换鸟"，大力发展高附加值、低能耗、低污染产业；积极推进"机器换人"，实现减员增效；推进"空间换地"，实现节约集约用地；推进"电商换市"，大力发展电子商务；着力培养名企、名品、名家，打造行业龙头等举措，昭示在农村剩余劳动力的转移环节必须加强培训的力度。

(3)各种角色复杂

在农村剩余劳动力转移培训过程中，牵涉基层政府、企业家和欲转移的劳动者。三者的角色时常发生巨大的变化。

第一，是基层政府。这是对县(市)、乡(镇)两级人民政府的统称。改革开放后七次政府机构改革，上中层的压力可以往下舒缓，而基层政府处于无处可退的位置，不得不承受超编超员、负重运转的状态。复杂的行政环境，常常驱使基层政府在多种角色间进行转换。尤其是面对农村剩余劳动力转移培训这一领域，人们对基层政府扮演的角色也褒贬不一。① 基层政府承担领导者角色。基层政府是农村社会转型升级的一线领导者，肩负着中上层执政理念的执行和落实，一般都具有强烈的责任意识。"为官一任，造福一方"是基层政府的主流状态。工业化、城镇化、农业现代化均需要对农村的人口、空间、资源进行结构重组，信息化的发展强化了行政的透明度。人往哪里去？钱从哪里来？意识怎么转？效益怎么增？这直接影响着农民的"脱贫致富"和城乡一体的新农村建设。参差不齐的劳动者素质更需要基层政府的坚强领导。② 基层政府承担管理者角色。基层政府在保障改革、发展、稳定的关系上更充当着管理者的角色。要建设、要发展、要吃饭、要稳定，基层政府的中心压力体现在如何使机构正常运转。基层财政健康运转的诀窍之一在于"减员增效"，但农村人口的基数往往又与中央财政的转移支付和各项补贴相关联，管理者的矛盾心态影响了对农村剩余劳动力转移培训的顶层布局。③ 基层政府易变成当政者角色。基层政府的议事规则尽管强调民主集中制，但实际运行中往往出现威权治理状况。一言代法、一言压法的现象时有发生。这就会出现过度强调政绩意识，唯政绩至上。对剩余劳动力转移培训而言，政绩至上观往往会形成官出数字、数字出官，弄虚作假，误事害民的状态。④ 基层政府有时成为擅权者。基层政府在决策时有时不能遵循客观规律，主要当权者头脑发胀，形象意识猖獗，扭曲了当官为民的思想，形式主义盛行，以不能告人的心态，大搞形象工程。擅权者主政，必然会出现被动转移、逼迫上楼、被逼集聚的状况。在这样的环境中，剩余劳动力转移培训的实效也就大打折扣。

第二，是企业家。① 企业家扮演经营者角色。企业家当然是经营者。诺贝尔经济学奖得主米尔顿·弗里德曼(Milton Friedman，1970)[1]曾提出：(企业)仅存在一种，而且是唯一的一种商业社会责任——只要它遵守职业规则，它的社会责任就是利用其资源，并且从事那些旨在增加其利润的活动。因此，企业家应牢记盈利意识，积极参与剩余劳动力的转移培训工作，这本身就是为了增加企业的盈利。② 企业家一般是战略家。一流的企业家必然有战略眼光，具有敏锐的社会意识，善于引领社会潮流。正如著名管理学家罗宾斯(Stephen P Robbins，1991)[2]所说："企业社会责任应该是企业超过法律和经济要求的、为谋求对社会有利的长远目标所承担的责任。"农村社会的长远发展，需要提升人的素质，加大对剩余劳动力转移培训实效的投入。③ 企业家是事业人。成功的企业家必然是事业狂，终身追逐公司的发展，重视自身的责任。正如刘俊海教授在《公司的社会责任》一书中引用英国产业联合会总干事班汉姆爵士的话那样："公司经营者的首要责任是确保公司成为良好的法人市民。不仅要照料好那些与公司具有直接利益关系的股东、职工、客户和供应商，而且要照料好最广泛意义上的社会公众和环境。"[3]面对农村剩余劳动力的转移培训，以事业人的角色绝不会游离于培训业务之外，以发展的眼光投入培训以为未来的员工提供智力资本。④ 企业家是市场人。企业家是在市场中摸爬滚打锤炼出来的，那只无形的手时刻在指挥着他们的行动，资源的稀缺使他们时刻保持竞争意识。转型期的中国劳动力市场已经从买方市场变成了卖方市场，利益格局的天平已经向劳动者一方倾斜。曹成杰等指出新形势下的利益格局调整是经济转型中的"硬骨头"。[4]在人力资源积聚方面，市场人角色的企业家不可能在剩余劳动力转移培训环节置身事外。

第三，是农民。① 农民，首先是自然人。他们是自然出生存在的个人。为了生存，需要流动。关于自然人的流动，国内外许多学者进行了深入研究。19世纪，雷文斯坦(Ravenstein E G，1885)[5]提出：在市场经济和人口自由流动的情况下，人口迁移和移民的原因是人们可以通过流动改善生活条件。雷文斯坦的推拉理论揭示了自然人角色的农民加入到剩余劳动力转移培训行列的必然性。② 农民，往往是传统人。由于中国农业社会时期较长，农耕文化强化了农民的归属意识。中华传统形成的独具特色的"春运"就彰显了人们对祖居地的归属感。在这种意识下，农村剩余劳动力的转移是有保留的转移。尽管他们积极投身于剩余劳动力培训的队伍中去，但并不舍得彻底丢弃自己的祖屋。这将严重妨碍劳动力转移后城乡一体化空间的重组进程。③ 农民，也是社会人。人来源于自然界，具有和其他存在物一样的物质自然属性，但人作为自然界进化的最高存在物，不等于自然物，不满足于自然人的生存状态，人以特有的社会实践活动生成着自己的本质[6]。"人是最名副其实的社会动物人""(人)力不若牛，走不若马，而牛马为用，何也？曰：人能群，彼不能群也。"[7]作为社会人，心中必然充满成就意识。他们愿意融入经济转型中的城乡一体化社会，积极配合剩余劳动力的培训活动，以期取得辉煌成就。④ 农民，有些还是志向人。在农村剩余劳动者之中，不乏一批具有远大志向的新型农民。由于种种原因，他们没能跳出农门，但在他们心中一直有强烈的创业意识。社会的转型为他们在市场经济中显露身手提供了机遇。在剩余劳动力转移培训的项目中，他们会全身心投入，成为培训实效的中坚力量。

(4)培训任务艰巨

素质提升的最有效方式是培训。根据教育部办公厅公布的教育系统农村实用技术培训情况统计数据整理结果(表 1-2)，在《2003—2010 年全国农民工培训规划》的执行过程中，教育部以及相关部委在农村剩余劳动力转移培训进程中确实作出了巨大的努力。相对于农民工总量超过 2.6 亿人的基数，离按国际惯例每五年至少要接受一次培训的要求还有相当的距离。2010 年，《国务院办公厅关于进一步做好农民工培训工作的指导意见》又提出了 2015 年前的培训计划。基于地方政府、培训机构和农民工个体三者之间的利益博弈，为国家整体利益而培训的任务依然艰巨。

表 1-2 **2005—2009 年全国农村实用技术培训人数统计表**

年份	总量/万人	教育口培训/万人	其他口培训/万人
2009 年	4130.67	4007.18	123.49
2008 年	4358.22	4241.07	90.71
2007 年	4670.35	4574.93	95.42
2006 年	4520.58	4427.75	92.83
2005 年	4793.58	3270	1523.58

培训任务艰巨主要表现在当前农村劳动力转移培训出现了一些新情况。

第一，农村剩余劳动力转移培训总体需求大。随着农村剩余劳动力转移培训绩效的逐步彰显，企业和劳动者个体参与培训的积极性逐步提升。不论是东部沿海地区经济社会的转型，还是中西部地区经济的崛起或提速，市场对人力资源的要求越来越高。劳动力从第一产业转向第二产业、第三产业，缺少相应的技能和素养很难适应未来的工作岗位。这必然激发劳动者参与转移培训的热情。随着经济全球化甚至互联网经济逐步形成规模，用工企业如果不及时提升劳动者素养就有可能被市场所淘汰。从企业的角度来看，对转移培训的支持力度也在飙升。因此，二者的结合再加上基层政府的重视使劳动力转移培训总量需求迅速扩大。

第二，农村剩余劳动力转移培训工种需求不均。中国改革开放 35 年过去，经济总量已跃居世界前列。据统计公布数据显示，2013 年全年城镇居民人均总收入 4846.23 美元，农村居民人均收入 1459.10 美元。城镇居民与农村居民的收入差距还相当明显，城镇就业岗位的吸引力依然存在。资料显示，中国劳动力就业市场出现“就业难”和“招工难”并存的局面。一方面，由于企业的转型，劳动密集型产业在东部沿海地区逐步移出，无一技之长的劳动者在发达地区丧失了就业机会。另一方面，新产业、新业态不断涌现，又缺少相应人员从事新的岗位。因此，对劳动力转移培训不断突出新要求、新标准。转移培训市场对培训单位的要求越来越高，培训任务也越来越复杂。

1.1.2 研究意义

1978年开始的改革开放，激发了广大农民阶层提高生产绩效的动力，从而释放出了大量剩余劳动力。随着产业结构的升级，第二产业、第三产业对农村剩余劳动力产生了巨大的吸引力。30多年过去了，从民工"出门难"，到民工"就业潮"，再到民工"用工荒"，从重数量到重质量，将农民工转移培训绩效课题推向了一个又一个高度。在复杂多变的环境下，尤其是针对输出地与输入地不同管理机制的运营，通过本课题的研究，将有助于优化培训路径，进一步释放人口红利，持续推进社会公平。

(1)优化培训路径

中国的改革尽管如春风细雨，但30余年过后已是天翻地覆。原先闭塞的疆域边陲，现在变成了开放的前沿。优劣势互换、人口迁移、空间重组、社会转型、产业升级，人口负担变成了人力资源。农村剩余劳动力转移培训引起了国家、省市政府、基层政府、企业家和农民的高度重视，也成了驱动经济社会转型升级的巨大红利和驱动力。利益面前，必然牵动各方的神经，也必然会引起基层政府、企业家和农民个体之间的一系列博弈。

数千年的"官本位"意识，加上新中国成立后数十年的计划经济体制，无疑在人们的头脑中固化了一种带有"劣根性"的文化。一是基层政府的"越位"或"缺位"行为。在社会转型改革进程中，基层政府往往摆不正自己的位置，该市场解决的事情有时越俎代庖，该政府监管的事情有时又疏于职守。这就有可能造成政府包办农民的培训，而农民却敷衍了事。二是企业家没能履行自己的职责。在农村剩余劳动力转移培训过程中，企业家没有发挥好载体的作用，缺乏战略眼光，等靠政府出钱埋单，影响了转移培训绩效的提升。三是劳动者的平庸心态。他们甘于跟在别人后面，随众心态泛滥。在整个转移培训框架下，缺少独立思考的能力，别人学什么，政府让干什么，就不假思索地去跟随。这种盲从行为在一定程度上造成了劳动力转移培训的浪费。

本课题从输出方、培训方、中介方、接收方等多个层面，以不同的视角全方位探索节约成本、增加效率和效益等问题。精心构建基层政府、企业家和农民个体在转移培训过程中的聚力模型，通过形成合力，从而优化出最佳的培训路径，以充分发挥中央财政和地方财政投入的绩效，吸引更多的企业投入，增强农民工个体的转移热情和工作技能。

(2)释放人口红利

所谓"人口红利"，是指一个国家的劳动年龄人口占总人口比重较大，抚养率比较低，为经济发展创造了有利的人口条件，整个国家的经济呈高储蓄、高投资和高增长的局面。

劳动力作为一种特殊资源，具有不可储存的特点，处于劳动年龄段的个体只有通过与就业岗位有机结合，才能发挥自身价值，潜在的人口红利才可能得以实现。人口红利的显现与初始条件、人力资本、制度环境、资源禀赋等因素密切相关。如何充分发挥这些关键因素的影响力，攸关"红利"的效果。

2007年1月，国家人口发展研究战略课题组公布了在该领域的研究报告。报告显示，自1973年全国普遍推行计划生育以来，已实现了人口再生产类型的历史性转变，极大地缓解了人口增长对经济社会以及资源环境等方面的压力，人口素质状况明显改善，人口出生率有所下降。生育率下降使得社会人口抚养比下降三分之一,为中国经济增长创造了40年左右的"人口红利"期。

40年过后,我国的人口结构发生了巨大改变。2012年末,我国大陆15~59岁劳动年龄人口达93727万人,比上年末减少345万人,占总人口的69.2%,比上年末下降0.60%;60周岁及60周岁以上人口达19390万人,占总人口的14.3%,比上年末提高0.59%。这是相当长时期以来劳动年龄人口绝对数量首次出现下降,显示我国劳动力人口红利已进入"末端"。

在人口红利的转型期,通过什么途径促使人口红利释放时间延长或创造新的环境使人口红利再次释放已成为理论界研究的重点。本课题围绕工业化进程中农村剩余劳动力的转移,在劳动力由过剩向短缺转化的刘易斯转折点到来时期,通过加大劳动力培训的力度提高劳动生产率,从而使经济社会迅速转型,以减少劳动力的消耗,释放新的红利。

(3)推进社会公平

数据显示,我国2012年人均国内生产总值已超过6000美元。随着人均收入的增加,个人需求的变化,社会利益格局的调整,加之网络的发达,若社会的公平度达不到人的预期,则很容易引发社会矛盾。尤其是面对农村剩余劳动力这个庞大的群体,如何通过技能的培训,使其在劳动过程中享受到公民的公平待遇,对提升整个社会的公平度具有重要意义。

推进社会公平,一直是中国共产党努力追求的目标。特别是中国共产党第十六次全国代表大会(以下简称党的十六大)召开以来,党中央更强调实现社会公平正义是社会主义和谐社会的基本特征。但是,我国长期以来处于以农业为主的社会。新中国成立后,长期实行的城乡二元制体制,形成了城乡居民的不公平待遇。中国共产党第十一届中央委员会第三次全体会议(以下简称中共十一届三中全会)之后,"三农"问题引起了党和国家的高度重视,尤其是进入21世纪,为打破城乡二元分割格局,国家出台了一系列政策。其中,对农村剩余劳动力的转移培训就是重要一环。

事实上,由于历史的原因,农村居民和城市居民在接受教育、升学就业、劳保福利等方面尚存在诸多差距。目前,在农村剩余劳动力转移培训方面,国家正在给予一系列政策上的倾斜,这是国家综合国力强大的体现,是社会转型升级内在的驱动,也是城乡一体化和谐发展的必然。本课题紧紧抓住农村剩余劳动力转移培训过程中的瓶颈问题,有的放矢地探索提升培训绩效的方法和路径,摈弃阻碍城乡居民平等相处的壁垒,填平历史造成的鸿沟。这必将进一步推进社会的公平。

1.2 研究现状

1.2.1 农村剩余劳动力培训实效相关概念的界定

(1)农村剩余劳动力

关于劳动力的概念,马克思曾给出过如下定义:"我们把劳动力或劳动能力,理解为人的身体即活的人体中存在的、每当人生产某种使用价值时就运用的体力和智力的总和。”[8]从现代劳动经济学的角度，劳动力可看成是在一定的年龄区间内，具有一定劳动能力和就业要求，能够从事某种职业劳动的全部人口。如果从人力资源开发的角度，可以把劳动力作如下界定：劳动力是一种通过培训后投入生产，创造物质财富的生产要素。

从劳动经济学的角度，农村劳动力也可定义为农村人口中能够经常参加集体经济组织（如乡镇企业、事业单位）、农业劳动或者家庭副业劳务，年龄在16岁以上的劳动力。劳动力的绩效与劳动工具、劳动环境和劳动技能密切相关。在劳动任务固定的条件下，劳动力绩效的大小决定着劳动力的使用数量。

随着经济社会的发展，农村耕作的土地愈来愈少。2008年10月6日，国务院研究通过《全国土地利用总体规划纲要（2006—2020年）》，明确规划期内努力实现的土地利用目标：“守住18亿亩耕地红线。全国耕地保有量到2010年和2020年分别保持在12120万公顷（18.18亿亩）和12033.33万公顷（18.05亿亩）。规划期内，确保10400万公顷（15.6亿亩）基本农田数量不减少、质量有提高。”数据显示，农耕土地数量是一定的，随着劳动力绩效的提升，第一产业需要的劳动力数量会逐步减少，农村剩余劳动力会逐步增加。

从就业教育学的角度看，所谓剩余劳动力，就是不被已有的产业生产经营岗位吸纳而又无现成的岗位可供，或虽有其他现成岗位，但主体又不愿或不能上岗的劳动力。农村剩余劳动力，就是在一定区域内，超过农村产业需求的劳动力。农村剩余劳动力的一个重要经济学特征是边际劳动生产率为零。

（2）农村剩余劳动力转移

随着农村各产业的不断发展，农村已经不需要如此庞大的劳动力数量，因此逐步产生了富余劳动力。这些富余劳动力的转移方式主要包括产业转移和区域转移。产业转移主要是指向第二产业和第三产业转移。区域转移主要是指从生产力低的地区向生产力高的地区转移。农村劳动力转移是经济发展推动的结果，也是经济发展的必然趋势。

所谓农村剩余劳动力转移，是指农业人口从农村转移到城镇，实现“身份”转换的过程，实质是“农村人口的非农化”。农村剩余劳动力转移的内涵包括以下几个方面：第一，在地域上从农村到城镇的转移，或者从以农业为主要特征的地区向以非农业为主要特征的地区转移；第二，在职业上由农民向非农劳动力转移，基本摆脱对农业生产活动的经济依赖；第三，在身份上的变化，摆脱了原有身份束缚，能够以平等的机会参与劳动力市场竞争；第四，在生活方式上的变化，由农村家族主导的传统生活方式变成了城镇多元融合的现代生活方式。

（3）农村剩余劳动力转移培训实效

农村劳动力转移培训是指为了使农村劳动力获得或改进与工作有关的知识、技能、动机、态度和行为，以利于提高工作绩效、完成农村劳动力的转移以及融入城市生产与生活，政府、企业、培训机构等部门所作的有计划的、有系统的各种培养和训练。它的特点是重在提高农村劳动力某一方面的技术和能力，使之具备某一方面的特长，并力求在较短的时间内，以最小的投入、最有效的模式培养出掌握一定技能的人，以获取最大的社会效益。

劳动力培训实效包括培训的个体实效和社会实效两个层次：第一，培训的个体实效即指农村剩余劳动力在培训中被教授的内容能在多大程度上被接受；这些知识在今后的工作生活中有多少能转换为人力资本,使其经济收入和个体生活水平得到提高,所学习掌握的技能知识对其工作生活能产生多长时间的影响。第二,培训的社会实效包括失业或半失业的农村剩余劳动力在培训后顺利就业或者创业,从而所提高的就业率;培训后的农村剩余劳动力所提高的劳动生产率对社会经济增长的贡献率;培训后农村剩余劳动力其他素质的提高,如法律维权意识加强等对社会发展的提高程度。因此,农村剩余劳动力的培训实效可定义为:农村剩余劳动力个体因接受培训而得到的经济收入等方面的提高程度以及由此对社会经济等各方面的影响程度,也可视为培训的投入产出之比。

1.2.2 国外关于农村剩余劳动力转移及其培训实效的相关研究

19 世纪末,雷文斯坦(Ravenstein E G)就人口转移进行了开创性的研究。他在《人口转移规律》(1885)一文中,提出了关于人口转移推拉理论的雏形,探索了以经济、城乡为样本的迁移机制规律,以性别、年龄、距离为参照点的迁移结构规律以及以递进、双向为路径的空间特征。

20 世纪 30 年代,赫伯尔(Herberle R)对劳动力转移的推-拉理论进行了进一步探索,在《乡村——城市迁移的原因》(1938)[9]一文中,提出了人口迁移是由一系列的力促成的,尤其是迁出地的推力或排斥力和迁入地的拉力或吸引力。

20 世纪 50 年代,美国著名发展经济学家阿瑟·刘易斯(Lewis W A)在《曼彻斯特校报》发表了《劳动无限供给条件下的经济发展》(1954)[10]一文,构建了农村剩余劳动力转移的模型,揭示了现代化进程中农村剩余劳动力转移的必然性。刘易斯认为:在欠发达国家资本的工业化时期,存在着两个互相独立又彼此联系的经济部门,一个是传统的、人口众多的、仅仅能够维持基本生存的农业部门,这个部门的最重要的特点之一是边际劳动生产率为零。另一个是市场导向和技术先进的城市现代产业部门,这个部门具有很高的劳动生产率,并愿意接受农业部门剩余劳动力的转移。由于存在着传统部门溢出的劳动力的有力竞争,现代产业部门工人的实际工资可以长期保持一种低水平。这样节约资本的劳动密集型产业就会因成本低而有利可图,从而得以迅速扩展。随着劳动密集型产业的扩大,越来越多的过剩劳动力资源得到充分利用,并迅速转变为资本,这样就加速了欠发达国家资本的原始积累,使资本严重短缺的局面逐渐得到缓解,经济增长进入良性循环阶段。

20 世纪 60 年代,美国芝加哥大学教授西奥多·W. 舒尔茨(Theodore W Schultz)发表了《人力资本的投资》(1961)[11]一文,开创了劳动力转移过程中的人力资本培训实效的研究。舒尔茨认为:人力资本存在于人的身上,是以人的数量和质量表示的资本。劳动者的人力资本一般表现为该劳动者知识、技能、体力(健康状况)价值的总和。因为一个国家的人力资本可以通过劳动者的数量、质量以及劳动时间来度量,所以在劳动者身上进行投资是必要的。依照舒尔茨的观点,要有效发挥农村剩余劳动力的作用,必须加大对劳动力转移培训的力度。随后,美国经济学家肯尼斯·约瑟夫·阿罗(Kenneth J Arrow)发表了《干中学的经济含义》(1962)[12]一文,提出在生产过程中边干边学积累的经验也是一种要素投入。

20 世纪 60 年代末 70 年代初,另一有影响的成果是托达罗(Todaro M P)的预期收入差异论。他在《美国经济学评论》发表的《劳动力迁移和欠发达的国家的城市失业率》(1969)[13]一文中提出:人口从农村迁往城市并不取决于迁出后的实际收入水平,而取决于对迁往城市后的预期收入的差异。当一个农村劳动力预估他迁往城市后在工作场所预期的收益高于他在原来农村耕作的收入时，迁移就会发生。否则，农村劳动力还会继续停留在农村劳动。因此，托达罗认为，决定农村剩余劳动力流动的根本因素不是他到城市后实际收入多少，而是以实际收入乘以就业概率的预期收入水平。因为农村剩余劳动力迁入城市后是否能找到合适的工作尚是一个未知数，他们作决策的依据就是迁移后的预期收入大于他在农村劳动时的平均收入水平，这时他们认为自身的迁移有利可图。

20世纪70年代，联合国教科文组织国际教育发展委员会主席埃德加·富尔(Edgar Faure)撰写了《学会生存——教育世界的今天和明天》(1972)[14]的报告，提出了一个崭新的概念——"学习型社会"，开辟了劳动力培训的新途径。埃德加·富尔的观点逐步使人们认识到，要改变农民工落后的待遇，必须通过学习来增加自身的技能和人力资源的含金量，通过对知识、技能、素养的提升，才能获得更大的收益。

20世纪70年代末，许多国家一直被高失业率所困扰。当时，许多专家一度认为人们之所以会失业，是因为劳动者自身没有掌握足够的现代生产所需要的技能，如果他们获得了这种技能，应该就能够找到相应的工作。但客观现实却不尽如人愿，相当数量的受训者结业以后仍然找不到工作。如何寻找新的就业途径就成为了专家、学者及决策者所面临的一个重要课题。随着产业的不断升级，服务于传统产业的人数在减少。新兴产业的发展，也为中小企业的成长提供了合适的土壤和空间，使中小企业迅速成为容纳人们就业的重要场所。在这个现实面前，有些人受到了启迪，萌生了新的思维，即加强创业是解决人们就业的重要途径，是降低高失业率的一个有效手段。创业教育应运而生。

20世纪80年代初期，美国教育部正式发起创业教育，立即在职业教育界产生极大反响。1989年11月底至12月初，联合国教科文组织在北京召开了"面向21世纪教育国际研讨会"，正式提出了"学会关心"的口号，强调实现以关心所有人为基础的社会公正目标，强调通过教育培养的21世纪的劳动者将是最全面发展的人。会议采纳了柯尔·博尔博士的提法，即未来的人应获得三本教育护照[15]：第一本是学术性的，第二本是职业技术性的，第三本是证明个人的事业心和开拓技能的。第三本教育护照就是"创业教育"。

20世纪80—90年代，"创业教育""开放教育"的理念逐步为人们所接受。尤其是以雅克·德洛尔(Delors J)任主席的国际21世纪教育委员会向联合国教科文组织提交的报告《学习——内在的财富》(1996)[16]。报告明确提出："终身教育应建立在四个支柱的基础上"。这"四个支柱"就是"学会认知，学会做事，学会共处和学会生存"。农村剩余劳动力要改善自身的生存劣势，就必须通过培训加大学习的力度，掌握先进的操作技能，提升与人相处的素养。这种终身学习的思想，使劳动力资源的开发与培训提升到一个新高度。

21世纪，在美国劳动力技能培训过程中的重要组织是美国培训与发展协会(American Society for Training & Development，ASTD)。它成立于1944年，是企业培训和绩效评估领域的最大职业协会和首屈一指的资源。2011年5月22—25日，该组织在美国佛罗里达州奥兰多市举行了年度会议，主题是"用学习来领导"(learning to lead)。其九大专题分别是：领导力开发、人才管理、绩效提高、组织的有效性、个人能力发展、企业学习战略、学习设计与实施、学习技术以及学习评估与投资回报率。该组织的相关培训思路对农村剩余劳动力转移过程中培训绩效的提升具有重要借鉴意义。

1.2.3 国内影响农村剩余劳动力转移培训实效的相关研究

在中国近代史上，劳动力的转移对社会经济的发展起到了极大的促进作用。正像电视剧《闯关东》《走西口》《下南洋》所描述的那样，当时自由的迁移政策使一批批有志气、有追求、有能力的创业者远离家乡，拓荒创业。近代，我国学者关于劳动力转移培训的论述相当有限。学术界公认的较早的研究成果是张培刚教授的代表作《农业与工业化》(1949)[17]。这是他在1945年完成的博士论文，1949年由哈佛大学出版社出版。他根据中国的发展现实，第一次系统地阐述了农业与工业在工业化进程中的相互依存关系，并对不同时期和不同因素对工业化过程的影响以及这一动态演进过程中农业生产和农业技术变化的过程及条件进行了详细分析，其中已涉及了后来被刘易斯提出的一元经济理论。

进入现代，我国农村劳动力的流动管理可以分为以下六个阶段：① 自由流动阶段(1949—1957年)；② 调整探索阶段(1958—1963年)；③ 停滞限制阶段(1964—1977年)；④ 改革探索阶段(1978—1991年)；⑤ 鼓励发展阶段(1992—2001年)；⑥ 科学规范阶段(2002年至今)。

(1)自由流动阶段

在自由流动阶段，农村劳动力转移流动管理的依据是《关于城市户口管理有关内容的暂行条例》(1951)。依据该条例，凡迁移者只要事前向当地人民公安机关申报并完善手续，甚至只要他们在城市已经就业或就学，就可以给予登记城市正式户口。这种自由流动的状态因城市食品供应趋紧而调整。事实上，在这个时期，农村人口与城市人口均存在过剩问题。李远今(1957)[18]在《教学与研究》杂志上发表的《现阶段我国农业中的剩余劳动力问题》一文，从人多地少、工业发展、农业集约化三个方面论述剩余劳动力的产生是必然的，社会要重视解决剩余劳动力这个问题。以马寅初(1957)为代表的一些学者也提出了控制人口增长和转移农村劳动力的重要性，指出"把每年增长出来的一千几百万人放在农村是出于不得已的办法，以后的情况还要严重。若不早为图之，难免把一切恩德变为失望和不满"[19]。这时，国务院发布《关于制止农村人口盲目外流的指示》(1957)，对企业单位从农村招工实行严格管理，甚至对进城的农民通过设立遣返收容机构对其进行遣返。据资料显示：1953—1957年，城市全民所有制工业部门的就业人数从510万人猛增到2316万人(其中绝大部分是从农村招收的农民)，平均每年增加35.3%[20]。

(2)调整探索阶段

在调整探索阶段，全国人民代表大会常务委员会第九十一次会议通过了《中华人民共和国户口登记条例》(1958)，该条例第十条第二款明确规定，"公民由农村迁往城市，必须持有城市劳动部门的录用证明、学校的录取证明，或者城市户口登记机关的准予迁入证明，向常住户口登记机关申请办理迁出手续。"这时，农村劳动力向非农产业的转移由自由流动逐步予以限制。事实上，当时许多部门为了"大跃进"都在招收农村劳动力。在这个背景下，提升农村劳动力以提高劳动效率问题引起了人们的高度重视。三力(1961)[21]在《经济研究》发表《合理使用农村劳动力提高劳动效率》一文，指出：1958年，随着整个国民经济的大发展和全国农村实现人民公社化，劳动力不足的情况更加突出。工业、交通运输业、商业、文教卫生事业，林、牧、副、渔各业和社办企业的迅速发展，生活福利事业的普遍兴办，占用了不少的农村劳动力。在这种状态下，劳动力就更不够用。解决劳动力不足问题最好的办法是提高劳动生产效率。可以说，这是重视农村劳动力转移绩效的最详细的论证分析。随后，公安部发布《关于处理户口迁移问题的通知》(1962)。接着，中共中央、国务院又发布了《关于调整市镇建制、缩小城市郊区的指示》(1963)。这一系列法规及政策的出台，使 1958 年开始的“大跃进”对农民工一时的需求暴增迅速降温，农民和市民之间的制度鸿沟渐趋成形。在经济调整期内，城镇人口共减少 2600 万，精简职工 2000 万，到 1963 年，农村劳动力占全社会劳动力的比重又陡然上升至 82.5%[22]。

(3)停滞限制阶段

在停滞限制阶段，国务院批转了《关于处理户口迁移的规定(草案)》(1964)，其中明确规定：“对于从农村迁往城市、集镇，从集镇迁往城市的，要严加限制；从小城市迁往大城市，从其他城市迁往北京、上海两市的，要适当限制。”这实际上形成了城乡二元制管理的体制。这个阶段，城镇单位从农民中招工有着严格的纪律和条件。与此同时，周斌、余灼、徐家道(1965)[23]在《江淮评论》上发表《亦工亦农　有利工农——安庆市庆丰砖瓦厂实行亦工亦农合同工制度的调查》一文，开启了解决农民进城出路的新篇章。这种“亦工亦农”的用工制度一直延续到改革开放才结束。据相关数据统计显示[24]，1967—1977 年，上山下乡人员数量超过 2000 万。

(4)改革探索阶段

在改革探索阶段，以安徽省凤阳县小岗村为起始的农村家庭联产承包责任制逐步得以实施和推广。这极大地释放了被长期禁锢的农村劳动生产力，激发了农民的生产积极性，使农业生产力得以迅速恢复。生产效率的提高使农村劳动力剩余问题再次显现。1984 年初，中共中央下发一号文件，即《关于 1984 年农村工作的通知》，明确提出“允许务工、经商、办服务业的农民自理口粮到集镇落户”。同年，国务院又发布了《关于农民进入城镇落户问题的通知》。1985 年，中共中央、国务院《关于进一步活跃农村经济的十项政策》又郑重颁布，提出“允许农民进城开店设坊，兴办服务业，提供各种劳务”。虽然党中央、国务院鼓励农村剩余劳动力向第二产业和第三产业转移，但国家对劳动力自由流动的限制依然严格。实际上，这时国家的导向是“进厂不进城，离土不离乡”。在这个阶段，关于农村劳动力转移及其培训绩效探索的思潮迅速涌现。胡梅魁(1983)[25]在《农业现代化研究》发表了《试探我国农村剩余劳动力转移的道路》一文，认真分析了加强对劳动者技能开发和提高其科技文化水平问题。貊琦、吴国民(1987)[26]在《农业经济丛刊》上发表《农村剩余劳动力转移的理论思考》一文，提出了“农业劳动力的素质状况直接影响农业劳动生产率的变化，从而也必然会影响农业劳动力的转移”的论点。曾曲宏(1989)从实证的角度在《中国经济体制改革》上发表《深圳特区深化劳动制度改革的思考》一文，强调劳动力的培训是劳动制度概念的重要内涵。他提议应“建立培训立法制度”。陈吉元(1990)[27]在《中国农业经济》上发表《坚持和逐步实现农业剩余劳动力转移》一文，指出：“我国农业劳动力文化技术素质低，文盲、半文盲数量多，这已成为农业剩余劳动力向外转移的制约因素”。他认为劳动者的文化技术素质是决定其选择非农产业部门的重要条件。

(5)鼓励发展阶段

在鼓励发展阶段，随着邓小平南方谈话的发表，中国共产党第十四次全国代表大会(以下简称党的十四大)的召开(1992)，广大农村地区剩余劳动力向城镇转移形成的“民工潮”出现。在这个阶段，一系列相关文件相继出台。劳动部、公安部、国务院办公厅、国家计委、农业部、科技部、水利部、建设部等相继出台优惠政策，为农村剩余劳动力的转移营造了宽松环境。在这个阶段，关于劳动力转移培训的问题成为学术界的一大热点。1995年，河北省邯郸市峰峰矿区教委[28]在《河北成人教育》发表《加快转移培训　服务经济建设》一文，介绍了其开展农村剩余劳动力转移培训，使富余劳动力有序流动的成功做法。周天勇(1999)[29]在《财经问题研究》上发表《中国就业、再就业与劳动力转移的趋势和出路》一文，以独特的视野论证劳动力培训的效益，将就业人员和失业人员职业培训及高等职业教育与中小企业发展和促进就业结合起来。

(6)科学规范阶段

在科学规范阶段，党的十六大报告(2002)明确提出：“农村富余劳动力向非农产业和城镇转移，是工业化和现代化的必然趋势”“消除不利于城镇化发展的体制和政策障碍，引导农村劳动力合理有序流动”。国家对农村剩余劳动力的管理步入了科学化、规范化轨道。经过十年的发展，中国共产党第十八次全国代表大会(以下简称党的十八大)报告(2012)又进一步提出：“推动城乡发展一体化。解决好农业农村农民问题是全党工作重中之重，城乡发展一体化是解决‘三农’问题的根本途径”“加快完善城乡发展一体化体制机制，着力在城乡规划、基础设施、公共服务等方面推进一体化，促进城乡要素平等交换和公共资源均衡配置，形成以工促农、以城带乡、工农互惠、城乡一体的新型工农、城乡关系”。这意味着农民工的地位与城镇职工完全平等，农民工素质需要进一步加强，农民工转移培训的绩效需要进一步提升。在这个时期，研究农村剩余劳动力转移培训绩效方面的论点如雨后春笋般涌现。其代表性的论点有：“三农”专家陆学艺(2002)[30]出版了《“三农论”——当代中国农业、农村、农民研究》一书，探索了中国农村劳动力资源的利用和农民生活质量提升的问题。杨东群(2005)[31]在《“阳光工程”实施中培训基地的现状及问题》一文中对“政府推动、学校主办、部门监管、农民受益”的国家阳光工程运作的方式进行了探索。钟德友(2010)[32]在《新阶段农村剩余劳动力持续转移的政策选择》一文中，根据刘易斯转折点的出现，揭示了“民工荒”出现的深层原因。胡德巧(2012)[33]在《中西部农村劳动力转移就业新情况及对策建议》一文中，根据实证数据，得出“农村劳动力转移就业培训工作严重滞后”的结论。

1.3　研究思路与研究内容

1.3.1　研究思路

(1)研究视角

近几年，河南、山东作为两个人力资源输出大省，浙江、新疆作为人力资源的接收地，面对国内东、中、西部全方位的产业升级，出现了从“民工潮”向“民工荒”的转折，加上人力资源国际化布局所面临的国际环境诡谲多变的复杂局面，如何在农村剩余劳动力转移培训实效上下功夫已成为政府、社会和个体认真思考的一个重要课题。

本书以河南、山东两个农村剩余劳动力产生的大省和浙江、新疆两个接收农村剩余劳动力转移的重点省份为样本空间，通过比较研究、历史研究、规范研究和实证研究，塑造了一种农村剩余劳动力转移培训的有效模式，以期在这种模式下能达到投入相对较少，收益相对较高；环节逐步减少，漏洞逐步堵塞；制约政策消除，转移环境优化；协同明显加大，实效明显提升的目的。

(2)研究方法

第一，采用基础理论研究和实践案例分析相结合的方法。

自党的十六大后，农村剩余劳动力的转移培训工作引起了国家的高度重视。关于转移培训，必须研究农村剩余劳动力转移培训与经济协调发展的关联度、农村剩余劳动力转移培训与产业结构升级的适配度、农村剩余劳动力转移培训的工作契合度以及农村剩余劳动力转移培训的投入产出效益。本课题将利用相关研究样本空间采集的数据，构建相关的理论模型。在基础理论模型构建的基础上，认真梳理和分析河南、山东、浙江和新疆劳动力转移培训工作的现状。透过转出地和接收地相关案例的剖析，找到制约转移培训绩效的瓶颈。

第二，定量分析与定性分析相结合的方法。

农村剩余劳动力转移培训实效的研究，不仅需要大量数据基础上的定量分析，也需要科学的定性分析。若缺少定量分析，就难以把握投入产出的性价比，造成要素投入的浪费。若弱化定性分析，就会因模型初始条件或外部环境的变化而造成培训投入产出期望的偏差，影响整体的培训绩效。

第三，横向比较与纵向比较相结合的方法。

在体制改革不断深化和市场开放度持续提升的条件下，劳动力的转移具有跨省、跨区的特点，甚至国际化视野下的劳动力转移数量也在不断增加。横向比较主要研究我国东、中、西部地区经济社会发展及产业演进的不平衡状况。事实上，在劳动力工资、劳保待遇以及对前途的预测等方面均存在诸多差距。因此，农村剩余劳动力的转移必须进行横向比较。但要提升转移培训的绩效，纵向比较也是必要的，否则，横向比较就容易降低发达地区的培训绩效。

第四，多学科、多方法的交叉研究。

本书综合运用了职业教育学、高等教育学、就业教育学、劳动经济学、区域经济学、社会学等学科的相关理论和研究方法，力求做到利用的数据资料新、研究视角新、研究思路新，以达到研究逻辑严密，研究方法科学，构建模式合理的目的。

(3)技术路线

本课题的研究路径为：选定课题→界定研究样本空间→搜集检索相关文献→研究分析基本论点→采集样本空间的相关数据→对本课题样本空间的数据进行比较、规范和实证分析→深入研究农村剩余劳动力转移培训资源要素整合方案→对农村剩余劳动力转移培训模式进行优化→形成农村剩余劳动力转移培训增效的特色模式→研究农村剩余劳动力转移培训的特色模式实施的策略→归纳出农村剩余劳动力转移培训增效的结论并提出建议。

该书研究的技术路线如图 1-2 所示。

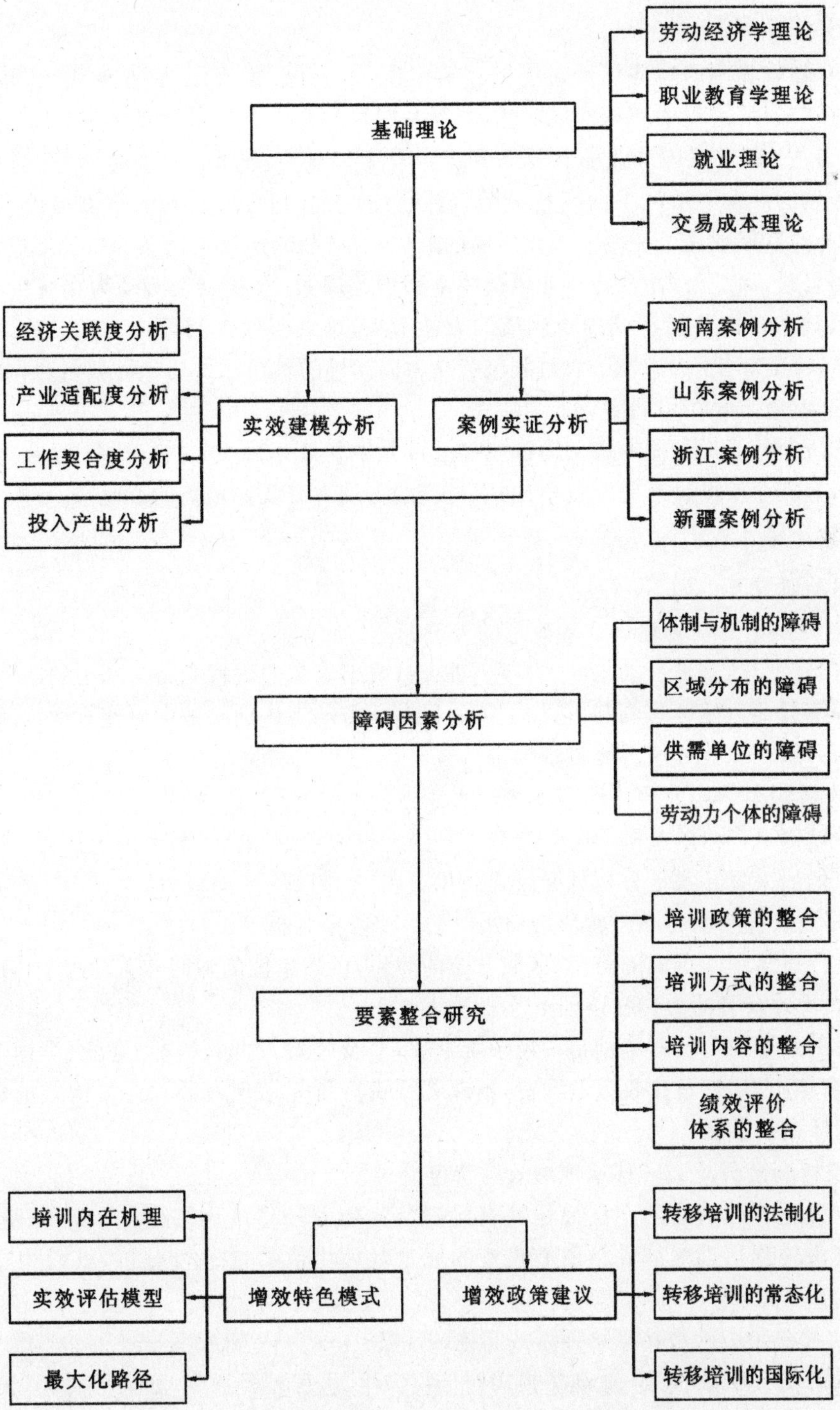

图 1-2　农村剩余劳动力转移培训实效研究技术路线示意图

1.3.2 研究内容

(1)研究假设

第一,随着我国的经济总量跃居世界第二位,工业化、城镇化、农业现代化的进程在加速,如何在“三化”进程中和谐发展,这需要提升农村剩余劳动力的文明素养,加大整体培训的实效。第二,随着我国产业的转移和升级,由“中国制造”向“中国创造”迈进的步伐在加快。新产品的研发要求员工的高技能配合,这就对农村剩余劳动力的培训提出了新要求。第三,社会的发展加速了城乡一体化格局的形成,农产品的深加工链条的拉长促进了农村非农产业的兴起,加上沿海、沿边企业生产成本增加等因素,农村剩余劳动力在减少。这就要求对其培训的目标要转移到由量到质的方位上来,培训实效性问题成为人们关注的重点。第四,在经济全球化的背景下,农村剩余劳动力向国外的输出已成为国际项目合作的一个重要渠道,这就更需要在培训实效上下功夫。

本书研究的前提是城乡劳动力都已接受过九年制义务教育或扫盲教育;城乡之间、区域之间劳动力就业市场具有完全竞争性;农村剩余劳动力有就业培训的意愿。

(2)研究要点

本书的研究要点如下:

① 农村剩余劳动力培训实效概念的界定。

农村剩余劳动力具有动态性,“三化”进程造成了更多的农村剩余劳动力的产生,并加速了农村剩余劳动力的转移,同时也加大了农村剩余劳动力培训实效的测评难度。因此,农村剩余劳动力培训实效概念需要科学界定。

② 农村剩余劳动力转移培训现状的实证分析。

实践是创造理论的基础,河南、山东两个人力资源大省,浙江、新疆两个沿海、沿边地区,其样本数据的采集及实证分析具有较强的代表性。

③ 影响农村剩余劳动力转移培训实效的主要障碍分析。

主要分析体制与机制的障碍、区域分布的障碍、供需单位的障碍和劳动力个体的障碍。

④ 农村剩余劳动力转移培训资源要素的整合。

农村剩余劳动力转移培训是一项系统工程,涉及政府、社会、行业、企业、个体等方方面面,关系着输出、培训及接收方的利益,本课题将重点研究培训政策、方式、内容的整合以及绩效评价体系的整合。

⑤ 农村剩余劳动力转移培训增效的特色模式。

从个体、企业、政府三个层面梳理农村剩余劳动力转移培训增效的内在机理,对农村剩余劳动力转移培训实效评估既有模型的原理及应用优劣性进行分析,继而构建出特色模式。

⑥ 农村剩余劳动力转移培训增效实施的策略。

我国东、中、西部地区产业演进梯次明显,“三化”进程差异加大,如何落实优化的培训模式,必须探索与之配套的适应不同地区的普适性策略。

⑦ 对农村剩余劳动力转移培训增效的政策建议。

随着中国经济总量上升到世界第二位，物质文化、制度文化、精神文化将会由渐变走向突变，农村剩余劳动力转移培训将不断面临新情况、新问题，放眼世界大市场，政府和行业必须超前制定培训绩效考核的标准和相应的调控政策，以引领农村剩余劳动力转移的培训工作，并特别强调剩余劳动力转移培训的法制化、常态化和国际化。

注释

[1] Milton Friedman. The Social Responsibility of Business Is to Increase Its Profits[N]. New York Times, 1970-9-13.

[2] Stephen P Robbins. Management Englewood Cliffs [M]. New Jersey: Prentice-Hall, 1991.

[3] 刘俊海. 公司的社会责任[M]. 北京：法律出版社，1999.

[4] 曹成杰，郭晓帆，朱波. 经济转型与利益格局调整. 北京：国家行政学院出版社，2011.

[5] Ravenstein E G. The Laws of Migration[J]. Journal of the Royal Statistical Society of London, 1885, 48(2): 167-227.

[6] 王德军. 自然人·社会人·文化人——论人的生存特性与生存使命[J]. 河南大学学报：社会科学版，2006(11)，69-73.

[7] 荀子. 荀子·王制[M]. 北京：中国书店，1992.

[8] 马克思. 资本论：第一卷[M]. 北京：人民出版社，1972.

[9] Herberle R. The Causes of Rural-urban Migration: A Survey of German Theories [J]. American Journal of Sociology, 1938, 43(6): 932-950.

[10] Lewis W A. Economic Development with Unlimited Supplies of Labour[J]. Manchester School of Economic and Social Studies, 1954(22): 139-191.

[11] Theodore W Schultz. Investment in Human Capital[J]. The American Economic Review, 1961, 51(1): 1-17.

[12] Kenneth J Arrow. The Economic Implication of Learning by Doing[J]. The Review of Economic Studies, 1962, 29(3): 155-173.

[13] Todaro M P. A Model of Labour Migration and Urban Unemployment in Less Developed Countries [J]. American Economics Review, 1969(1): 138-148.

[14] Edgar Faure. Learning to Be: The World of Education Today and Tomorrow[R]. Paris: UNESCO, 1972 .

[15] 顾明远，孟繁华. 国际教育新理念. 2 版. 海口：海南出版社，2003.

[16] Delors J. Learning: The Treasure Within[R]. Paris: UNESCO, 1996.

[17] 张培刚. 农业与工业化[M]. 武汉：华中科技大学出版社，2009.

[18] 李远今. 现阶段我国农业中的剩余劳动力问题[J]. 教学与研究，1957(2)：17-20.

[19] 马寅初. 新人口理论[N]. 人民日报，1957-7-15.

[20] 赵俊超，孙慧峰，朱喜. 农民问题新探[M]. 北京：中国发展出版社，2005.

[21] 三力. 合理使用农村劳动力提高劳动效率[J]. 经济研究，1961(7)：9-16.

[22] 韩俊.跨世纪的难题:中国农业劳动力转移[M].太原:山西经济出版社,1994.
[23] 周斌,余灼,徐家道.亦工亦农 有利工农——安庆市庆丰砖瓦厂实行亦工亦农合同工制度的调查[J].江淮评论,1965(1):13-16.
[24] 顾洪章.中国知识青年上山下乡大事记[M].北京:人民日报出版社,2009.
[25] 胡梅魁.试探我国农村剩余劳动力转移的道路[J].农业现代化研究,1983(6):1-4.
[26] 貊琦,吴国民.农村剩余劳动力转移的理论思考[J].农业经济丛刊,1987(4):61-62.
[27] 陈吉元.坚持和逐步实现农业剩余劳动力转移[J].中国农业经济,1990(10):3-6.
[28] 峰峰矿区教委.加快转移培训 服务经济建设[J].河北成人教育,1995(1):25-26.
[29] 周天勇.中国就业、再就业与劳动力转移的趋势和出路[J].财经问题研究,1999(11):3-12.
[30] 陆学艺."三农论"——当代中国农业、农村、农民研究[M].北京:社会科学文献出版社,2002.
[31] 杨东群."阳光工程"实施中培训基地的现状及问题[J].农业经济,2005(4):48-49.
[32] 钟德友.新阶段农村剩余劳动力持续转移的政策选择[J].湖北行政学院学报,2010(4):63-68.
[33] 胡德巧.中西部农村劳动力转移就业新情况及对策建议[J].宏观经济管理,2012(1):25-26.

2　农村剩余劳动力转移培训实效研究的理论基础

2.1　劳动经济学理论

劳动力是社会生产过程中重要的稀缺资源之一，为了有效地利用人力资源，人们不得不研究劳动力市场的交易状况，现实和潜在的劳动力市场中各方参与者的决策动向，以及劳动力市场各方博弈的结果和宏观政策导向等。劳动经济学理论作为经济学的重要分支，所揭示的规律为农村剩余劳动力转移培训的实效研究提供了重要理论支撑。

2.1.1　劳动力的供给与需求

(1)劳动力供给

所谓劳动力供给，是指“在一定的市场工资率的条件下，劳动力供给的决策主体(家庭或个人)愿意并且能够提供的劳动时间”[1]。一般来说，在市场经济环境中，对于劳动力供给者所提供的一定量的劳动时间，其所愿意接受的工资率被人们称为劳动力供给价格。

在现代社会主义市场经济条件下，劳动力供给是一个复杂的问题。它既受经济发展状况、社会保障制度、教育普及程度、地方文化底蕴等宏观因素的影响，更受来自家庭、朋友、同学、同乡等微观因素的制约，有时个人的性格和偏好也决定了劳动力供给的结果。

在市场机制运行下，劳动力供给往往受到内部或外部环境因素的影响。为切实厘清它们的影响程度，人们摸索出了劳动力供给表、劳动力供给函数和劳动力供给曲线等有效方法。这些方法成为分析劳动力供求的有力工具。

通过建模来分析劳动力供给问题，应归功于现代劳动供给理论的开创者——利奥尼尔·罗宾斯(Robbins L C，1930)[2]。他在《收入的需求弹性》一文中建立了著名的供给模型。

$$Y = WL \tag{2-1}$$

式中　Y——收入；

W——工资率；

L——工作时间。

式(2-1)显示劳动供给者的收入取决于劳动需求者给出的工资率与劳动供给者提供的工作时间。罗宾斯将收入变化率与工作时间变化率之比看作收入需求弹性。当收入弹性大于1时，表示随着单位时间工资数量的增加，人们也愿意花费更多的时间投入劳动。但实际上，劳动力供给时间与工资率水平之间的关系并非如此简单。此后，罗宾斯又进一步区分收入效应与替代效应的大小，得出“向后”弯曲的个人劳动力供给曲线形状。在罗宾斯个人劳动力供给曲线形状的基础上，约翰·希克斯（Richard H J，1932）[3]在《工资理论》一书中构建了市场劳动力供给模型。尽管个人供给曲线向后弯曲，但就整体而言，替代效应大于收入效应，市场劳动力供给曲线仍然向右上方倾斜。

如果把影响和制约劳动力供给的各种因素当作自变量，用 X_i（$i=1,2,\cdots,n$）表示，把劳动力供给作为函数，用 S 表示，则劳动力供给函数为：

$$S = f(X_i) \quad (i = 1,2,\cdots,n) \tag{2-2}$$

在式（2-2）中，因为 X_i 有许多个，所以要想精准揭示劳动力供给与影响和制约因素之间的关系非常困难。因此，在深度分析的过程中，人们往往固定一些条件，研究部分剩余变量之间的关系。这里不妨设定其他条件恒定，将工资率（W）当作影响劳动力供给（S）的唯一可变因素，则可得出：

$$S = f(W) \tag{2-3}$$

式（2-3）代表的函数关系可通过一些自变量与函数值的对应关系在平面坐标系中绘出相应的曲线，即劳动力供给曲线（图 2-1）。

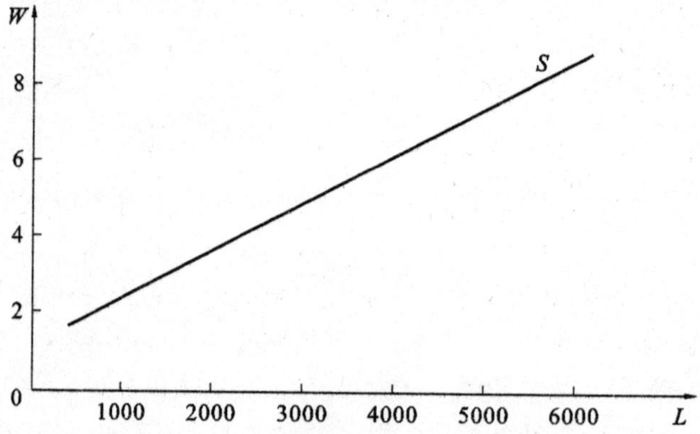

图 2-1　劳动力供给曲线示意图

这里，因工资率变动而形成的劳动力供给量的反应程度被人们定义为劳动力供给的工资弹性，亦可简称为劳动力供给弹性。若用 E_S 表示劳动力供给弹性，$\Delta S/S$ 表示供给量变动的百分比，$\Delta W/W$ 表示工资率变动的百分比，则：

$$E_S = \frac{\Delta S/S}{\Delta W/W} \tag{2-4}$$

对式（2-4）来说，E_S 分布在区间$[0,\infty)$之间。当 $E_S=0$ 时，说明供给没有弹性，劳动力供给量没有变化，在图形上显示为一条垂直于横轴的线（图 2-2 中的 S_1）；当 $E_S<1$ 时，代表供给缺乏弹性，表示供给量的变动程度小于工资率的变动，其供给曲线是一条向右上方倾斜且较为陡峭的曲线（图 2-2 中的 S_2）；当 $E_S=1$ 时，呈现出单位供给弹性，代表供给量的变动与工资率的变动同步，其供给曲线是一条向右上方倾斜且与横轴呈 45°夹角的曲线（图 2-2 中的 S_3）；当 $E_S>1$ 时，显示供给富有弹性，这时供给量的变动大于工资率的变动，其供给曲线是一条向右上方倾斜且较为平坦的曲线（图 2-2 中的 S_4）；随着 E_S 不断增大，供给弹性趋向无穷大，即工资率给定的条件下供给量变动的绝对值大于 0，这时在图形上显示为一条与横轴平行的曲线（图 2-2 中的 S_5）。

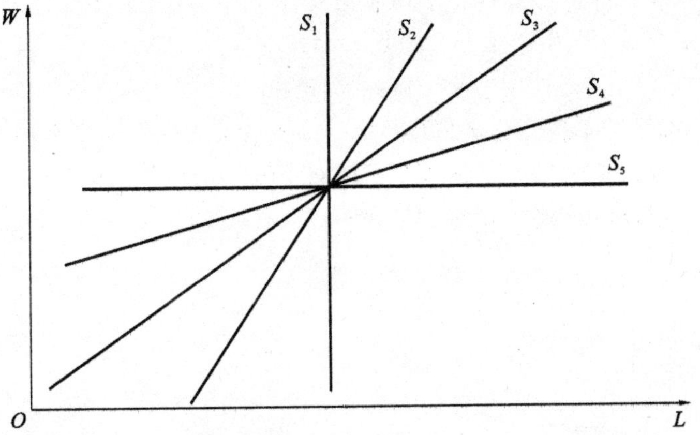

图 2-2 各种供给弹性状态下的劳动力供给曲线示意图

对个体劳动力供给分析的基本模式,往往采用效用与无差异曲线、预算约束线等工具进行分析。由于个体劳动力供给可看作一种时间利用方式的选择,因此,时间的使用不外乎闲暇和劳动两种形式。闲暇时间可以为劳动者带来效用,劳动时间通过劳动报酬带来的收入也为劳动者带来效用。劳动时间带来的劳动收入与闲暇时间的各种配置组合,给劳动力供给决策主体带来的效用形成了一条条无差异曲线。劳动供给主体选择什么状态下的无差异曲线上的闲暇-收入组合,实质上受预算约束线(即劳动者个人在时间和劳动能力状况约束下,所能获得的闲暇-收入最大组合线)的限制,闲暇-收入的无差异曲线代表劳动者个人对组合的主观愿望,预算约束线则代表个人的现实条件和实现的可能性。劳动者个体决定劳动供给量的过程,一般是一个根据预算约束条件而不断调整自己的劳动时间,力求在现有条件下达到效用最大化——实现主体均衡的过程。

(2)劳动力需求

关于劳动力需求,一般是指企业在某一特定时期内,在工资率一定的条件下,其愿意并且能够招聘到的劳动力数量。在该概念中,蕴含着三层意义:第一,企业雇佣劳动力是为了满足社会物质产品(服务)的市场需求,并且这种需求是一种绝对需求。第二,企业对劳动力的需求是因为物质产品(服务)的提供需要劳动力与其他生产要素的有机结合,是从产品(服务)需求派生而来的,因而是派生性范畴的需求。第三,劳动力需求的派生性显示劳动力需求水平在随产品(服务)需求的变动而变化,企业通过将增加劳动力所花费成本与其带来的收益进行比较,当劳动力的边际收益大于劳动力的边际成本时,则企业就会考虑进一步增加聘用劳动力的数量。

劳动力需求往往受到总需求水平、生产的技术条件,以及其他生产要素的价格等因素的制约。为了厘清上述制约因素与劳动力需求的关系,人们用劳动力需求的分析工具展开研究。如果用自变量 X_i 代表制约劳动力需求的种种因素,D 代表劳动力需求函数,则该需求函数可以表示为:

$$D = f(X_i) \quad (i = 1, 2, \cdots, n) \tag{2-5}$$

式(2-5)中,影响与制约劳动力需求的因素也有无数个,并且各种因素与劳动力需求的关系十分复杂。因此,正如在式(2-2)研究劳动力供给函数关系时一样,只能在诸多因素中选择最主要的几种或一种进行分析。不妨假定其他条件不变，选择工资率作为影响和制约劳动力需求的唯一变量，仍用 W 表示，则式(2-5)就变为：

$$D = f(W) \tag{2-6}$$

式(2-6)表示劳动力需求是工资率的函数。该函数可用图形形式来描述，通常称为劳动力需求曲线。劳动力需求曲线是一条从左上向右下倾斜的曲线(图 2-3)。该曲线表明当工资率提高时，劳动力需求量则会相应减少。

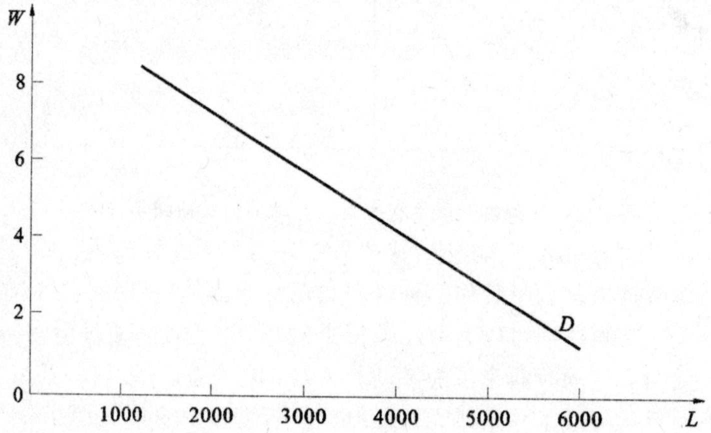

图 2-3　劳动力需求曲线示意图

这里，相对于工资率变化而出现的劳动力需求量变化的反应程度被人们称为劳动力需求的工资弹性，亦可简称为劳动力需求弹性。如果将劳动力需求弹性用 E_d 表示，劳动力需求量变化的百分比用 $\Delta D/D$ 表示，工资率变化的百分比用 $\Delta W/W$ 表示，则：

$$E_d = \frac{\Delta D/D}{\Delta W/W} \tag{2-7}$$

对式(2-7)来说，劳动力需求弹性 E_d 分布在$[0,\infty)$。$E_d=0$ 时，需求无弹性，劳动力需求量不变，在图形上显示为一条垂直于横轴的线(图 2-4 中的 D_1)；$E_d<1$ 时，需求缺乏弹性，也就是需求量的变化小于工资率的变化，该需求曲线是一条向右下方倾斜且较为陡峭的曲线(图 2-4 中的 D_2)；$E_d=1$ 时，呈单位需求弹性，即需求量的变动与工资率的变动相同，这时劳动力需求曲线是一条向右下方倾斜且与横轴呈 45°夹角的曲线(图 2-4 中的 D_3)；$E_d>1$ 时，需求富有弹性，即需求量的变动大于工资率的变动，这时劳动力需求曲线是一条向右下方倾斜且较为平坦的曲线(图 2-4 中的 D_4)。随着 E_d 不断增大，需求弹性趋向无穷大，即工资率给定的条件下需求量变动的绝对值大于 0，这时在图形上显示为一条与横轴平行的曲线(图 2-4 中的 D_5)。

对劳动力需求的分析往往区分为企业短期劳动力需求和长期劳动力需求两种情况。短期劳动力需求的假设条件是其他生产要素不变，唯一可变的是劳动投入；长期劳动力需求的假设条件是所有生产要素都可以调整，不仅仅是劳动投入。

在短期劳动力需求期间，一般遵循边际生产力递减规律。企业为实现利润最大化目标，往往决定劳动力需求的原则是：劳动的边际产品收益(Marginal Revenue Product，MRP)等于工资率(W)。

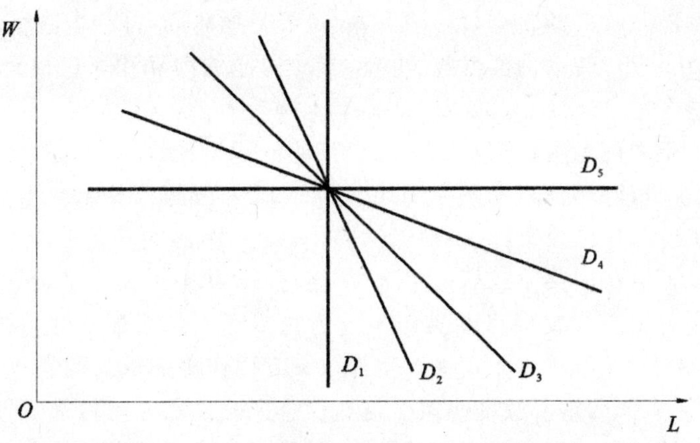

图 2-4 各种需求弹性状态下的劳动力需求曲线示意图

在长期劳动力需求期间，往往利用等产量线、等成本线(等费用线)来进行分析。等产量线表示各种产出水平对应的劳动和资本投入的多种组合，等成本线则表示企业可能达到某一产出水平的成本约束。企业为了自身利润最大化，必然为定量产出追求成本最少或为定量成本追求产出最大。理论表明，企业长期劳动力需求决定遵循的原则是：劳动和资本投入的边际产品之比与劳动和资本的相对价格之比必须相等。

现实社会中，生产要素的价格并不是不变的，当企业面临生产要素价格变化时，其劳动力需求的调整可以通过规模效应和替代效应达到新的均衡。

2.1.2 劳动力再生产

(1)劳动力再生产的概念和意义

当今世界，科技发展日新月异，产品周期日益缩短，生产技术创新加速，企业对劳动力技能素养的要求愈来愈高。因此，劳动力再生产话题愈来愈引起人们的重视。

在劳动力再生产理论研究中，马克思以政治家的视野，进行了深入的探索。他从社会再生产到劳动力再生产，给出了一系列重要论述。在他看来，"劳动力再生产包括不可分离的两个方面：劳动者自身体力和智力的恢复和更替，劳动技能的积累，以及具有劳动能力的人口一代一代不断更替的培养或补充"[4]。该论断有两种深层含义：一是指劳动者在劳动过程中必然消耗劳动能力(即体力和脑力的支出)，这种消耗需要适时地恢复和更新，新生的劳动技能需要及时练习和积累；二是指具有劳动能力的人口的再生产。劳动力再生产，通俗地说，也可分为简单再生产和扩大再生产。劳动力的简单再生产可以看作劳动力的简单恢复和数量上的简单补充(通过人口增长方式)；而劳动力的扩大再生产则不仅仅是数量上的简单增加，更重要的是在劳动力质量上有所提升。特别是在市场竞争日益激烈的今天，人才集聚、劳动力素养和质量的提高已构成劳动力扩大再生产的核心内容。

改革开放 35 年来，中国产业的发展已由"三来一补"走向"中国制造"，由"贴牌生产"升华为"中国创造"；中国社会已由"城乡分割"走向"城乡融合"，由"二元制结构"变为"城乡一体化"；农民文化素质已由"文盲半文盲状态"走向"接受过九年制义务教育的新型农民"，由

“日出而作、日落而息”变为“外出务工为主、兼顾耕作”；人际交往已由“书信传话”走向“信息网络”。经济的发展及社会的转型，使大批的农民工长期离开家园、走进城市，甚至成为城市的主人。在这种状态下，劳动力的恢复、更新，劳动技能的内涵积累已成为发挥农民工潜力的重要条件。

最近几年，关于中国是否还拥有“人口红利”的问题争论在多种媒体上多有出现。2013年2月22日，国家统计局公布《中华人民共和国2012年国民经济和社会发展统计公报》显示：我国的劳动年龄人口已呈下降态势。2013年11月，中国共产党第十八届中央委员会第三次全体会议(以下简称中共十八届三中全会)通过《中共中央关于全面深化改革若干重大问题的决定》。该决定正式提出启动实施一方为独生子女的夫妇可生育两个孩子的政策。这被解读为我国进入21世纪以来在人口生育政策方面作出的重大调整和完善，是对国家人口发展和劳动力再生产的重要战略决策。这些信息充分显示劳动力水平与经济社会发展的关联度。因此，劳动力再生产对国家的持续繁荣、稳定具有极其重要的意义。

(2)劳动力再生产的途径

① 重视“人才红利”。

国务院总理李克强2013年8月29日在北京召开的国家科技教育领导小组第一次全体会议上指出：“在今后相当长的时间内，继续用好‘人口红利’，更加注重依靠‘人才红利’。这就必须一靠教育、二靠科技，两者有机结合，使中国创造财富的能力得到巨大提升，推动社会文明进步。”“人才红利”的提出和强化，可以看作重视劳动力再生产的新理念。叫响“人才红利”，就是要通过科学技术的创新，形成由谋求低成本劳动力优势向高素质人才支撑的转变，用新产品、新技术、新品牌等辅助劳动力再生产。创造“人才红利”，就要通过人力资本的开发和投入、人口素质的培育和提升、各类人才教育培训的加强，进一步增加劳动的知识含量和产品附加值，从而形成劳动力再生产。

② 推进教育改革。

劳动力再生产需要教育的支撑，因为劳动力需要知识和技能，这两者均需要教育培养。信息社会的到来加速了知识、技术等要素的更新与换代，劳动力自身的消耗也在加速，原本拥有的谋生技能因产品周期的缩短或者产业的升级换代而提前落伍，传统的教育模式已不适应劳动力再生产的培育，终身教育、技能培训的诉求必须加速教育体制的改革，构建与劳动力再生产相适应的立体教育体系。第一，要扩大教育体系的开放性，尽可能有效地向社会各阶层开放。第二，要进一步加强教育体系结构的有机联系和协调，构建有利于劳动者终身学习的教育网络。第三，要加强各级教育的互通互联、有效对接，强化教育体系内部不同教育类型之间的相互包容，使知识传承与技能训练有机结合。

③ 形成社会文化。

劳动力再生产需要文化影响，农耕文化与游牧文化养育出的人群在禀性上往往形成巨大反差。农村人的“淳朴”与城市人的“刁钻”也是文化环境熏陶的结果。凡此种种，文化的力量不仅反映在政治、经济、科技、教育等领域的重大社会实践之中，还能通过无孔不入的渗透力和强劲的整合力构成创造人类物质文明和精神文明的巨大张力。文化的强大助推力将使劳动力再生产不断迸发顽强的生命力，使劳动者知识的更新与技能的培训“不用扬鞭自奋蹄”。文化力转化为市场力，劳动力市场需要什么特质的劳动者，他们就会自觉地去“逼近”，以“自强”的心态武装自己的知识和技能，由被动接受变为主动进取，不断更新和强化劳动力再生产的机能。

2.1.3 劳动的效率

(1)劳动效率的概念

劳动作为劳动力施展才能的外在表现形式，其成效的高低直接反映该劳动者的内在素养和技能水平。所谓劳动效率，一般是指单位劳动投入的产出水平。也可认为是“劳动者在单位时间内创造的使用价值和价值或完成的工作量，或者劳动者创造一定使用价值和价值或完成一定工作量需要的时间”[5]。如果一个劳动者在规定的时间内创造的使用价值和价值越多，或者完成的工作量越多，换句话说，一个劳动者如果能用更少的时间创造同等的使用价值和价值，或者完成同等的工作量，我们就说该劳动者劳动效率高。

劳动效率是劳动者质量和速度的统一。第一，劳动者是在利用自己的知识和技术按照一定的标准进行劳动，劳动的成果必须达到标准的程度，否则，就成为无效劳动。第二，劳动者是在市场竞争环境下施展劳动，要竞争就要讲速度，尤其是全球速度经济时代已经到来，劳动者以速度取胜更为重要。第三，劳动效率是质量和速度的统一体，在服务制胜的时代，有质量无速度和有速度无质量均成不了市场竞争的佼佼者。

劳动效率受劳动者素质、劳动工具和劳动对象三方面因素的制约。劳动者素质主要包括身体素质、思想素质、文化素质、业务素质、技能素质等。它是提高劳动效率的内在条件，是基础，是关键。劳动工具是劳动过程中直接加工劳动对象的物件。工具的先进与否代表着一个企业的现代化程度，是手段，是加速度。劳动对象是劳动者施加劳动的物质资料，往往表现为原料、原材料、半成品、成品等形式，是客体，是成果。

劳动效率受管理体制、管理政策等因素的影响。管理体制直接影响劳动效率。邓小平同志在谈到官僚主义时特别指出“机构臃肿，人浮于事，办事拖拉，不讲效率，不负责任”[6]等表现，强调“政治体制改革的目的是调动群众的积极性，提高效率，克服官僚主义”。这说明在管理体制中官僚主义的危害。事实上，管理体制中的本位主义、享乐主义等均对劳动效率产生阻碍。管理政策对劳动效率的影响也不容小觑，因为政策直接影响着劳动者的干劲、热情、积极性等，好的政策对劳动者的精神起着巨大激励作用。

(2)提高劳动效率的途径

① 合理调整劳动力资源结构。

现代企业的生产与管理呈链状和网状分布。劳动和管理效率的提高来自于各节点成员的相互配合、协同作战。因此，整体劳动力的资源布局尤显重要。调整劳动力资源结构就是要把合适的劳动力放到适合劳动的位置，即对具体的工作任务设置合理的工作岗位，而确定的工作岗位要安排相应的劳动人员。若对一定的工作任务岗位设置不合理，或者对一定的工作岗位人员安排不合理，均会造成劳动工具闲置或者劳动力机构臃肿，在客观上阻碍劳动效率的提高。

② 适时更新劳动工具和运营网络。

子曰：“工欲善其事，必先利其器。”农民也有句俗语：“磨刀不误砍柴工。”这些名言均揭示了劳动工具在提高劳动效率过程中的地位和作用。人类进入高科技时代，意味着要告别“人海战术”。例如，浙江省在2013年下半年推进的“四换三名”工程，其中之一就是“机器换人”，通过机器换人，实现减员增效。随着信息化时代的到来，链条式或网络式生产与管理的协同化成为现实，协同和集成实施的本身也在提高效率。因此，劳动工具和运营网络的不断更新为劳动效率的提高奠定了基础。

③ 规范实施劳动力素质和技能培训。

社会在转型，管理在升级，品牌在更新，产品在换代，这些趋势诉求劳动力素能必须适时补充和更新。在知识经济时代，企业产品被赋予更多的知识内涵，尤其是新产品蕴含的诸多创意，需要生产者在制造过程中的各个环节密切配合，这需要劳动者必须具有相应的文化知识素养。人类的智慧化，将大量的信息技术融入新产品之中。产品组合结构的搭配，精益生产的要求，均需要劳动者不断提高自身的生产与管理技能。从劳动实践来看，进一步规范实施劳动力素能培训是提高劳动效率的必要条件。

④ 积极营造公平向上的奖惩激励文化环境。

回顾人类的发展史，无数仁人志士为公平终身不懈地努力。公平的奖惩文化是增进劳动效率的无声武器。“近朱者赤，近墨者黑。”积极向上的文化能够极大地提升劳动力的精气神，提高劳动效率。奖惩激励政策的制定和执行必须公开、公平、公正。激励机制的导向作用也是一种无形的力量。正确的激励文化环境无疑是劳动效率提高的动力条件。

2.2 职业教育学理论

职业教育学是教育学的一个重要分支，主要研究职业技术教育的基本理论、价值体系、学科发展、管理体制、课程开发、发展战略等，对应用技术型的人才培育和开发具有重要的指导意义。

2.2.1 职业教育的功能

1987年，第一届国际职业技术教育大会在德国柏林举办，主题是“发展与改革职业教育”。1999年，第二届国际职业技术教育大会在韩国首尔召开，主题是“终身学习和培训——通往未来的桥梁”。2012年5月14—16日，第三届国际职业技术教育大会在我国上海举行，主题是“培养工作和生活技能”。会议围绕如何改革和发展职业技术教育，以确保所有青年和成人均能获得工作和生活所需的技能进行了重点探讨。在这次大会上，时任中共中央政治局委员、国务委员刘延东亲临大会并致辞，倡议要“加强职业教育国际交流合作，努力实现优势互补、共同发展，使职业教育真正成为创造未来繁荣和实现人的全面发展的有效途径”。围绕职业教育的功能作用，她提出了“四个增强”：第一，要继续深化职业教育理念的改革，强化对实体经济的服务水平，加大创新技能的培育，增强职业教育对经济增长和可持续发展的驱动作用；第二，努力提高青年、妇女以及弱势群体的劳动者就业择业创业能力，增强职业教育对社会和谐发展的促进作用；第三，要着眼终身学习，创新教育内容和教育方法与方式，增强职业教育对人的全面发展的提升作用；第四，要持续完善政策体系，营造良好环境，加强各类教育间的有效衔接与互通，增强职业教育对整个教育事业协调发展的支撑作用。

根据三届国际职业技术大会的主旨，我们可以归纳出职业技术教育应充分发挥承传功能、培训功能、兴业功能、驱动功能、发展功能、协调功能。

(1)承传功能

文化、知识、技能的继承和传递是各类教育的通用功能。职业技术教育是教育的重要组成部分。为培养现代企业社会需要的技术型应用专业人才，必须加强文化熏陶、知识输送、技能示范，以夯实受教育者学习、提升、创新的基础。职教工作者要善于整理国内、国际职业技术教育演进、发展的精华，以确保在有限时间内使受教育者掌握和应用相关文化知识和技能。

(2)培训功能

对即将就业者和生产、管理及服务一线的劳动者、管理者、经营者进行快速培养和训练是职业技术教育的最基本功能。“长短结合”“无长不稳、无短不活”是对职业技术学校办学方式的形象描述。职业教育的使命之一就是要不断开发出新的培训项目。培训要有目标、有计划、有方案、有考评，要针对具体的培训项目和培训对象选定对应的培训师资，有创意地营造培训环境，要在提升质量上下功夫。

(3)兴业功能

所谓兴业，包括就业、择业、创业三个层面。职业教育就是让无业者有业、有业者乐业、有能者适业、有识者成业。对受教育者来说，就是通过接受职业教育进一步提高自身素质与所从事岗位的关联度和契合度，这是职业教育最本质的功能。要有效发挥该功能，职业教育必须推崇个性化服务、定制化服务，提升“因材施教”的层级，从普通一线的劳动者到基层的管理人员，甚至高层专业管理人才，都能量身定制培训方案。

(4)驱动功能

职业教育作为与区域经济联系最紧密的教育类别，以自身资源为基础，充分集聚企业和社会资源，不断赋予生产要素中最重要的劳动力要素创新力量，从而助推经济的持续发展。这是教育的经济功能在职业教育领域的具体体现。党的十八大强调“创新驱动战略”。职业教育要有效发挥驱动功能，务必加强自身创新，要大胆地走出去，要有国际化眼光，了解国际职业教育最前沿的发展趋势；要有最基层的数据，把握企业社会对职业教育的诉求。外部的需求与内部的资源相互激荡，才能不断迸发出创新的火花，助推经济社会的发展。

(5)发展功能

职业教育的发展功能体现在三个方面：一是促进受教育者的发展，使受教育者在思想、素质、技能诸方面得到发展；二是促进经济社会的发展，通过对劳动者、管理者、经营者以及特殊群体的培训，使相应人群成为经济社会建设的主力军；三是促进教育事业的发展，职业教育作为教育的有机组成部门，其自身的发展将彰显有关教育职能。

(6)协调功能

职业教育作为一种重要类型，在办学形式、服务形式、合作方式诸方面最灵活，与劳动者个体、企业、社会联系最广泛。不论是在连接教育的其他类型，还是联系劳动者、企业家、基层政府，均具有沟通、协作作用。它既有自身的规律，又不像普通教育具有规范的运作模式，灵活性、多样性使其更容易与其他元素协同一致。

2.2.2 职业教育的价值

"化民成俗，其必由学"，《学记》的名言彰显了教育的价值。20世纪，我国职业教育的先行者黄炎培、陶行知均对职业教育的价值进行了深入探索。21世纪，我国经济社会均进入转型时期，职业教育的价值取向对指导人生及其发展更为重要。

(1)谋生

职业教育首先要为"职业"而教育。黄炎培先生曾指出："人生必须服务，求学非以自娱""苟有益于人群，皆是无上上品，诸君既知，人不可无业矣"[7]。人生必须有职业，通俗地说，人首先要"谋生"。因此，职业教育必须以教育人谋取职业为首要价值取向，要为受教育者提供谋取职业的条件，即在思想、素质、能力、方法等方面赋予他们适应社会生存的内涵，使其有能力找到"吃饭的饭碗"，一旦既有"饭碗"毁掉，还能找到新的。

(2)强技

应用技术人员的核心在"技术"。陶行知先生曾提出："做一个现代人必须取得现代的知识，学会现代的技能"[8]。为了强化技能教育，他又提出了"教学做合一""知行合一"等著名论点。职业教育与普通教育的主要区别在于后者是以"知识""学术"为导向，而前者是以"技能""方法"为追求；后者是重点解决产品的"构成原理"，前者是重点掌握产品的"制作流程"；后者是追求攻克"事情为什么发生"，前者是重点剖析"事情发生是什么"。

(3)臻善

一个高素质的劳动者，一个高水平的技术人员，做事情必须精益求精，达到最完好的地步，这是臻善最本质的内涵。职业教育要承担国家赋予的重任，必须使受教育者在如何臻善方面下功夫、做文章。臻善的另一层含义是使受教育者通过接受职业教育，实现与周围的人群共同达到美好。这就要求在仁义、诚信、友爱、协同等方面修炼到相应的高度。臻善还有"促进发展"的含义。人们通过职业教育得到了谋生的手段，这是最低要求。根据著名管理学家亚伯拉罕·马斯洛(Abraham H Maslow)的需要层次理论，人的需要也随事业的发展而提升。因此，促进发展理应成为职业教育的重要价值取向。

(4)至美

高水平的职业教育要志在使受教育者思考理想的境界，并树立实现梦想的信心，这是至美的基本内涵。人生的追求在于"圆梦"，每个人都有"梦想"，只不过层级不同。职业教育要引导受教育者善于运用自己的双手，构筑实现梦想的一步步台阶，夯实基础，练熟技能，在不同的行业、不同的岗位、不同的角色占领鳌头，成为"状元"。至美要求受教育者要直面竞争。在市场经济条件下，只有竞争才能"优胜劣汰"，才能"推陈出新"，才能"至善至美"。

2.2.3 职业教育的发展战略

在中国，战略一词历史久远，最早主要是指军事方面。在军事科学中，它是与"战役""战术"相对而言的概念。在现代，战略逐步被应用到经济及政治领域，泛指"重大的、带全局性的、长期性的、相对稳定的、决定全局的谋划"[9]。发展战略是一种独特的事业定位，也是事业发展的一种价值的组合。

① 坚持以就业为导向，以能力为本位，以服务为宗旨。

以就业为导向，就要构建就业导向的现代课程体系，充分发挥职业教育面向人人、服务区域、促进就业、改善民生的功能和独特优势，满足社会成员多样化学习和人的全面发展需要。以能力为本位，就要改革人才培养评价标准，构筑能力本位的办学绩效评价体系。以服务为宗旨，就是必须适应区域经济发展方式转变、产业结构调整和社会发展要求，从专业设置到培养过程，均要紧贴产业的发展需要。

② 坚持政府主导，学校主体，行业指导，企业参与。

职业教育的发展，必须政校行企，深度合作，真正实现合作办学，合作育人，合作就业，合作发展。职业教育是全民的事业，大政方针必须由政府主导，具体实施必须以学校为主体，与行业标准对接需要行业指导，学以致用需要企业支持，只有企业全程参与培养过程，才能使培养的人才更有针对性。

③ 坚持校企合作，产教融合，理实一体，顶岗实习。

校企合作办学是国际职业教育发达国家的成功经验。只有深化校企合作，才能实现产教融合，才能做到理论教学与实训实践的一体化，才能使顶岗实习落到实处。通过深化校企合作，以促进专业与产业对接、课程内容与职业标准对接、教学过程与生产过程对接、学历证书与职业资格证书对接、职业教育与终身学习对接。

2.3 就业理论

“就业是民生之本”。就业关系到经济的发展、社会的稳定、个人的前途和人生价值的实现。促进就业是我国的基本国策。所谓就业，就是个体拥有一定的工作岗位，即从事一定的职业。为了达到充分就业，必须把握就业结构、提高就业质量、重视就业培训。

2.3.1 就业结构

(1)就业结构的概念

关于“结构”一词，人们从不同的视角给予了不同的解释。哲学家认为结构就是不同类别或相同类别的不同层次按程度多少的顺序进行有机排列。语言学家认为结构就是各个组成部分的搭配和排列。建筑学家认为结构是建筑物上承担重力或外力的部分构造。社会人类学家阿尔弗雷德·拉德克利夫·布朗(Alfred Radcliffe Brown)对结构的解释更易被人们理解。他指出“结构是指在某个较大的统一体中，各个部分的配置或相互之间的组合”[10]。经济学家道格拉斯·C.诺思把结构理解为我们通常所说的制度，“结构是指那些我们相信是决定实绩基本因素的社会特征。在此，我把一个社会的政治和经济制度、技术、人口及意识形态都包括在里面”[11]。综上所述，结构既是一种观念形态，也是一种存在状态，又是物质的一种运动状态。

关于就业结构，国内有许多学者给出定义，尽管角度不同，但揭示的主要内涵是一致的。吕红平教授等将就业结构称为社会劳动力分配结构，“一般指国民经济各部门所占用的劳动力数量、比例及其相互关系，或指不同就业人口之间及其在总就业人口中的比例关系，它表明了劳动力资源的配置状况或变化特征”[12]。杨清河教授认为“就业结构一般是指社会劳动力在国民经济各部门、各行业、各地区、各领域的分布、构成和联系”[13]。一般来说，就业结构必须由各种职业(或称为行业)组成，这是劳动力就业的载体或就业客体，即物质基础，也可被认为是就业结构的物质属性；同时，就业结构更离不开作为社会主体的人(包括就业主体的劳动者)的支配与调控，受人类观念、意识的影响，因而这可被称为就业结构的意识属性。

就业结构在内涵及外延上涉及面很广。在内涵上，一般包括影响就业结构的各种因素以及这些因素之间相互交叉影响而造成的状态变化及走势。从就业主体角度分析，主要是劳动者的个人素质，包含劳动者的身体素质、文化素质、技能素质、沟通水平等，这些素质反映在就业结构上，就构成了劳动者的就业能力；从就业客体角度分析，是指在一定时期内一国(或一个区域)能够提供多少就业岗位，供应多少工作机会。同时，在外延上，就业结构涉及的领域也越来越广泛。随着经济社会转型的加速，新的就业类型不断涌现，就业结构的调整优化时刻面临新问题、新情况。

事实上，就业结构反映了一个国家或区域社会劳动力的利用状况及该国家或区域经济发展的方向与水平。一个国家或区域对于不同产业、不同部门进行的劳动力投入的变化，会造成整体就业结构的变动，进而影响到国民经济发展与经济结构的总体变动。例如，在我国城乡就业结构中，大量农村剩余劳动力的转移伴随着国家城镇化、工业化和农业现代化进程的不断加快，使就业结构不断改变。因此，在保证农村剩余劳动力就业高效率的前提下，如何使农村剩余劳动力资源得到充分利用，节约劳动时间，降低劳动成本，从而提升农村剩余劳动力转移培训的绩效，形成科学合理的就业结构具有重要意义。

(2)就业结构演变规律

① 配第-克拉克定律。

17 世纪后期，英国经济学家威廉・配第(William Petty)研究发现，随着经济的发展和产业的演进，从有形财物的生产向无形服务性的生产转变已成趋势。1676 年，威廉・配第在其完成的《政治算数》(1690)一书的第一章中将英国与荷兰、法国等国家作比较时指出：“工业的收益比农业多得多，而商业的收益又比工业多得多”。在这种状态下，劳动力必然从农业领域向工业领域转移，随后将会从工业领域转向商业领域。

19 世纪 40 年代，英国经济学家科林・克拉克出版《经济进步的条件》(1940)一书。该著作基于威廉・配第相关收入与劳动力流动学说的研究成果，按照时间顺序，梳理了若干国家或地区的统计资料，计量和比较了不同收入水平状况下各国的人均国民收入和劳动力在各产业中的分布情况，以及就业人口在三次产业中分布结构的变动趋势，并进一步总结得出：产业间相对收入差异的诱惑，将驱使劳动力由低收入部门转向高收入部门。总体来说，随着人均收入的提高，劳动力先是从第一产业转向第二产业，进一步演进，劳动力会继续由第二产业转向第三产业。最后的结局肯定是劳动力在产业间的分布呈现出第一产业人数逐步减少、第二产业和第三产业人数相继增加的状态。

该观点被称为配第-克拉克定律。事实上，该定律为人们研究产业升级与产业结构的优化、农村剩余劳动力的转移等问题提供了重要的指导依据。

② 库兹涅茨法则。

以配第-克拉克定律为基础，美国经济学家西蒙·库兹涅茨进行了进一步的拓展、完善，出版了专著《各国的经济增长：总产值和生产结构》[14]。该书对西方诸多市场经济国家进行了比较和分析，研究了三次产业就业结构的演变规律。他将三次产业分别称为农业部门、工业部门和服务部门，并得出"产业结构的不断调整和优化既是经济长期增长的保证，同时也是经济增长造成的结果"的论断。与此同时，人均收入变化引起劳动力流动，促成就业结构的相应调整。在生产的初级阶段，农业部门一般占据了大部分劳动力资源，产业的演进促使现代工业部门的日渐兴起，大量的劳动力就会从农业部门转移出来而被工业部门吸纳就业。但随着科学技术的进一步发展，工业部门劳动生产率逐步提升，这就出现了机器排斥劳动力的现象，工业部门的劳动力继而转往快速发展的服务业部门就业。西蒙·库兹涅茨还指出，即使在各部门内部，也存在就业结构变化的差异。例如，在生产制造业内部，与现代技术密切联系的新兴部门增长得最快，新兴部门容纳的就业人数也多，而一些传统的制造业部门就业人数反而降低。在服务业内部，需求增长较快的部门接收就业的比例也上升较快。上述研究成果被人们称为"库兹涅茨法则"。

③ 钱纳里模式。

1975 年，美国经济学家霍利斯·钱纳里与塞尔奎因合著出版《发展的型式 1950—1970》一书。在该书中，作者灵活运用统计归纳等方法，对 101 个国家特别是低收入的发展中国家，在 1950—1970 年这个时间区间内不同收入水平下的劳动力就业状态进行调研、梳理和分析，得出了著名的就业结构随人均国民生产总值（以下简称 GNP）变化的"劳动力正常发展型式"。

根据大量数据统计计算表明，包括农业、矿业在内的初级产业的产值占 GNP 的比重和劳动力就业的比重均随人均收入的增加而下降，而工业和服务业的产值占 GNP 的比重以及接纳就业的比重却在不断上升（图 2-5）。

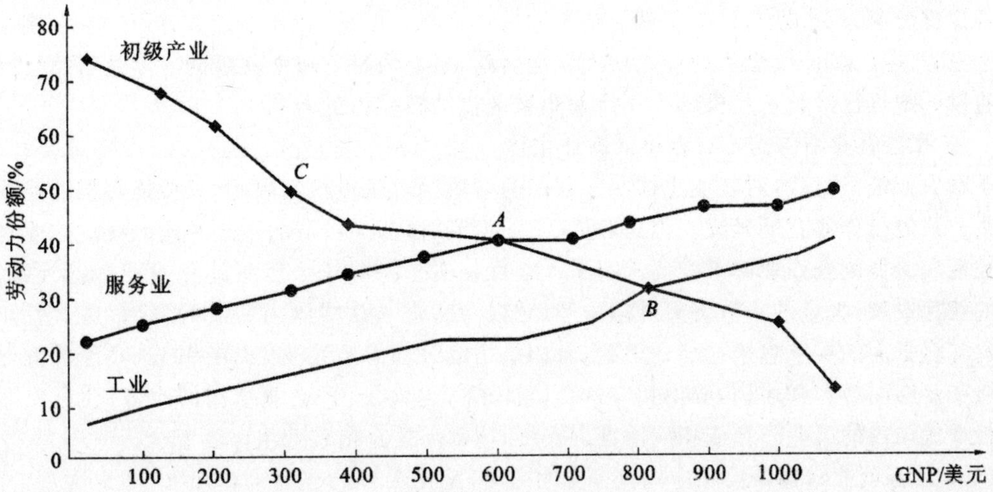

图 2-5 钱纳里劳动力正常发展型式示意图

根据钱纳里与塞尔奎因给出的数据，当人均GNP低于100美元(按1964年不变价格计算)时，初级产业、工业和服务业所占的劳动力就业的比例分别为71.2%、7.8%和21.09%，劳动力就业结构以初级产业为主，工业和服务业的就业比重相对较轻；当人均GNP达到300美元时，在初级产业中的劳动力就业比重下降到50%左右，也就是图2-5中的*C*点。当人均GNP达到600美元时，第三产业接纳的就业人数将开始超越初级产业的就业人数，如图2-5中的*A*点。当人均GNP达到750美元左右时，第二产业就业人数也将逐渐超过初级产业的就业人数，如图2-5中的*B*点。在人均GNP为1000美元时，初级产业、第二产业和第三产业的就业比例将分别占据25.2%、32.5%和42.3%，这种状态下，第三产业跃居主导地位，变成了劳动力就业的主要产业部门。因此，在人均GNP由100美元攀升到1000美元的发展过程中，劳动力就业结构也在发生巨大变化，以初级产业为容纳就业主体变成以第三产业为主体。事实证明，劳动力就业结构的不断“高度化”又在刺激经济社会的转型发展。

(3)就业结构的改善

2014年1月19日，中共中央、国务院印发了《关于全面深化农村改革加快推进农业现代化的若干意见》，即2014年中央一号文件，文件提出“要城乡统筹联动，赋予农民更多的财产权利，推进城乡要素平等交换和公共资源均衡配置，让农民平等参与现代化进程、共同分享现代化成果”等多项重大改革措施。这就意味着，包括众多向城镇转移的农村剩余劳动力在内的整体就业结构将得到进一步的改善。

① 改善就业结构首先要有发达的产业。

课题组2011年底在豫东农村进行深入调研，深度挖掘了农村的投入产出情况。由于当地农民人均拥有的可耕地在1.5亩左右，农产品产量增幅已相当有限。这就是说，在农业领域投入与产出并不成正比增加。换句话说，第一产业容留的劳动力数量是极其有限的。要改善农村的就业结构，在以农业为主的部分省市，产业的升级必须创新，在不牺牲粮食产量的前提下，通过土地资源的科学整合集聚，适当发展第二产业和第三产业，有效承接农村转移出的部分剩余劳动力，是改善就业结构的最佳选择。但是，中西部部分省份的农村剩余劳动力总量实在太大，仅靠当地的发展而就地转移，短期内是不可能实现的。因此，需要沿海、沿边发达地区已经具有规模的大型产业集聚区接纳转移出的劳动力。

② 改善就业结构需要有合格的就业主体。

在农业经济时代，对就业主体——农民的素质要求是极其有限的，只要能够按照前辈的农耕方式进行作业就能延续。但是，进入工业文明时代，大机器的生产和流水线的作业对劳动技能和协调配合作业的素养要求有了大幅度提升。一旦进入后工业化时期，由于网络经济的快速发展，大量的人群将离开体力劳动第一线，进入从事脑力劳动的群体，这对就业主体的综合素养的要求愈来愈高。因此，劳动结构的改善需要就业主体在知识、技能等方面必须接受足够的教育和培训，取得相应的合格证书。也就是说，就业结构的改善，会形成在众多行业领域内的就业门槛或相应的准入资格，这都需要合格就业主体的配合。

③ 改善就业结构需要相应的安家立身之处。

就业结构是动态的，但是，经济社会的稳定也需要相对稳定的就业形态。就业主体能否稳定，有一个重要的保障因素就是居住问题、家庭问题。安居才能乐业。随着农业现代化进程的加速，全国范围内均在大力推进城镇化建设。农业的机械化将大批务农人员解放了出来，城镇化发展为农民工向城镇转移提供了安居之处，城市及其周围的工业部门正敞开怀抱等待农民工的加盟。这样的推拉效应为改善整体就业结构提供了优越的环境条件。事实上，中国农村剩余劳动力的转移难点在于劳动力不能顺利转移到城市工商企业就业，第三产业发展滞后，出现了劳动力过剩与劳动力短缺并存的状况。随着经济的转型升级，企业对劳动者的要求越来越高；产品的升级换代对制造者的整体素质要求也在提高。因此，改善就业结构不能简单地理解为将大批农村剩余劳动力转移到城市即可，而是要综合地看待这个问题，要把握产业升级的程度和走向，关心劳动力与产业的契合度，重视城镇化建设与产业发展的关联度。只有这样，才能在科学规划布局的基础上优化就业结构。

2.3.2 就业质量

(1)就业质量的概念

20 世纪初期，人们往往将就业质量与工作效率、就业者与职位的匹配、专业分工与技术训练、“刺激性”的薪酬等方面相联系。其代表人物为弗雷德里克·温斯洛·泰罗(Taylor F W，1903)[15]、亨利·法约尔(Fayol H，1916)[16]等。后来，埃尔顿·梅奥(Mayo E，1933)[17]通过霍桑试验(Hawthorne Experiment)，提出了人际关系学说，进一步丰富了就业质量的内涵，指出就业质量需要涵盖良好适宜的工作环境、合理的工作时间、和谐的工作氛围、心理需求的满足以及非正式组织和正式组织的相互依存等内容。

从农村剩余劳动力转移培训的视角来看，就业质量是一个综合性的指标。它反映劳动者的报酬以及就业的稳定性状态。报酬的取得是劳动者与生产资料在整个劳动过程中有机结合的结果。如果从劳动者个人来说，就业质量反映了劳动者在就业中的工作安全，待遇平等，收入和福利、就业的稳定等方面感受到的满意程度。简单地说，就是劳动者衡量这一工作到底好不好的问题。如果从就业岗位供给方来看，就业质量反映了该就业领域整体的劳动工作状况以及质量的高低。它强调群体性，主要体现在接受工作培训人员的受雇率、劳动合同签约率和平均工资等方面。研究就业质量，就是要让就业质量相对改善，让它有助于就业的稳定，缓和社会矛盾，促进经济的和谐发展。

(2)就业质量指标

就业质量指标，可以通过工作时间、工作报酬、工作环境和工作绩效等因素来评价。

关于劳动者的法定工作时间，《中华人民共和国劳动法》第 36 条已明确规定，每个劳动者每天工作的时间不超过 8 小时，劳动者平均每周工作的时间不超过 44 小时。上述就业结构显示，农村剩余劳动力在外地打工的过程中，由于劳动力的廉价且多在中小民营企业打工，福利待遇低以及生活的压力大，导致大量的农民工需要超额时间的工作才能赚取更多的生活费以养家糊口。而多数中小企业由于近几年金融危机的余波，面临诸多问题需要不断地刺激生产，对于员工往往在不裁员的情况下会减少工资、延长工时和强制其加班加点。

在劳动报酬方面，由于农村剩余劳动力的文化程度一般不高，较低的文化层次决定了农村剩余劳动力转移的档次不高，大多只能从事技术含量低、工资低的工作，再加上许多中小企业存在克扣和拖欠工资的现象，使得他们的劳动报酬更加得不到保障。据有关方面调查显示，2011 年上报的拖欠农村剩余劳动力工资总额为 439 亿元。2010 年，签订劳动合同的人数占总人数的 42.7%。

工作环境也是攸关就业质量水平的一项重要指标。工作环境总体上可分为外部工作环境与劳动者心理环境。外部工作环境由环保因素、治安因素以及社会文化组成；劳动者心理环境，主要指所从事职业的荣誉感、工作的孤独感以及社会的认同感，是否能及时受到激励等。目前，中国农村剩余劳动力的工作环境不尽如人意。这些劳动力的就业岗位层次低，其就业领域一般为城市居民生活服务领域和高强度的体力劳动岗位。这些岗位风险性高、劳动强度大，甚至在一定程度上表现为脏、累、差的岗位。

工作绩效也是反映就业质量的重要一环。在市场经济条件下，工作的最后绩效才是反映劳动质量的试金石。在一定程度上，它是就业主体、就业客体以及就业环境契合度高低的综合反映。

(3)就业质量的保障

就业质量从某种程度上讲就是就业主体能够享有尊严的工作，在福利待遇和各种社会保障待遇方面具有社会平等性。在工作方面，它包括失业保险、养老保险以及劳动者在劳动关系中能享有平等的劳资待遇，能表达自己的劳动意愿和想法，享有优质的劳动权益。

在现有的劳动力转移体制下，社会保障普遍缺乏，部分企业在为进城就业的农村剩余劳动力缴纳社会保险费方面不甚积极，甚至出现社会保险金负担转嫁给劳动者个人而形成超额利润的现象。除此之外，大的管理体制，省与省之间的条块切割，也影响到社会保障费的使用。

就业质量的提升需要公开、公平和科学、系统的社会保障作为支撑。它需要劳动者个体、企业、社会、政府诸要素共同配合、通力协作。在一定程度上，就业质量的高低从侧面反映了该区域经济社会的发展水平。

2.3.3 就业培训

(1)就业培训的理论内涵

就业培训一般是指以培养劳动者的就业技能、创业能力为重点，以增强劳动者的职业技能水平和提升其适应职业改变的能力为主要目的，从而达到培训需求与培训资源的有效对接；突出产业技能培训，进一步增强培训的针对性、实用性和有效性，以就业引导培训，培训促进就业，为广大劳动者尽快实现就业提供帮助的一种服务。在目前劳动力就业市场上，因为农村剩余劳动力数量的急剧增加，他们需要更多的就业岗位，所以农村剩余劳动力转移培训的需求异常突出。同时正如前文所讲，农村剩余劳动力的社会保障脆弱，而且所从事的工作大都为劳动密集型产业。这类产业受经济波动影响较大，一旦受到经济危机的重创，若要裁员，农村剩余劳动力则是首要对象，而且大多数初次出门的农村剩余劳动力没有一技之长，且文化程度低，使他们达不到用人单位的招聘要求。因此，国家和社会进一步保障农村剩余劳动力的就业要求，让他们有能力从事技术型工作，提高文化素质是势在必行的。职业技能培训是提高农民工岗位工作能力的重要途径，也是增强农民工就业竞争力的重要手段。

(2)就业培训的主要类型

就业培训的主要类型可以划分为引导性素养培训和职业岗位性技能培训两个大类。

① 引导性素养培训。

由于农村剩余劳动力长期在乡村生活，其文化习俗与城镇现代工业或服务业的要求相去甚远。为了缩短“农民工”从农村到城镇的转变期，很有必要增加针对性的素养培训，这也是基层政府多年来一直在努力推进的一项惠民工程。

② 职业岗位性技能培训。

农村剩余劳动力从第一产业转向第二产业、第三产业，必须具备符合就业岗位需要的能力。技能培训是一种专业性较强的专项培训，需要具有一定资质的专业培训机构来承担。

(3)就业培训的政策机制

对于国家而言，要加大对剩余劳动力培训的投入。培训费用不能完全由农村剩余劳动力承担。否则，不仅给农村剩余劳动力造成经济负担，还损害了其培训的积极性。因此，必须建立政府、用人单位和个人共同承担培训费用的政策机制。鼓励民间投资专业化培训机构，给予税收优惠，让更多的劳动力自主加入培训队伍。同时，在进行培训过程中，还需要制订保证他们在就业地能安居下来的配套措施，使各种就业培训取得真正成效。

对于用人单位而言，不仅要增加培训机会，还要规范培训制度。培训时，应根据国家职业标准和不同行业、不同工种、不同岗位对从业人员基本技能和技术操作规程的要求，安排培训内容，设置培训课程；可以通过拿出专项培训资金培训企业在职农村剩余劳动力。在此基础上，用人单位还应确保资金使用的透明度和使用效率，保证专项培训资金全部用于培训农村剩余劳动力，保质保量，让农村剩余劳动力能实实在在地看到企业的培训和自己的岗位需求有关。

注释

[1] 袁伦渠.劳动经济学[M].大连：东北财经大学出版社，2002.

[2] Robbins L. On the Elasticity of Demand for Income in Terms of Effort [J]. Economica，1930，29(7)：123-129.

[3] Hicks J R. The Theory of Wages[M]. London：Macmillan，1932.

[4] 马克思.资本论：第一卷[M].北京：人民出版社，2004.

[5] 王益英.中华法学大辞典：劳动法学卷[M].北京：中国检察出版社，1999.

[6] 邓小平.邓小平文选：第二卷[M].北京：人民出版社，1993.

[7] 田正平，李笑贤.黄炎培教育论著选[M].北京：人民教育出版社，1993.

[8] 陶行知.陶行知全集：第3卷[M].成都：四川教育出版社，2005.

[9] 李德华.城市规划原理[M].3版.北京：中国建筑工业出版社，2001.

[10] 拉德克利夫·布朗.社会人类学方法[M].夏建中，译.北京：华夏出版社，2002.

[11] 道格拉斯·C.诺思.经济史中的结构与变迁[M].上海：上海三联书店，1994.

[12] 吕红平，张呈琮，陆杰华，等.中国少数民族地区人口状况研究[M].北京：中国社会科学出版社，2010.

[13] 杨清河.劳动经济学[M].3版.北京：中国人民大学出版社，2002.

[14] 西蒙·库兹涅茨.各国的经济增长：总产值和生产结构[M].北京：商务印书馆，1999.

[15] Taylor F W. Shop Management[M]. New York：American Society of Mechanical Engineers，1903.

[16] Fayol H. Administration Industrielle et Générale[J]. Bulletin de la Société de L'industrie Minérale，1916(10)：5-164.

[17] Mayo E. The Human Problems of an Industrial Civilization[M]. New York：Macmillan，1933.

3 农村剩余劳动力转移培训实效的建模分析

3.1 农村剩余劳动力转移培训与经济协调发展的关联度分析

3.1.1 灰色关联度分析原理

灰色系统理论(gray theory)是我国邓聚龙教授于1982年创立的一门新兴横断学科。按照灰色系统理论,系统可以分为白色、黑色、灰色三种。信息完全已知的系统叫作白色系统;信息完全未知的系统叫作黑色系统;部分信息已知、部分信息未知的系统叫作灰色系统。灰色系统理论的研究对象是基于"部分信息已知,部分信息未知"的"小样本""贫信息"类不确定性系统,通过对部分"已知信息"的深入开发与挖掘去探索与预测"未知部分",从而实现对系统的有效控制[1]。灰色关联度分析是灰色系统分析、灰色系统预测、灰色系统决策的基础,是灰色系统理论的主要研究工具与分析方法。灰色关联度分析的核心思想是通过分析灰色系统中主行为因子与相关行为因子关系的密切程度,分析、确定该系统发展的主要因素和次要因素。灰色关联度分析的基本原理是通过比较各相关因素时间序列曲线的几何相似度,判断各因素之间的关系紧密度。各因素时间序列的几何曲线形状越接近,各因素之间的关联度就越大,反之就越小。

灰色关联度分析的具体步骤如下。

(1)确定系统分析序列

进行灰色关联度分析首先要选定系统分析序列,设定为:

$$
\begin{aligned}
X_0 &= [x_0(1), x_0(2), \cdots, x_0(n)] \\
X_1 &= [x_1(1), x_1(2), \cdots, x_1(n)] \\
&\vdots \\
X_i &= [x_i(1), x_i(2), \cdots, x_i(n)] \\
&\vdots
\end{aligned}
$$

其中,X_0 称为参考数列,$X_i(i=0,1,2,\cdots,m)$称为比较数列。

(2)进行无量纲化处理

由于系统中各因素的实际意义不同,导致数据的量纲也不一定相同,不便于进行比较,因此在进行灰色关联度分析时,需要对参考数列和比较数列进行无量纲化处理。

令:

$$X_i' = \frac{X_i}{X_0} = [x_i'(1), x_i'(2), \cdots, x_i'(n)] \quad (i = 0,1,2,\cdots,m) \tag{3-1}$$

(3)分析序列差

先求序列差,记:

$$\Delta_i(k) = | x_0'(k) - x_i'(k) |$$
$$\Delta_i = [\Delta_i(1), \Delta_i(2), \cdots, \Delta_i(n)] \quad (i = 0,1,2,\cdots,m) \tag{3-2}$$

再求序列差的最大值和最小值,记:

$$\Delta_{\max} = \max_i \max_k \Delta_i(k) \tag{3-3}$$

$$\Delta_{\min} = \min_i \min_k \Delta_i(k) \tag{3-4}$$

(4)求灰色关联系数

参考数列与比较数列的关联系数为:

$$\gamma_{0i}(k) = \frac{\Delta_{\min} + \varepsilon \Delta_{\max}}{\Delta_i(k) + \varepsilon \Delta_{\max}} \tag{3-5}$$

其中,$\varepsilon(0<\varepsilon<1)$为分辨率,一般取为0.5。

参考数列与比较数列的灰色关联度为:

$$\gamma_{0i}^* = \frac{1}{n}\sum_{k=1}^{n}\gamma_{0i}(k) \quad (i = 0,1,2,\cdots,m) \tag{3-6}$$

3.1.2 灰色关联度实证模型的构建

(1)模型构建

要分析农村剩余劳动力转移培训与经济协调发展的关联度,首先要构建农村剩余劳动力转移培训与经济协调发展的关联模型。农村剩余劳动力转移培训是一项涉及面广、历时长、投入大的系统工程,关系到经济发展的宏观层面与微观层面。要较为全面地研究经济协调发展的关系,必然需要分析总量与结构。这样,农村剩余劳动力转移培训与经济协调发展的关联模型由四个方面组成(图3-1):① 农村剩余劳动力转移培训与宏观层面经济发展总量的关联;② 农村剩余劳动力转移培训与宏观层面经济发展结构的关联;③ 农村剩余劳动力转移培训与微观层面经济发展总量的关联;④ 农村剩余劳动力转移培训与微观层面经济发展结构的关联。

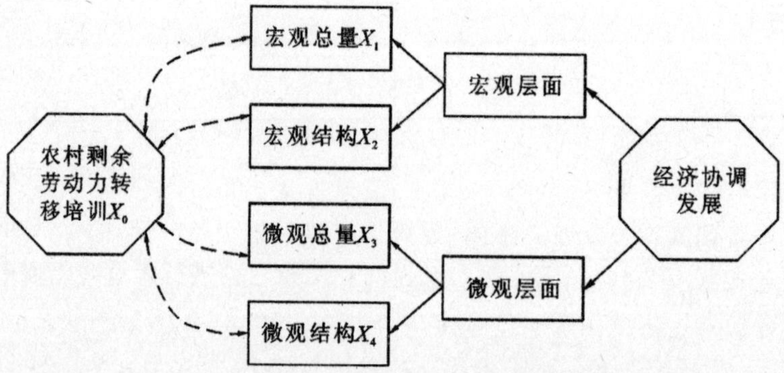

图3-1 农村剩余劳动力转移培训与经济协调发展的关联模型

(2)农村剩余劳动力转移培训指标选取

目前还没有完整的关于农村剩余劳动力转移培训方面的数据。各省的统计口径、统计年限也不相同,不宜直接获取该指标。农村剩余劳动力转移培训最直接的效果与原本的目的就是更好地实现农村剩余劳动力的转移,从农村剩余劳动力转移培训的实效——劳动力转移数量来选取指标更为合适。关于农村劳动力转移数量,有几种简单易行的分析思路:①当年农村劳动力数量减去上一年农村劳动力数量;② 城镇从业人员的数量减去城镇职工的数量;③ 用第一产业从业人员占全部从业人员所占比重度量,比重越小,农村剩余劳动力转移数量越多;④ 用转移比率来分析,农村剩余劳动力转移比率=(当年的农村人口-上一年的农村人口-上一年的农村人口×当年人口的自然增长率)/当年的农村人口;⑤用城镇新增人口数来表示,用当年城镇人口数减去上一年城镇人口数。

近年来也出现了一些较为复杂的研究思路。例如,刘小翠[2]用城镇常住人口规模排除掉常住人口自然增长率来测算农村剩余劳动力的转移数量;毕先萍[3]把全部就业人口划分为农业就业人员、传统正规就业人员、新型正规就业人员和非正规就业人员,新型正规就业人员和非正规就业人员作为改革开放后衍生出的就业类型,处于比较充分的竞争状态之中,能够反映出农村剩余劳动力的转移规模,他使用总劳动力数量减去农业就业人员和传统正规就业人员来测算劳动力转移数量;何建新[4]用公式 $AL=PL+IL+SL=CL+TL$ 来测度农村剩余劳动力的转移数量,其中,AL 表示实际就业的劳动力数量,PL 表示第一产业实际从业人员总量,IL 表示第二产业的从业人员总量,SL 表示第三产业从业人员总量,CL 表示农村实际从业劳动力总量,TL 表示城市实际从业劳动力总量;王玲[5]用公式 $L=F/S$ 来计算我国农业剩余劳动力,其中 L 为农业剩余劳动力的数量,F 为农林牧渔业劳动力(即农业劳动力总的数量),S 为农业剩余劳动力率,$S=IG$,I 为从事第一产业的劳动力与从事第三产业劳动力的比值,G 为第一产业增加值和国内生产总值的比值。

由于本课题选择河南省、山东省、浙江省、新疆维吾尔自治区四个地区作为研究样本,在综合考虑数据的可获取性与有效性的基础上,使用非农产业从业人员占全社会从业人员的比例(%)作为农村剩余劳动力转移培训指标。该指标能反映出一个地区(省、自治区)农村剩余劳动力从农业(第一产业)向非农产业(第二产业、第三产业)的转移规模与水平。比例越大,说明农村剩余劳动力转移越多,农村剩余劳动力转移培训效果越好。于是,农村剩余劳动力转移培训指标选取:参考序列 X_0——非农产业从业人员占全社会从业人员的比例。各地区的初始数据见表 3-1。

表 3-1 **河南、山东、浙江、新疆非农产业从业人员占全社会从业人员的比例** (单位:%)

年份 \ X_0 \ 地区	河南	山东	浙江	新疆
2003 年	39.8	53.1	71.7	44.9
2004 年	41.9	55.6	73.9	45.8
2005 年	44.6	59.8	75.5	48.5

续表

地区 X_0 年份	河南	山东	浙江	新疆
2006 年	46.7	60.9	77.4	48.9
2007 年	49.4	62.7	79.9	49.7
2008 年	51.2	62.6	80.8	50.3
2009 年	53.5	63.5	81.7	50.7
2010 年	55.1	64.5	84	51.0
2011 年	56.9	65.9	85.4	51.3
2012 年	58.2	67.3	86.2	52.6

数据来源:《中国统计年鉴(2004—2013)》。

(3)经济协调发展指标选取

选择与农村剩余劳动力转移培训相关度比较大的指标,即对农村剩余劳动力转移培训能够起到作用的部分进行分析。农村剩余劳动力转移在总体上促进了 GDP 的增长,选取地区的 GDP 作为宏观层面经济发展总量指标较为合适。于是,宏观层面经济发展总量指标定为:比较序列 X_1——地区 GDP。各地区的初始数据见表 3-2。

表 3-2　**2003—2012 年河南、山东、浙江、新疆四个地区的 GDP 值**　(单位:亿元)

地区 X_1 年份	河南	山东	浙江	新疆
2003 年	6867.70	12078.15	9705.02	1886.35
2004 年	8553.79	15021.84	11648.70	2209.09
2005 年	10587.42	18366.87	13417.68	2604.14
2006 年	12362.79	21900.19	15718.47	3045.26
2007 年	15012.46	25776.91	18753.73	3523.16
2008 年	18018.53	30933.28	21462.69	4183.21
2009 年	19480.46	33896.65	22990.35	4277.05
2010 年	23092.36	39169.92	27722.31	5437.47
2011 年	26931.03	45361.85	32318.85	6610.05
2012 年	29599.31	50013.20	34606.00	7530.32

数据来源:《中国统计年鉴(2004—2013)》。

农村剩余劳动力转移对宏观经济的另一方面的高度优化与巨大影响极大地促进了第三产业的发展,选取第三产业占 GDP 比重(%)作为宏观层面经济发展结构较为合适。于是,宏观层面经济发展结构指标定为：比较序列 X_2——第三产业产值占 GDP 比重(%)。各地区的初始数据见表 3-3。

表 3-3　**河南、山东、浙江、新疆第三产业产值占 GDP 比重**　(单位:%)

地区 / X_2 / 年份	河南	山东	浙江	新疆
2003 年	34.3	34.0	40.1	40.0
2004 年	31.8	31.7	39.4	38.4
2005 年	30.0	32.3	39.9	35.7
2006 年	30.1	32.8	40.0	34.8
2007 年	30.0	33.5	40.6	35.4
2008 年	28.3	33.5	41.0	34.0
2009 年	29.3	34.7	43.1	37.1
2010 年	28.6	36.6	43.5	32.5
2011 年	29.7	38.3	43.9	34.0
2012 年	31.0	40.0	45.2	35.2

数据来源：《中国统计年鉴(2004—2013)》。

农村剩余劳动力转移对经济发展总量的微观层面来说，直接促进了农民收入的增加，选取农民家庭人均收入作为微观层面经济发展总量指标较为合适。于是，微观层面经济发展总量指标定为：比较序列 X_3——农村居民家庭人均收入，各地区的初始数据见表 3-4。

表 3-4　**河南、山东、浙江、新疆四个地区农村居民家庭人均收入**　(单位:元)

地区 / X_3 / 年份	河南	山东	浙江	新疆
2003 年	2236	3150	5431	2106
2004 年	2553	3507	7584	2245
2005 年	2871	3931	8580	2482
2006 年	3261	4368	9164	2737
2007 年	3852	4985	10391	3183
2008 年	4452	5641	11748	3503
2009 年	4807	6119	12695	3883
2010 年	5524	6990	14545	4643
2011 年	6604	8342	16580	5442
2012 年	7525	9446	14552	6394

数据来源：《中国统计年鉴(2004—2013)》。

农村剩余劳动力转移进一步使农民融入城市，提高了农民的实际收入，减少了农村的剩余劳动力，解放了农村的生产力，促使城乡收入差距逐渐减小。城乡收入差距作为微观层面经济发展结构的指标较为适宜。农村居民家庭人均收入与城镇居民家庭人均收入的比值反映城乡居民收入的差距，比重越大，差距越小；比重越小，差距越大。于是，微观层面经济发展结构的指标定为：比较序列 X_4——农村居民家庭人均收入与城镇居民家庭人均收入的比值，各地区的初始数据见表 3-5。

表 3-5 **河南、山东、浙江、新疆农村居民家庭人均收入与城镇居民家庭人均收入的比值** （单位：%）

年份 \ X_4 \ 地区	河南	山东	浙江	新疆
2003 年	32.3	37.5	41.4	30.1
2004 年	33.1	37.2	47.8	29.9
2005 年	33.1	36.6	47.9	31.1
2006 年	33.2	35.8	45.9	30.9
2007 年	33.5	35.0	46.0	30.9
2008 年	33.6	34.6	47.0	30.6
2009 年	33.4	34.4	46.8	31.7
2010 年	34.7	35.0	48.3	34.0
2011 年	36.3	36.6	48.4	35.1
2012 年	36.8	36.7	42.1	35.7

数据来源：《中国统计年鉴（2004—2013）》。

3.1.3 灰色关联度分析

河南省农村剩余劳动力转移培训与经济协调发展的关联系数及关联度见表 3-6，各变量相关度由高到低排序为：$X_4 > X_2 > X_3 > X_1$。从灰色关联分析结果看出，河南省农村剩余劳动力转移培训与经济协调发展影响因素的关联系数从高到低分别是：城乡收入差距 X_4、第三产业比重 X_2、农村居民收入增长 X_3、河南省 GDP 增长 X_1。这说明河南省农村剩余劳动力转移培训在河南经济协调发展中能够有效地降低城乡收入差距，提高第三产业在国民经济中的比重。

表 3-6 **河南省农村剩余劳动力转移培训与经济协调发展的关联系数及关联度**

年份 \ 关联系数 \ 比较序列	X_1	X_2	X_3	X_4
2003 年	1	1	1	1
2004 年	0.880767	0.918907	0.941021	0.980716

续表

关联系数 \ 比较序列 年份	X_1	X_2	X_3	X_4
2005 年	0.771783	0.852694	0.897062	0.936936
2006 年	0.694345	0.827977	0.833089	0.907282
2007 年	0.60113	0.795255	0.747253	0.874649
2008 年	0.515679	0.755269	0.668824	0.852584
2009 年	0.488254	0.743969	0.638567	0.821125
2010 年	0.41854	0.721131	0.567231	0.821147
2011 年	0.363628	0.716357	0.482961	0.823193
2012 年	0.333333	0.71825	0.427913	0.815095
关联度	0.606746	0.804981	0.720392	0.883273

山东省农村剩余劳动力转移培训与经济协调发展的关联系数及关联度见表 3-7，各变量相关度由高到低排序为：$X_2 > X_4 > X_3 > X_1$。从灰色关联分析结果看出，山东省农村剩余劳动力转移培训与经济协调发展影响因素的关联系数从高到低分别是：第三产业比重 X_2、城乡收入差距 X_4、农村居民收入增长 X_3、山东省 GDP 增长 X_1。这说明山东省农村剩余劳动力转移培训在山东经济协调发展中能够促进第三产业的发展，缩小城乡居民的收入差距。

表 3-7　　山东省农村剩余劳动力转移培训与经济协调发展的关联系数及关联度

关联系数 \ 比较序列 年份	X_1	X_2	X_3	X_4
2003 年	1	1	1	1
2004 年	0.879608	0.92605	0.955942	0.963077
2005 年	0.78457	0.890768	0.922071	0.905363
2006 年	0.683161	0.887461	0.857033	0.881991
2007 年	0.601106	0.880224	0.781532	0.853067
2008 年	0.509668	0.881241	0.70136	0.848641
2009 年	0.471467	0.89127	0.658127	0.837616
2010 年	0.414624	0.912237	0.588616	0.836235
2011 年	0.363596	0.926136	0.505251	0.844245
2012 年	0.333333	0.940464	0.453567	0.83265
关联度	0.604113	0.913585	0.74235	0.880288

浙江省农村剩余劳动力转移培训与经济协调发展的关联系数及关联度见表3-8，各变量相关度由高到低排序为：$X_4>X_2>X_1>X_3$。从灰色关联分析结果看出，浙江省农村剩余劳动力转移培训与经济协调发展影响因素的关联系数从高到低分别是：城乡收入差距 X_4、第三产业比重 X_2、浙江省 GDP 增长 X_1、农村居民收入增长 X_3。这说明浙江省农村剩余劳动力转移培训在浙江经济协调发展中能够有效地缩小城乡收入差距，推动第三产业发展。

表3-8　**浙江省农村剩余劳动力转移培训与经济协调发展的关联系数及关联度**

关联系数 / 比较序列 / 年份	X_1	X_2	X_3	X_4
2003年	1	1	1	1
2004年	0.471148	0.521144	0.433668	0.480827
2005年	0.951122	0.532162	0.412197	0.492461
2006年	0.604078	0.950665	0.627654	0.950492
2007年	0.664229	0.497727	0.561759	0.970916
2008年	0.566702	0.912673	0.504948	0.981206
2009年	0.49639	0.911211	0.468959	0.996463
2010年	0.465114	0.48418	0.409971	0.974949
2011年	0.38824	0.91704	0.362404	0.997699
2012年	0.333333	0.909266	0.418149	0.859647
关联度	0.594036	0.763607	0.519971	0.870466

新疆农村剩余劳动力转移培训与经济协调发展的关联系数及关联度见表3-9，各变量相关度由高到低排序为：$X_4>X_2>X_3>X_1$。从灰色关联分析结果看出，新疆农村剩余劳动力转移培训与经济协调发展影响因素的关联系数从高到低分别是：城乡收入差距 X_4、第三产业比重 X_2、农村居民收入增长 X_3、新疆 GDP 增长 X_1。这说明新疆农村剩余劳动力转移培训在新疆经济协调发展中能够有效地降低城乡收入差距，促进第三产业的发展。

表3-9　**新疆农村剩余劳动力转移培训与经济协调发展的关联系数及关联度**

关联系数 / 比较序列 / 年份	X_1	X_2	X_3	X_4
2003年	1	1	1	1
2004年	0.903306	0.959197	0.968452	0.981448
2005年	0.823746	0.88351	0.933846	0.968869
2006年	0.728807	0.865528	0.870268	0.957478
2007年	0.649501	0.864513	0.776909	0.946614

续表

比较序列 关联系数 年份	X_1	X_2	X_3	X_4
2008 年	0.562338	0.839752	0.721751	0.932171
2009 年	0.553139	0.875973	0.663261	0.950077
2010 年	0.44687	0.813622	0.569013	0.995627
2011 年	0.374058	0.828234	0.494711	0.983657
2012 年	0.333333	0.829729	0.430548	0.988478
关联度	0.63751	0.876006	0.742876	0.970442

从四个地区的灰色关联度分析结果来看，农村剩余劳动力转移培训与经济协调发展影响因素中的城乡收入差距 X_4、第三产业比重 X_2 的关联度最为密切，表明农村剩余劳动力转移培训的确普遍有效地缩小了城乡居民的收入差距，极大地推动了第三产业的发展。

3.1.4 农村剩余劳动力转移培训的灰色预测

这里用 GM(1,1)模型对河南、山东、浙江、新疆四个地区 2013 年、2014 年和 2015 年的农村剩余劳动力转移培训情况进行预测。GM(1,1)模型是最常用的一种灰色模型。它是一个只含一个变量的一阶微分方程预测模型，是最基本的灰色预测方法，特别适合针对本研究的时间序列进行预测。表 3-10 是河南、山东、浙江、新疆四个地区 2003—2012 年第一产业从业人员数量占各产业全部从业人员数量的百分比，构成的数据列 X_5。X_5 即农业产业从业人员占全社会从业人员的比例，而 X_0 是非农产业从业人员占全社会从业人员的比例，$X_5=1-X_0$。

表 3-10　**河南、山东、浙江、新疆农业从业人员占全社会从业人员的比例**　(单位:%)

地区 X_5 年份	河南	山东	浙江	新疆
2003 年	60.2	46.9	28.30	55.07
2004 年	58.1	44.4	26.06	54.17
2005 年	55.4	40.2	24.50	51.54
2006 年	53.3	39.1	22.63	51.06
2007 年	50.6	37.3	20.07	50.3
2008 年	48.8	37.4	19.22	49.71
2009 年	46.5	36.5	18.32	49.35

续表

年份 \ X_5 \ 地区	河南	山东	浙江	新疆
2010年	44.9	35.5	16.00	48.97
2011年	43.1	34.1	14.57	48.66
2012年	41.8	32.7	13.79	47.45

数据来源:《中国统计年鉴(2004—2013)》。

按照GM(1,1)模型对河南、山东、浙江、新疆四个地区2003—2012年农业产业从业人员占全社会从业人员的比例数据拟合的灰色预测函数及平均相对误差见表3-11。

表3-11　**农业从业人员占全社会从业人员的比例拟合的灰色预测函数**

地区	灰色预测函数	平均相对误差
河南	$x(k+1)=-1406.89e^{-0.0419k}+1467.09$	0.416069
山东	$x(k+1)=-1319.43e^{-0.0328k}+1366.33$	1.933205
浙江	$x(k+1)=-339.15e^{-0.0807k}+367.45$	1.846183
新疆	$x(k+1)=-3917.06e^{-0.0136k}+3972.13$	0.990672

通过河南、山东、浙江、新疆四个地区农业产业从业人员占全社会从业人员的比例的灰色预测函数预测得到各地2013—2015年的预测值见表3-12。

表3-12　**2013—2015年农业从业人员占全社会从业人员的比例预测值**　(单位:%)

地区 \ 预测值 \ 年份	2013年	2014年	2015年
河南	39.62	38.00	36.44
山东	31.69	30.66	29.68
浙江	12.72	11.73	10.82
新疆	46.81	46.18	45.55

到2015年,河南农业产业从业人员占全社会从业人员的比例将降低到36.44%;山东农业产业从业人员占全社会从业人员的比例将降低到29.68%;浙江农业产业从业人员占全社会从业人员的比例将降低到10.82%;新疆农业产业从业人员占全社会从业人员的比例将降低到45.55%。总的来说,农业产业从业人员占全社会从业人员的比例都在降低,农村劳动力转移数量在继续增加,浙江劳动力转移水平较高,山东、河南次之,新疆最低。

3.2 农村剩余劳动力转移培训与产业结构升级的适配度分析

产业结构的地区性差异要求开发并实现区域劳动力的流动，从国际上产业结构调整过程的经验来看，这个过程总体特点表现为具有产业传递性。同时，由于各地区经济发展水平及所处的产业发达侧重点不同，各地的产业结构还会随着经济的发展而出现动态的变化情况。综合上述两种情况，各地区的产业结构会出现动态的非一致性，即梯度差异。因此，农村剩余劳动力转移培训与产业结构升级的研究要适应这种梯度差异。具体做法有：一方面，各地区紧密贴合本地区的产业实际，统一规划，合理开发区域劳动力，在产业发展立足于本地劳动力的基础上提高劳动力质量；另一方面，建立并施行劳动力的合理流动机制，促进高素质劳动力跨地区的合理流动，在综合考虑本地劳动力需求和供给的基础上，积极引进各产业高技术人才，不断提升产业竞争力。

上述各区域经济发展空间上的梯度差异，是经济的空间转移与扩散通过资本投资、技术传播和劳动力迁移从一个地区流向另一个地区的根本原因。每一步产业扩散或者产业转移过程中，都伴随着劳动力在各产业间或不同地区间的流动与配置，即产业转移的同时伴随着劳动力资源的转移。政府各级相关部门在合理的劳动力资源配置中起宏观调控作用，建立起劳动力资源配置中的市场与政府调控有效结合的配置方式，其优点在于：第一，有助于通过新兴的高科技产业由发达地区向落后地区的扩散和转移，缩小地区之间的产业技术差距；第二，使一些传统低利润率的产业得以生存和发展，如传统种植业、手工业等，这种传统低利润率的产业现阶段在我国部分地区还是主要产业，在当地国民经济中还发挥着举足轻重的作用；第三，在全球经济的视角下，市场自发配置功能的发挥使劳动力资源的产业配置合理化，有助于国内优势产业向国际转移、扩散和高素质劳动力向国内优势产业集聚，也为优势产业提供了能激励高素质劳动力的各种配套措施条件。很明显，在经济全球化趋势下，创新体系是否具备自生能力在一定程度上取决于本土劳动力掌握国际发达产业核心技术和管理经验的程度。那么，从长远来看，即使是优势产业大量向国外转移并实现国外完全生产，本土产业也会自发创新演化出新的支柱性产业。这不仅化解了国内由于产业大量转移形成的“产业空洞化”危险，还为下一轮产业的国际化转移奠定了基础。

综上所述，劳动力结构优化与区域产业结构升级之间存在着密切的关系。劳动力作为生产关系中最活跃的因素，是人才结构的载体。劳动力具有能动性，人才资源的开发、配置和使用都要通过劳动力的自身活动来完成。这种能动性作用于社会生产中，能实现自然资本、人力资本和社会资本的有机配合，促进产业结构的优化和升级。尤其在知识技术主导的全球经济时代，劳动力结构优化更是决定区域产业结构升级的关键因素。

我国要实现农业现代化，实质上就是解决“三农”问题。农村劳动力方面的具体目标包括实现农业产业化、大量农民向非农产业转移以及人口城镇化。伴随各地高速的产业升级调整，目前我国的城镇化进程也越来越快。劳动和社会保障部数据显示，2013 年我国农村城镇化率已达到 41%，环比增长速度有明显增长态势。大量农村剩余劳动力是否能够实现高效合理转移，已成为决定我国农业现代化成败的关键。而农村剩余劳动力的高效合理转移目标的实现，又取决于农村剩余劳动力能否适应产业结构调整所带来的新工作岗位。这正是考验农村剩余劳动力转移培训与产业结构升级是否拥有较强适配度的问题。

3.2.1 适配度分析原理

适配度分析是基于协同学理论的基本原理所形成的分析工具，通过适配度分析开展对协调适配的等级判断，能寻找针对不同情况的协调适配类型，为各级决策机构提供决策指导或辅助。

适配度分析首先需研究的是相关人才结构状况及其发展变化规律。Petty-Clark(1940)定理[6]指出："随着国民经济的发展和人均收入水平的提高，农业国民收入总量和农业劳动力的相对比重会逐渐下降，而工业国民收入和农业劳动力的相对比重会逐渐上升，与此同时，服务业国民收入和服务业劳动力的相对比重也开始上升。"Barbour E(2002)[7]、Florida R(2002)[8]进一步充实了产业结构与职业结构的一致性相关关系理论，并以美国、欧洲为实例对理论结论进行了验证。他们认为，从一个国家的农业、工业、服务业三大产业组合结构中可以分析出该国城市化背景下对三种产业不同的职业需求，知识结构、技能结构不同的职业需求造就不同的职业组合，从这种职业组合中又可以推断该地区的支柱型、创意型、高科技型等不同产业结构与规模，加之地区收入等因素的影响，能强化对创意人才的吸引力。

国内学者赵光辉(2006)[9]和吴中伦(2009)[10]等按照各自的研究需要对人才结构进行了分类。他们认为，人才结构可以结合年龄、性别、专业、区域产业集中度等进行分类，以确定人才结构的总体表现；潘晨光(2005)[11]、毛瑞福(2006)[12]等在区域人才结构评价及优化方面对人才竞争力的评价体系和人才发展规划的目标等方面进行了研究；另外，国内许多学者[如孔令丞(2003)[13]、张萍(2009)[14]、宋泓明(2001)[15]、李悦(2002)[16]等]认为，各区域产业结构会升级成为具有为区域产业结构高级化和区域产业结构协调化服务的不同导向维度；再者，菊莲(2007)[17]和罗文标(2004)[18]等对区域人才结构优化与区域产业结构升级进行了互动性研究，提出各区域政府先要建立二者的协调适配的观念，再在科学规划的基础上，指导各部门采取提升二者的协调适配程度的措施，推动各区域经济可持续发展。

随着我国经济的迅速崛起和城镇化进程的不断加速，长三角、珠三角、环渤海经济区等经济增长极效应得以充分显现，大量农村剩余劳动力涌入对应城市，我国的城市呈现出集中性中心城市的特点。中心城市作为市场、国家经济力量在空间形式上的集中表现，主导着区域经济发展的速度、规模、方向。城市产业结构的科学合理状况在一定程度上决定了城市的可持续发展能力和区域范围内的集聚能力。中心城市的产业升级过程同时表现为产业外迁的发散效应与周边配套的协同效应，并要求两者具有较强衔接性。因此，必须构建与现代产业体系相配套的劳动力的升级、优化与分流机制，以促进城市经济的正常发展，避免劳动力的不合理配置造成劳动力的浪费。从这个意义上理解，劳动力的升级、优化与分流将成为伴随我国城镇化建设战略的突出问题之一。

劳动力的升级、优化与分流必须通过农村剩余劳动力转移培训来实现，以此所形成的区域人才结构优化的经济性需求将会越来越强。从全国的角度分析，改革开放以来，我国积极调整宏观经济结构，先利用劳动力资源优势，以劳动密集型产业为发展中心，取得了巨大成功，为产业重心向资本密集型产业、再向技术和知识密集型产业转移提供了资金、技术、人才等方面的充分储备，目前已形成东部、中部、西部阶梯状的产业结构布局；从区域的角度看，各区域也在进行产业结构的持续升级，东部地区的产业转移、产业升级速度、规模都非常可观，中、西部地区承接东部产业转移的需求都要求区域从业者的结构保持持续性优化，并与之适应匹配。目前，这种客观要求已引起相关部门的高度重视。《国家中长期人才发展规划纲要(2010—2020 年)》《中共中央关于制定国民经济和社会发展第十二个五年规划的建议》等政策性文件分别指出，我国人才结构和布局的不合理会严重影响东部地区产业升级和中、西部地区的产业结构调整；目前存在产业结构不合理导致劳动力总量压力和结构性矛盾并存的问题；要加快推动农村剩余劳动力培训活动的开展，促使产业结构调整的方向朝主要依靠科技进步和劳动者素质提高的方向转变。

从年龄结构上看，据国家统计局发布的第二次全国农业普查主要数据公告显示，全国农村劳动力总量为 5.31 亿人。据此推算，2011 年外出农村劳动力数量约为 2.53 亿人，其中，16～35 周岁的占 71.6 %。这表明，对城市经济社会发展发挥着日益重要作用的新生代农村劳动力已成为农村剩余劳动力的主要组成部分。国务院于 2010 年发布《中共中央、国务院关于加大统筹城乡发展力度，进一步夯实农业农村发展基础的若干意见》，首次提到“新生代农村劳动力”的概念。该文件认为：新生代农村劳动力由于其对新事物的高度接受性已成为接受劳动力转移培训的主要参与者。因此，对农村剩余劳动力转移培训与产业结构升级适配度研究的重点应从新生代农村劳动力的现状和需求出发。

3.2.2 适配度指标体系和评价模型

(1)建立适配度指标体系

协同学理论下的复合系统的有序程度能反映耦合子系统的协调适配程度。因此，对农村剩余劳动力转移培训与产业结构升级的协调适配程度的测评，可转变为先建立代表产业结构升级的区域产业与代表农村剩余劳动力转移培训成效的就业结构的耦合系统，再对该耦合系统的有序度进行测评。相关研究文献显示，适配性衡量标志一般体现在某时间点上的静止适配和某时间段内的可持续适配。由于下文一些农村剩余劳动力转移培训与产业结构升级的适配性衡量分析指标数据大多表现为时点数据，为体现适配的时间性效果，课题组将数据进行了统一设置。

建立适配度指标体系和评价模型的具体思路是：将农村剩余劳动力转移培训按流程划分为区域人才调查、投入、生成、配置、发挥和反馈 6 个时序环节，同时，建立最终与区域产业结构升级的两个导向维度，即区域产业结构高级化耦合对接参数体系(图 3-2)和协调化的耦合对接参数体系(图 3-3)。

根据上述评价思路，设计关于农村剩余劳动力转移培训与产业结构升级的协调适配度分析的“系统层—目标层—主题层—指标层”4 层次评价指标框架结构体系，见表 3-13。

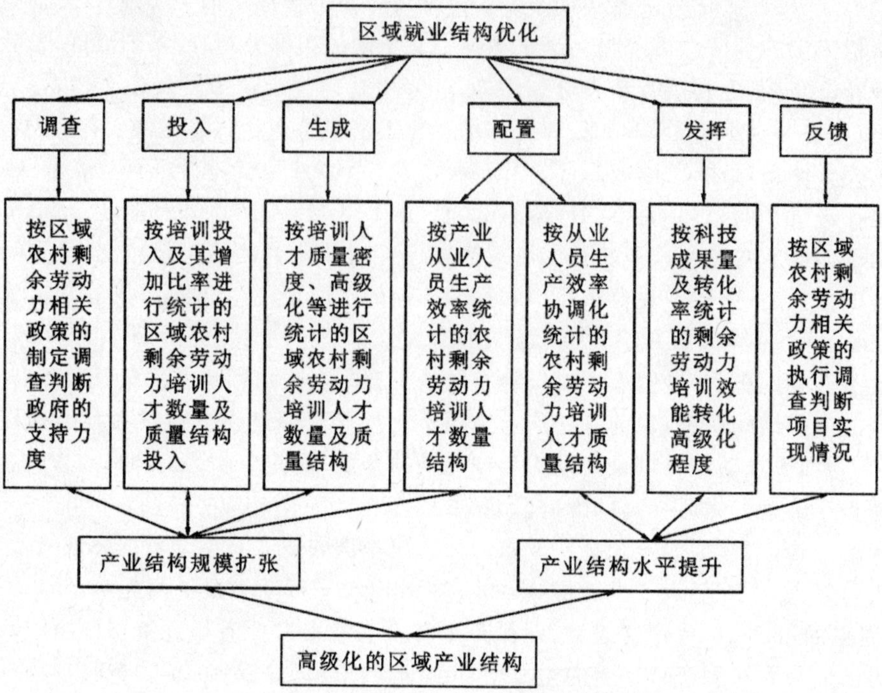

图 3-2 高级化的区域产业与就业结构耦合对接参数体系

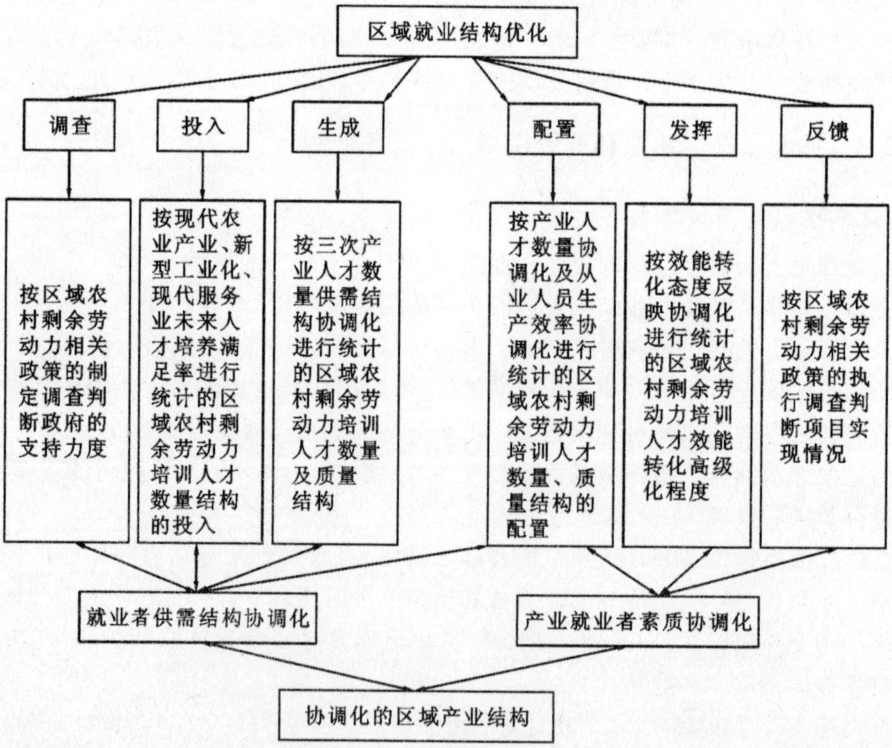

图 3-3 协调化区域产业与就业结构耦合对接参数体系

表 3-13 **农村剩余劳动力转移培训与产业结构升级的协调适配度分析指标**

系统层	目标层	主题层	指标层
农村剩余劳动力转移培训与产业结构升级的协调适配系统	调查环节适配	区域农村剩余劳动力培训政府支持力度	按区域农村剩余劳动力相关政策制定的调查判断指数
	投入环节适配	区域农村剩余劳动力培训数量、质量的高级化	培训投入占 GDP 比重
			培训投入增长率
			培训投入占 GDP 比重
	生成环节适配	培训人员区域分布密度高级化	培训人员占区域人口比率
			培训人员占区域从业人口比率
		三次产业人才结构高级化	第一产业人员数量比例
			第二产业人员数量比例
			第三产业人员数量比例
	配置环节适配	人员就业数量协调化	从业人员与培训人员比例
		三次产业从业人员生产效率协调化	第一产业从业人员结构
			第二产业从业人员结构
			第三产业从业人员结构
	发挥环节适配	高新技术经济效益高级化	高新技术产品占区域工业总产值比例
		劳动生产效率高级化	培训从业人员生产率占区域 GDP 比重
	反馈环节适配	区域农村剩余劳动力培训项目实现情况	区域农村剩余劳动力相关政策执行的调查判断指数

(2)建立适配度评价模型

① 建立功效函数。

功效函数 E_i 的表达式为：

$$E_i = f(C_i) \quad (0 \leqslant E_i \leqslant 1, i = 1,2,3,\cdots,n) \tag{3-7}$$

式中 E_i——功效系数；

C_i——序参量评价指标。

设序参量评价指标 $C_i(i=1,2,3,\cdots,n)$ 的实际表现值为 $X_i(i=1,2,3,\cdots,n)$，且 $\beta_i \leqslant X_i \leqslant \alpha_i$。

根据协同学理论可知，当一个系统的状态函数为线性关系时，此函数的极值点就是系统稳定区域的临界点。对系统起决定作用的慢弛豫变量的变化对系统的有序度有两种影响：一种是随着慢弛豫变量增大，系统有序度趋势增加的正功效，另一种则是负功效。

当 $E(C_i)$ 具正功效时，C_i 的指标值对系统的有序的功效系数 $E(C_i)$ 为：

$$E(C_i) = \frac{X_i - \beta_i}{\alpha_i - \beta_i} \quad (\beta_i \leqslant X_i \leqslant \alpha_i) \tag{3-8}$$

当 $E(C_i)$ 具负功效时，C_i 的指标值对系统的有序的功效系数 $E(C_i)$ 为：

$$E(C_i)=\frac{\beta_i-X_i}{\beta_i-\alpha_i}\quad(\alpha_i\leqslant X_i\leqslant\beta_i)\tag{3-9}$$

② 建立协调适配度函数。

协调适配度函数是指标要素相互协调状态的最终反映，同时也是系统整体功能协调状态的反映。本项目称该函数为区域人才结构与区域产业结构升级的协调适配度函数。依据前文构建的评价指标体系(表 3-13)，对两个子系统的协调适配度以几何平均法建立并计算协调适配度函数，其函数值称为协调适配度(Harmony Degree，HD)，协调适配度取值范围为 0≤HD≤1。

协调适配度愈趋近于上限，说明研究对象(区域人才结构与区域产业结构升级的整体协调适配性)愈好，反之愈差。

在几何平均法下：

$$\mathrm{HD}=\sqrt[n]{EC(V_{11})\cdot EC(V_{12})\cdot\cdots\cdot EC(V_{mn})}=\sqrt[n]{\prod_{j=1,i=1}^{m\cdot n}EC(V_{ji})}\tag{3-10}$$

③ 确定权重。

本项目采用熵值赋权法来确定各项指标的权重。

设有 n 个观测值，p 个指标，则 X_{ij} 为第 i 个观测值的第 j 个指标($i=1,2,\cdots,n;j=1,2,\cdots,p$)。在 j 给定的前提下，X_{ij} 越大，表示该项指标对系统的比较作用越大，即其包含和传输的信息越多。信息的增加意味着熵的减少，熵可以用来度量这种信息量的大小。

a. 第 j 项指标下，第 i 个观测值的特征比重 P_{ij} 为：

$$P_{ij}=\frac{X_{ij}}{\sum_{i=1}^{n}X_{ij}}\quad(i=1,2,3,\cdots,n;j=1,2,3,\cdots,p)\tag{3-11}$$

b. 第 j 项指标的信息熵 e_j 为：

$$e_j=-k\sum_{i=1}^{n}P_{ij}\cdot\ln P_{ij}\quad(k>0)\tag{3-12}$$

c. 指标 X_j 的差异性系数 g_j 为：

$$g_j=1-e_j\tag{3-13}$$

d. 第 j 项指标的权数 ω_j 为：

$$\omega_j=\frac{g_j}{\sum_{j=1}^{p}g_j}\quad(j=1,2,3,\cdots,p)\tag{3-14}$$

④ 划分协调适配等级标准。

适配等级分类如表 3-14 所示[19]。

表 3-14　　适配等级类型标准

适配等级	说明	适配值
1	极度失调	0～0.1
2	高度失调	0.1～0.2
3	中度失调	0.2～0.3
4	低度失调	0.3～0.4
5	弱度失调	0.4～0.5
6	弱度协调	0.5～0.6
7	低度协调	0.6～0.7
8	中度协调	0.7～0.8
9	高度协调	0.8～0.9
10	极度协调	0.9～1.0

3.2.3　适配度评价结果分析

对照表 3-13 所设计的农村剩余劳动力转移培训与产业结构升级的协调适配度分析指标，通过查阅《中国统计年鉴(2004—2013)》《中国人口统计年鉴(2004—2013)》《中国高技术统计年鉴(2004—2013)》《中国科技统计年鉴(2004—2013)》《中国教育经费统计年鉴(2004—2013)》等相关统计资料和各省市相关统计资料获得原始数据。

计算河南、山东、浙江、新疆四个地区 2003—2012 年及 10 年间适配度均值，见表 3-15，上述四个地区 2003—2012 年适配度变化趋势见图 3-4～图 3-7。

表 3-15　　河南、山东、浙江、新疆四个地区 2003—2012 年适配度情况表

年份 / 适配值 / 地区	2003 年	2004 年	2005 年	2006 年	2007 年	2008 年	2009 年	2010 年	2011 年	2012 年	年均值
河南	0.4184	0.4309	0.4225	0.4459	0.4364	0.4362	0.4368	0.4371	0.4421	0.4456	0.43519
山东	0.4759	0.4906	0.5002	0.4826	0.4913	0.4861	0.4987	0.4965	0.5012	0.5013	0.49244
浙江	0.5778	0.5702	0.5822	0.5640	0.5616	0.5854	0.5865	0.5898	0.5898	0.6012	0.58085
新疆	0.3976	0.4102	0.3992	0.4066	0.4020	0.3969	0.3812	0.3952	0.3987	0.3996	0.39872

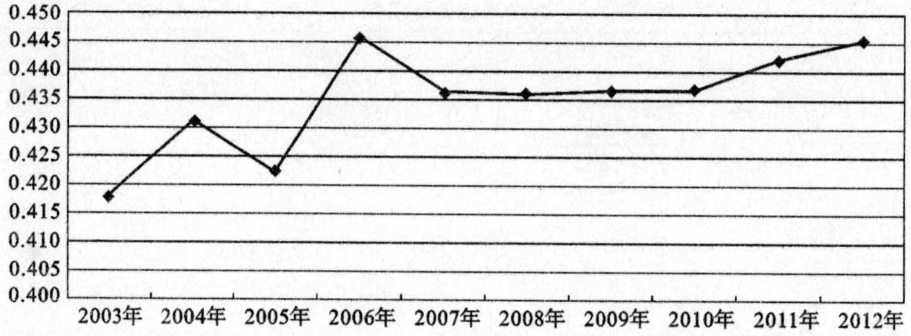

图 3-4 河南 2003—2012 年适配度变化趋势图

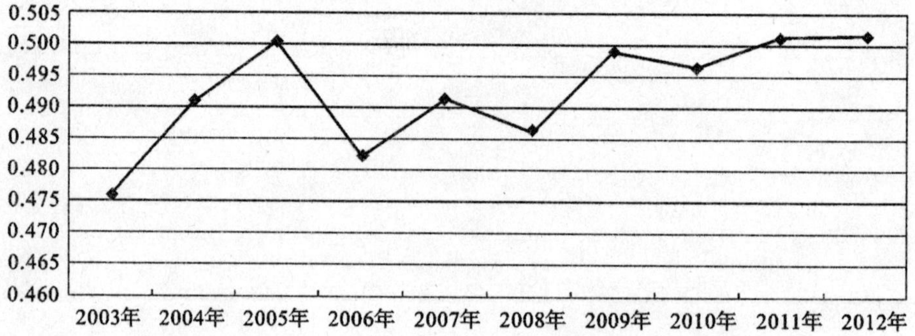

图 3-5 山东 2003—2012 年适配度变化趋势图

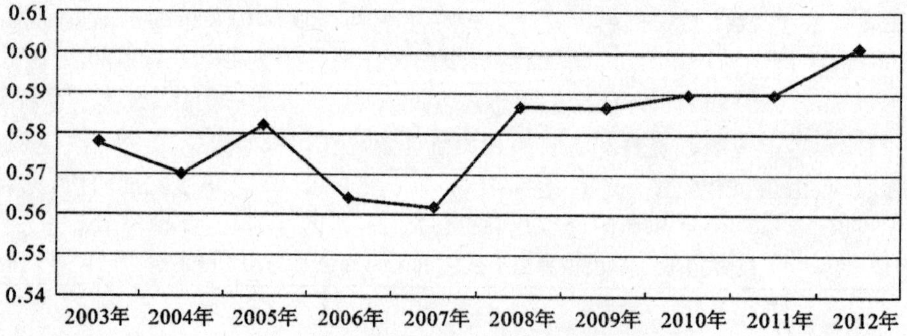

图 3-6 浙江 2003—2012 年适配度变化趋势图

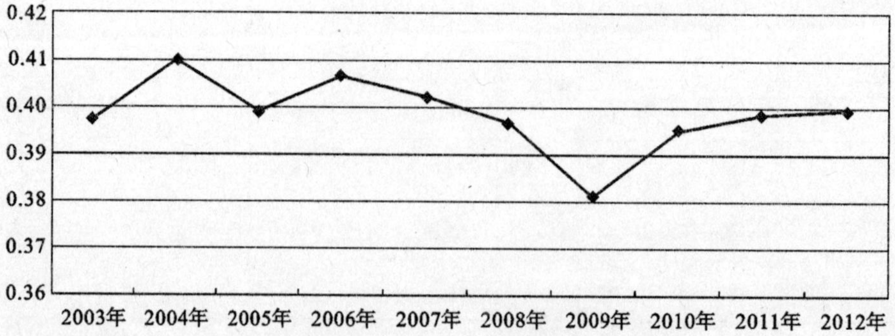

图 3-7 新疆 2003—2012 年适配度变化趋势图

依据表 3-14 的适配等级类型标准进行协调适配等级的归类，归类结果见表 3-16。

表 3-16　　**河南、山东、浙江、新疆四个地区 2003—2012 年适配度情况表**

适配度情况 / 地区	平均适配值	适配等级	结论
河南	0.43519	5	弱度失调
山东	0.49244	5	弱度失调
浙江	0.58085	6	弱度协调
新疆	0.40785	4	低度失调

以代表我国中部的河南，东部的山东、浙江，西部的新疆作为研究样本。从实例来看，我国这四个地区 2003—2012 年的协调适配等级都不高，说明与区域产业结构升级相协调，通过区域劳动力转移培训提高劳动力素质，实现我国城镇化目标将会是一项长期性的艰巨任务。各区域要相互汲取经验与教训，以科学发展观为指导，站在可持续发展的高度上，以本区域的农村剩余劳动力的培训工作为第一要务，形成当地就业人才结构优化与区域产业结构升级协调适配的双调整规划。具体分析及建议如下。

(1)河南省、山东省

河南省和山东省是我国最重要的人口大省，农村剩余劳动力数量大、转移任务重。两者相较之下，山东省山东半岛地处东部沿海经济发达地区，经济实力较强，第一产业、第二产业、第三产业表现都较为突出，产业结构相对合理，因此其适配系数更接近协调，但山东省本身存在较严重的东西部经济差异，其适配系数整体表现虽高于河南省，但仍属于弱度失调。河南省农业人口多，农业发达，一直是我国重要的产粮基地，工业、服务业基础薄弱，属于弱度失调。

对两省的相关决策者来说，应立足实际，全盘考虑，做好区域劳动力转移培训与区域产业结构升级协调发展的总体性规划，并积极推进和监控规划的执行，将区域农村剩余劳动力转移、发达地区向该区域的转移与区域自身产业的升级协调化对接，实现区域产业结构系统性的高级化、协调化。

(2)浙江省

相比之下，浙江省具有一定的综合比较竞争优势，但其协调仍属于弱度水平。数十年的改革开放给浙江省积累了一定的人才储备，高新产业密集，科技力量较为突出。但除由于科技进步等因素产生的主动性产业转移外，浙江省受制于近年的人力、材料等资源成本因素，大量成熟产业出现被动性外移趋势。两者相互影响，使其综合表现为协调弱度水平。浙江省要提高其协调水平，政府要起关键作用，除继续保持对转移培训教育的发展提供更多的经费支持和保障外，还要大幅度提升培训者占从业人员的比率，创造适宜各类劳动力的就业市场环境。同时需要强调的是，浙江省的第三产业发达，其提高人才的配置效率要重点关注第三产业人才的培养。第三产业包含的种类多且杂，既有技术集聚型行业，也有劳动密集型行业。产业内部各行业如果不能达到人才合理配置，就不能满足不同行业的实际需求。这仍需要政府部门通过完善人才市场的配置作用，使人才的供求信息做到透明、公平、公正，降低人才流动的壁垒,使人才能够实现市场驱动下的合理流动,为区域产业结构升级提供充足的第三产业人才。

(3)新疆

新疆地广人稀,自新中国成立以来,经历了几次大规模的农村剩余劳动力转移活动,有效增加了当地人口数量,较好地促进了新疆本地经济的发展,但劳动力转移趋向均为农业方面。近年来,随着新疆煤、油、气等新能源的开发和相配套的产业建设,其产业结构得到了重大调整,劳动力转移速度明显加快,转移范围覆盖新疆各产业。从转移地来看,主要成为中部地区农村剩余劳动力转移的目的地。但由于新疆产业结构优化程度和深度与东部经济发达地区相比有显著差距,其综合表现仍为低度失调。因此,新疆要改变其低度失调的现状,首先要进一步加大培训资金补助力度,降低转移的成本支出,解决农村剩余劳动力转移的后顾之忧。

3.3 农村剩余劳动力转移与培训的工作契合度分析

3.3.1 契合度分析原理

近年来,我国城乡人口结构、劳动力就业结构均发生了重大的历史性变化,大量农村劳动力从农村转移出来,进入城镇务工就业。我国人口数量从2000年的12.67亿增加到2011年的13.47亿,而我国的农村人口数量却从2000年占我国总体人口数量的63.78%,下降到2011年占总体人口数量的48.73%,所占比例下降了15.05%[①],也就是说农村人口向城镇转移了2.03亿人。根据预测,到2020年,我国城镇化水平将达到50%。如果总人口按15亿左右计算,则城市人口应在7.5亿左右。而现在城市人口有6.9亿多,到2020年再增加0.6亿左右,即平均每年将有900万农村人口转入城市。面对如此大规模的农村劳动力转移就业,仅仅靠社会的自行消耗、简单的体力劳动岗位提供等方式是远远不够的。这必将给社会带来巨大的压力,因此对他们进行具有针对性的培训十分重要。在这里,我们从培训工作的供给与社会需求,企业的要求与转移人口的个人能力,转移人口的自我概念与具体工作需求的契合等方面来研究农村剩余劳动力转移与培训工作的契合度。

"契"的意思是合同、证券;意气相合、投合。司空图《诗品·超诣》云:"少有道契,终与俗违。"契合度是判明现象因果联系程度的一种方法。如果在被研究现象出现的几种不同场合中,有一个情况是共同的,那么这个共同的情况就是被研究现象的因果联系,这种联系越紧密,契合度越高。

3.3.2 几种常见的契合度分析模型

(1)供给-需求契合(Supply-Value Fit,S-V)分析

一方面,农村科技进步需要进一步的解放农村劳动力;另一方面,随着我国城镇化进程

① 资料来源:《中国统计年鉴(2012)》。

的不断推进，大量的农民失去土地，成为城镇中失业的一员。与此同时，随着经济环境的变化，城镇就业压力的增加，对农民工的需求从简单的体力劳动提高到具备初级或中等职业能力。新环境对农村剩余劳动力的转移提出了新的要求，而我国农村劳动力的特点是资本存量少、水平低，文化程度普遍不高，农村剩余劳动力的素质已经很难适应现实的需要。如果要进行转移，需要开展更有效的职业技能培训工作。

(2)要求-能力契合(Demand-Abilities Fit，D-A)分析

"十一五"期间，我国共转移农村剩余劳动力4500万人，农民工总量达到2.42亿人。"十二五"期间，由于东部沿海发达地区的经济社会的转型升级，中西部地区进入发展的快车道，致使总体就业形势将呈现更加复杂的局面，结构性矛盾、专业性矛盾将更加突出。这就对农村剩余劳动力的培训工作提出了更高的要求。各地政府也在大力发展第三产业，广开服务业就业渠道，大力推动产业升级，使农村剩余劳动力有了更多的就业选择，但同时也要看到，不论是产业升级、技术革新、扩展就业渠道、利用科技推进农业产业化经营，还是支持就地就业、创业，都离不开具有针对性的培训再教育，以此不断提高农民工的职业技能。

(3)自我概念-工作契合(Self Concept-Job Fit，SC-J)分析

目前，农村剩余劳动力已成为我国产业工人主要的组成部分。他们中的一部分"离土不离乡"，在乡、镇企业工作，与农业、农村的联系很紧密；另一部分虽"离土又离乡"，但其职业流动具有很强的季节性和临时性，他们往往在农忙时节返乡务农；还有部分农村剩余劳动力就是彻底的"离土又离乡"，他们不再依赖土地生存，在城市的务工收入已经成为他们家庭收入的主要来源。他们的职业完全由劳务市场需求调节，很多与所供职的企业或雇主之间没有长期的固定契约关系，两者之间的雇佣关系往往随着一项工程或业务的完成而终结。这种关系一旦解除，他们就需要重新找工作。这使得我国农村剩余劳动力在转移的过程中出现个人素质与岗位技能要求不一致的现象，浪费了社会资源。分析有效的转移契合点，建立使农村剩余劳动力能有序转移的良性循环制度，才能促进农村人口向城镇集聚、人口素质提高和产业的优化与升级。

3.3.3 契合度评价分析

2012年，全国农村剩余劳动力转移到城镇成为农民工的总量达到26261万人，比上年增加983万人，其中外出农民工16336万人[①]。他们充当了城市工人的角色，成为目前建筑业、纺织业、采掘和一般服务业的劳动者主体。农村剩余劳动力从第一产业向第二产业、第三产业转移，在各个产业就业结构中起到了核心作用。农村剩余劳动的转移培训结果综合反映了农村剩余劳动力转移的供给-需求契合关系、要求-能力契合关系和自我概念-工作契合关系。

为了便于从总体上分析农村剩余劳动力转移培训工作的契合度，引入农村剩余劳动力转移的就业弹性系数。这一指标表明了经济发展与农村剩余劳动力转移之间的契合程度，

① 2012年度人力资源和社会保障事业发展统计公报。

反映农村剩余劳动力转移培训弹性的大小。农村剩余劳动力转移的就业弹性系数计算模型如下：

$$\delta = \frac{\frac{\Delta L_{ij}}{L_{ij}}}{\frac{\Delta \mathrm{GDP}_{ij}}{\mathrm{GDP}_{ij}}} \tag{3-15}$$

式中 L_{ij}——第 i 年第 j 产业劳动力从业人员的数量；

$\frac{\Delta L_{ij}}{L_{ij}}$——第 i 年第 j 产业劳动力从业人员的增加率；

GDP_{ij}——第 i 年第 j 产业的 GDP 增加值；

$\frac{\Delta \mathrm{GDP}_{ij}}{\mathrm{GDP}_{ij}}$——第 i 年第 j 产业的 GDP 增长率。

农村剩余劳动力转移的就业弹性系数 δ 是农村剩余劳动力就业增长率与 GDP 增长率的比值，它反映了产业经济每增长一个百分点，农村剩余劳动力转移所能增长的百分点。对于第一产业来说，农村剩余劳动力转移的就业弹性系数 δ 越大，表明第一产业对剩余劳动力的吸纳能力越大，农村劳动力转移效果越差，与农村剩余劳动力转移的契合度越低；对于第二产业、第三产业来说，农村剩余劳动力转移的就业弹性系数 δ 越大，表明第二产业、第三产业对剩余劳动力的吸纳能力越大，与农村剩余劳动力转移的契合度越高(图 3-8)。

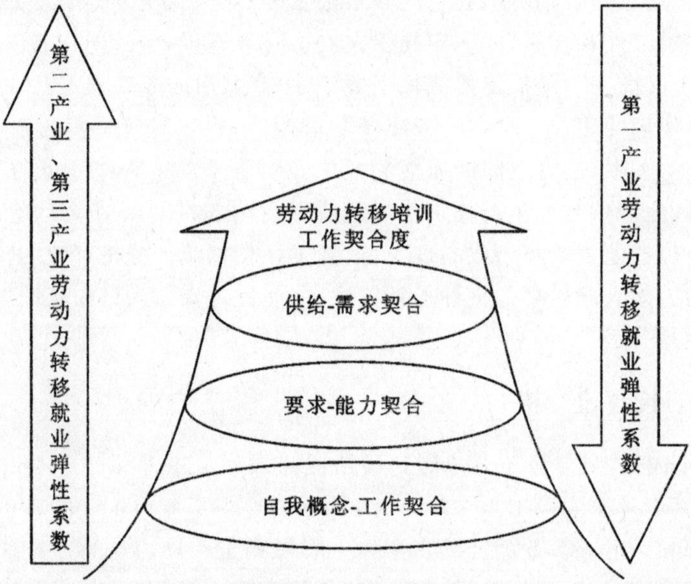

图 3-8 各产业转移就业弹性系数与培训契合度关系

(1)河南劳动力转移的契合度分析

河南省第一产业的契合度在 2004—2011 年一直为负值(表 3-17)，特别是 2006 年，劳动力就业弹性系数达到了－2.17，说明 2006 年第一产业经济每增长 1%，吸纳剩余劳动力为－2.17，也就是说促进了农村剩余劳动力转移达到 2.17%，表明农村剩余劳动力转移工程实施顺利，农村剩余劳动力转移培训效果较好。可以看出，2004—2011 年河南省第一产业与农村剩余劳动力转移培训有着较高的契合度。

表 3-17 河南省第一产业劳动力就业弹性

年份	第一产业劳动力/万人	第一产业劳动力增长率/%	第一产业GDP/亿元	第一产业GDP增长率/%	第一产业就业弹性系数
2003 年	3331.86	—	1198.70	—	—
2004 年	3246.00	−2.58	1649.29	37.59	−0.07
2005 年	3139.00	−3.30	1892.01	14.72	−0.22
2006 年	3050.00	−2.84	1916.74	1.31	−2.17
2007 年	2920.00	−4.26	2217.66	15.70	−0.27
2008 年	2847.31	−2.49	2658.78	19.89	−0.13
2009 年	2764.86	−2.90	2769.05	4.15	−0.70
2010 年	2712.00	−1.91	3258.09	17.66	−0.11
2011 年	2670.45	−1.53	3512.24	7.80	−0.20

河南省第二产业的契合度在 2004—2011 年一直为正值(表 3-18),说明第二产业经济增长与农村剩余劳动力转移培训是契合的,特别是 2009 年的劳动力就业弹性系数达到了 0.97,说明 2009 年第二产业经济每增长 1%,农村剩余劳动力转移能增加 0.97%。整体上,2004—2011 年河南省第二产业与农村剩余劳动力转移培训有着较好的契合度。

表 3-18 河南省第二产业劳动力就业弹性

年份	第二产业劳动力/万人	第二产业劳动力增长率/%	第二产业GDP/亿元	第二产业GDP增长率/%	第二产业就业弹性系数
2003 年	1083.55	—	3310.14	—	—
2004 年	1142.00	5.39	4182.10	26.34	0.20
2005 年	1251.00	9.54	5514.14	31.85	0.30
2006 年	1351.00	7.99	6724.61	21.95	0.36
2007 年	1487.00	10.07	8282.83	23.17	0.43
2008 年	1563.92	5.17	10259.99	23.87	0.22
2009 年	1674.72	7.08	11010.50	7.31	0.97
2010 年	1753.00	4.67	13226.38	20.13	0.23
2011 年	1852.50	5.68	15427.08	16.64	0.34

河南省第三产业的契合度在 2004—2011 年一直为正值(表 3-19),2009 年最高,达到了 0.51,说明 2009 年第三产业经济每增长 1%,劳动力就业吸纳能力增加 0.51%,即农村剩余劳动力转移增加 0.51%,表明农村剩余劳动力转移工程实施较为顺利,农村剩余劳动力转移培训效果较好。总的来说,2004—2011 年河南省第三产业与农村剩余劳动力转移培训有着较高的契合度。

表 3-19　　河南省第三产业劳动力就业弹性

年份	第三产业劳动力/万人	第三产业劳动力增长率/%	第三产业GDP/亿元	第三产业GDP增长率/%	第三产业就业弹性系数
2003年	1120.26	—	2358.86	—	—
2004年	1200.00	7.12	2722.40	15.41	0.46
2005年	1272.00	6.00	3181.27	16.86	0.36
2006年	1318.00	3.62	3721.44	16.98	0.21
2007年	1366.00	3.64	4511.97	21.24	0.17
2008年	1424.22	4.26	5099.76	13.03	0.33
2009年	1509.20	5.97	5700.91	11.79	0.51
2010年	1577.00	4.49	6607.89	15.91	0.28
2011年	1674.90	6.21	7991.72	20.94	0.30

从河南省三次产业劳动力转移契合度变化趋势图(图 3-9)可以看出,第一产业的产业契合度均为负值,第二产业、第三产业的产业契合度均为正值。2004—2011 年,第一产业的平均契合度达到−0.84,第一产业经济增加值每增加 1%,劳动力转移平均增加 0.84%;第二产业的平均契合度达到 0.38,第二产业经济增加值每增加 1%,劳动力转移平均增加 0.38%;第三产业的平均契合度达到 0.33,第三产业经济增加值每增加 1%,劳动力转移平均增加 0.33%。河南省三次产业劳动力转移契合度的排序由大到小依次是:第一产业、第二产业、第三产业。

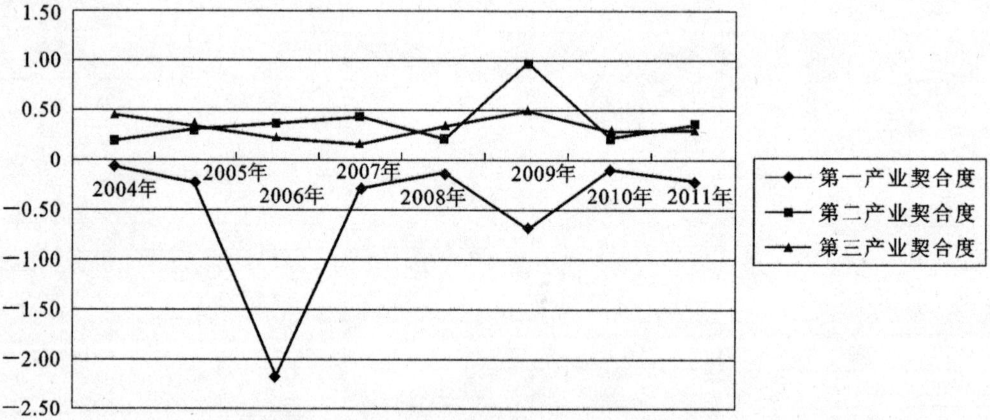

图 3-9　河南省三次产业的劳动力转移契合度

(2)山东劳动力转移的契合度分析

2004—2011 年,山东省第一产业的契合度除 2008 年以外,一直为负值(表 3-20),特别是 2005 年,达到了−0.73,说明 2005 年第一产业经济每增长 1%,吸纳剩余劳动力为−0.73。也就是说,促进了农村剩余劳动力转移达到 0.73%,表明农村剩余劳动力转移工程实施较为顺利,农村剩余劳动力转移培训效果尚可。2008 年,山东省劳动力转移第一产业的契合度为0.11，表明当年第一产业经济每增长1%，吸纳剩余劳动力为0.11%，即劳动力转移下降0.11%。总的来看，2004—2011年山东省第一产业与农村剩余劳动力转移培训的契合度尚可。

表3-20 山东省第一产业劳动力就业弹性

年份	第一产业劳动力/万人	第一产业劳动力增长率/%	第一产业GDP/亿元	第一产业GDP增长率/%	第一产业就业弹性系数
2003年	2638.30	—	1480.67	—	—
2004年	2542.10	−3.65	1778.45	20.11	−0.18
2005年	2350.30	−7.54	1963.51	10.41	−0.73
2006年	2328.00	−0.95	2138.90	8.93	−0.11
2007年	2265.20	−2.70	2509.14	17.31	−0.16
2008年	2313.50	2.13	3002.65	19.67	0.11
2009年	2297.40	−0.70	3226.64	7.46	−0.09
2010年	2273.10	−1.06	3588.28	11.21	−0.09
2011年	2211.60	−2.71	3973.85	10.75	−0.25

2004—2011年，山东省第二产业的契合度除2008年外一直为正值(表3-21)，说明第二产业经济增长与农村剩余劳动力转移培训大部分时间是契合的，最高的是2009年，劳动力就业弹性系数达到了0.40，说明2009年第二产业经济每增长1%，农村剩余劳动力转移能增加0.40%。2008年，山东省第二产业与劳动力转移培训的契合度为−0.09，说明当年第二产业经济每增长1%，农村剩余劳动力转移减少0.09%，契合度不好。2004—2011年，山东省第二产业与农村剩余劳动力转移培训整体较为契合。

表3-21 山东省第二产业劳动力就业弹性

年份	第二产业劳动力/万人	第二产业劳动力增长率/%	第二产业GDP/亿元	第二产业GDP增长率/%	第二产业就业弹性系数
2003年	1474.30	—	3310.14	—	—
2004年	1581.00	7.24	6485.05	30.74	0.24
2005年	1781.40	12.68	8478.69	23.59	0.54
2006年	1870.30	4.99	10478.62	20.00	0.25
2007年	1989.90	6.39	12574.03	16.49	0.39
2008年	1955.50	−1.73	14647.53	19.97	−0.09
2009年	2014.10	3.00	17571.98	7.57	0.40
2010年	2086.70	3.60	18901.83	12.36	0.29
2011年	2185.60	4.74	21238.49	13.08	0.36

山东省第三产业的契合度在2004—2011年一直为正值(表3-22),2004年最高,劳动力就业弹性系数达到了0.41,说明2004年第三产业经济每增长1%,劳动力就业吸纳能力增加0.41%,即农村剩余劳动力转移增加0.41%。其余年份的第三产业就业弹性比较小。总的来说,2004—2011年山东省第三产业与农村剩余劳动力转移培训的契合度较低。

表3-22 **山东省第三产业劳动力就业弹性**

年份	第三产业劳动力/万人	第三产业劳动力增长率/%	第三产业GDP/亿元	第三产业GDP增长率/%	第三产业就业弹性系数
2003年	1508.00	—	4112.43	—	—
2004年	1605.00	6.43	4764.70	15.86	0.41
2005年	1709.00	6.48	5924.74	24.35	0.27
2006年	1761.70	3.08	7187.26	21.31	0.14
2007年	1826.30	3.67	8620.24	19.94	0.18
2008年	1918.60	5.05	10358.64	20.17	0.25
2009年	1982.70	3.34	11768.18	13.61	0.25
2010年	2042.10	3.00	14343.14	21.88	0.14
2011年	2088.40	2.27	17370.89	21.11	0.11

从山东省三次产业劳动力转移契合度变化趋势图(图3-10)可以看出,2004—2011年,第一产业和第二产业的产业契合度至少有一年为负值,第三产业的产业契合度均为正值。2004—2011年,第一产业的平均契合度达到−0.19,第一产业经济增加值每增加1%,劳动力转移平均增加0.19%;第二产业的平均契合度达到0.30,第二产业经济增加值每增加1%,劳动力转移平均增加0.30%;第三产业的平均契合度达到0.22,第一产业经济增加值每增加1%,劳动力转移平均增加0.22%。山东省三次产业劳动力转移契合度的排序由高到低依次是:第二产业、第三产业、第一产业。

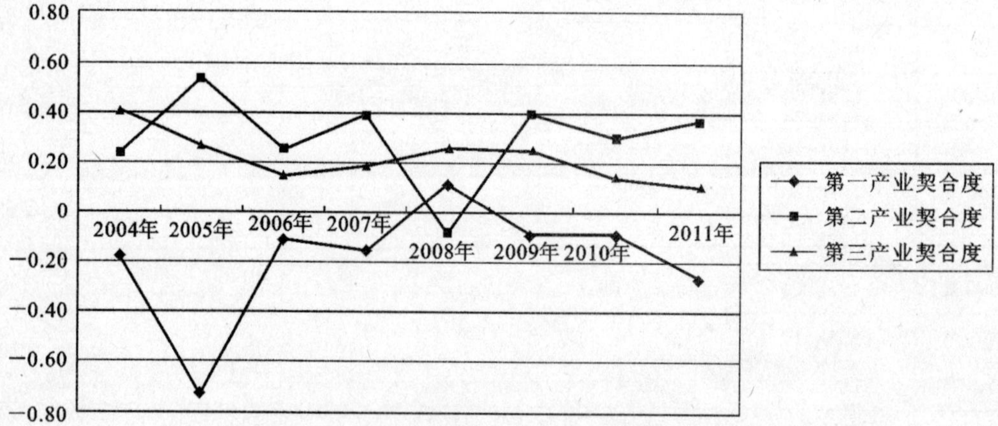

图3-10 山东省三次产业的劳动力转移契合度

(3)浙江劳动力转移的契合度分析

2004—2012年,浙江省第一产业的契合度均为负值(表3-23),特别是2006年,就业弹性系数达到了-1.52,说明2006年第一产业经济每增长1%,吸纳剩余劳动力为-1.52,也就是说促进了农村剩余劳动力转移达到1.52%,表明农村剩余劳动力转移工程实施顺利,农村剩余劳动力转移培训效果好。总的来看,2004—2012年,浙江省第一产业与农村剩余劳动力转移培训的契合度很高。

表3-23 浙江省第一产业劳动力就业弹性

年份	第一产业劳动力/万人	第一产业劳动力增长率/%	第一产业GDP/亿元	第一产业GDP增长率/%	第一产业就业弹性系数
2003年	826.03	—	717.85	—	—
2004年	779.65	-5.61	814.10	13.41	-0.42
2005年	759.53	-2.58	892.83	9.67	-0.27
2006年	717.81	-5.49	925.10	3.61	-1.52
2007年	683.32	-4.80	986.02	6.59	-0.73
2008年	670.16	-1.93	1095.96	11.15	-0.17
2009年	657.95	-1.82	1163.08	6.12	-0.30
2010年	581.87	-11.56	1360.56	16.98	-0.68
2011年	535.27	-8.01	1583.04	16.35	-0.49
2012年	522.01	-2.48	1667.88	5.36	-0.46

2004—2012年,浙江省第二产业的契合度均为正值(表3-24),说明第二产业经济增长与农村剩余劳动力转移培训大部分时间是契合的,最高的是2009年,劳动力就业弹性系数达到了1.35,说明2009年第二产业经济每增长1%,农村剩余劳动力转移能增加1.35%。2004—2012年,浙江省第二产业与农村剩余劳动力转移培训整体契合度较高。

表3-24 浙江省第二产业劳动力就业弹性

年份	第二产业劳动力/万人	第二产业劳动力增长率/%	第二产业GDP/亿元	第二产业GDP增长率/%	第二产业就业弹性系数
2003年	1201.30	—	5096.38	—	—
2004年	1304.94	8.63	6250.38	22.64	0.38
2005年	1397.69	7.11	7164.75	14.63	0.49
2006年	1452.29	3.91	8511.51	18.80	0.21
2007年	1592.84	9.68	10154.25	19.30	0.50

续表

年份	第二产业劳动力/万人	第二产业劳动力增长率/%	第二产业GDP/亿元	第二产业GDP增长率/%	第二产业就业弹性系数
2008年	1660.04	4.22	11567.42	13.92	0.30
2009年	1726.06	3.98	11908.49	2.95	1.35
2010年	1810.36	4.88	14297.93	20.07	0.24
2011年	1868.83	3.23	16555.58	15.79	0.20
2012年	1880.92	0.65	17316.32	4.60	0.14

浙江省第三产业的契合度在2004—2012年一直为正值(表3-25),2007年最高,劳动力就业弹性系数达到了0.60,说明2007年第三产业经济每增长1%,劳动力就业吸纳能力增加0.60%,即农村剩余劳动力转移增加0.60%。其余年份的第三产业就业弹性不高。总的来说,2004—2012年,浙江省第三产业与农村剩余劳动力转移培训的契合度一般。

表3-25　**浙江省第三产业劳动力就业弹性**

年份	第三产业劳动力/万人	第三产业劳动力增长率/%	第三产业GDP/亿元	第三产业GDP增长率/%	第三产业就业弹性系数
2003年	891.41	—	3890.79	—	—
2004年	907.36	1.79	4584.22	17.82	0.10
2005年	943.54	3.99	5360.10	16.93	0.24
2006年	1002.28	6.23	6281.86	17.20	0.36
2007年	1128.85	12.63	7613.46	21.20	0.60
2008年	1156.30	2.43	8799.31	15.58	0.16
2009年	1207.97	4.47	9918.78	12.72	0.35
2010年	1243.79	2.97	12063.82	21.63	0.14
2011年	1270.01	2.11	14180.23	17.54	0.12
2012年	1288.31	1.44	15681.13	10.58	0.14

从浙江省三次产业劳动力转移契合度变化趋势图(图3-11)可以看出,2004—2012年第一产业的劳动力转移契合度均为负值,第二产业、第三产业的劳动力转移契合度均为正值。2004—2012年,第一产业的平均契合度达到−0.56,第一产业经济增加值每增加1%,劳动力转移平均增加0.56%;第二产业的平均契合度达到0.42,第二产业经济增加值每增加1%,劳动力转移平均增加0.42%;第三产业的平均契合度达到0.24,第三产业经济增加值每增加1%,劳动力转移平均增加0.24%。浙江省三次产业劳动力转移契合度的排序由高到低依次是:第一产业、第二产业、第三产业。

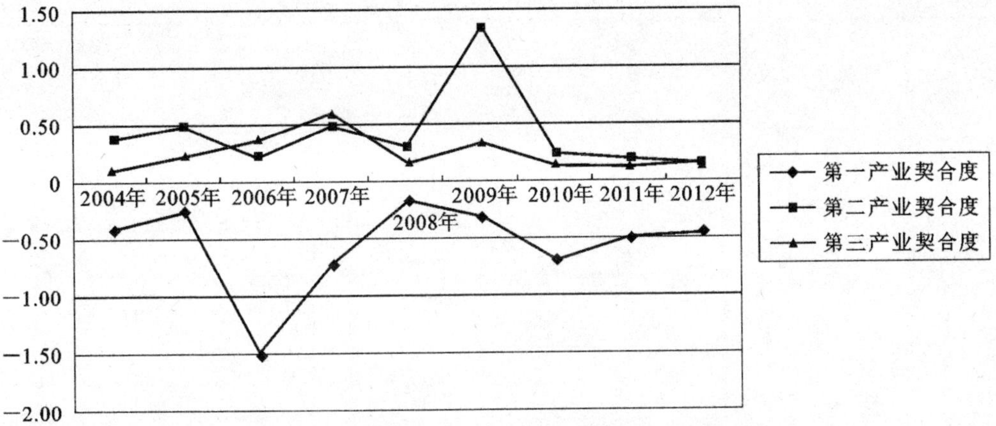

图 3-11 浙江省三次产业的劳动力转移契合度

(4)新疆劳动力转移的契合度分析

新疆第一产业的契合度非常特殊，2004—2012 年一直为正值(表 3-26)，特别是 2011 年，劳动力就业弹性系数达到了 1.05，说明 2011 年第一产业经济每增长 1%，吸纳剩余劳动力为 1.05，也就是说促进了农村剩余劳动力转移达到 1.05%，表明农村剩余劳动力转移工程实施不佳，农村剩余劳动力转移培训效果一般。可以看出，2004—2012 年新疆第一产业与农村剩余劳动力转移培训的契合度较差。因为新疆农业的发展吸纳了大量外来劳动力，但这些劳动力并没有转移到第二产业、第三产业，而是从第一产业继续转移到第一产业，所以造成了契合度一直为正值的情形。

表 3-26 **新疆第一产业劳动力就业弹性**

年份	第一产业劳动力/万人	第一产业劳动力增长率/%	第一产业GDP/亿元	第一产业GDP 增长率/%	第一产业就业弹性系数
2003 年	397.2	—	412.90	—	—
2004 年	403.31	1.54	446.13	8.05	0.19
2005 年	408	1.16	510.00	14.32	0.08
2006 年	414.45	1.58	527.80	3.49	0.45
2007 年	417.73	0.79	628.72	19.12	0.04
2008 年	421.32	0.86	691.07	9.92	0.09
2009 年	427.48	1.46	759.74	9.94	0.15
2010 年	438.13	2.49	1078.63	41.97	0.06
2011 年	463.91	5.88	1139.03	5.60	1.05
2012 年	492.36	6.13	1320.57	15.94	0.38

2004—2012 年新疆第二产业的契合度除 2006 年、2009 年外一直为正值(表 3-27)，说明第二产业经济增加与农村剩余劳动力转移培训大部分时间是契合的，最高的是 2005 年，劳动力就业弹性系数达到了 0.90，说明 2005 年第二产业经济每增长 1%，农村剩余劳动力转移能增加 0.90%。2009 年山东省第二产业与劳动力转移培训的契合度为-0.88，说明当年第二产业经济每增长 1%，农村剩余劳动力转移减少 0.88%，契合度不好。2004—2012 年，新疆第二产业与农村剩余劳动力转移培训整体契合度尚可。

表 3-27　　新疆第二产业劳动力就业弹性

年份	第二产业劳动力/万人	第二产业劳动力增长率/%	第二产业GDP/亿元	第二产业GDP增长率/%	第二产业就业弹性系数
2003年	95.69	—	719.54	—	—
2004年	98.49	2.93	914.47	27.09	0.11
2005年	122.81	24.69	1164.80	27.37	0.90
2006年	111.28	−9.39	1459.30	25.28	−0.37
2007年	118.34	6.34	1647.55	12.90	0.49
2008年	120.05	1.44	2070.76	25.69	0.06
2009年	127.28	6.02	1929.59	−6.82	−0.88
2010年	132.75	4.30	2592.15	34.34	0.13
2011年	149.04	12.27	3225.90	24.45	0.50
2012年	157.71	5.82	3481.56	7.93	0.73

新疆第三产业的契合度在2004—2012年一直为正值(表3-28),2005年最高,劳动力就业弹性系数达到了0.78,说明2005年第三产业经济价值每增长1%,劳动力就业吸纳能力增加0.78%,即农村剩余劳动力转移增加0.78%。总的来看,2004—2012年新疆第三产业与农村剩余劳动力转移培训的契合度较好。

表 3-28　　新疆第三产业劳动力就业弹性

年份	第三产业劳动力/万人	第三产业劳动力增长率/%	第三产业GDP/亿元	第三产业GDP增长率/%	第三产业就业弹性系数
2003年	228.38	—	753.91	—	—
2004年	242.69	6.27	848.49	12.55	0.50
2005年	260.81	7.47	929.34	9.53	0.78
2006年	286.02	9.67	1058.16	13.86	0.70
2007年	294.35	2.91	1246.89	17.84	0.16
2008年	306.21	4.03	1421.38	13.99	0.29
2009年	311.39	1.69	1587.72	11.70	0.14
2010年	323.77	3.98	1766.69	11.27	0.35
2011年	340.39	5.13	2245.12	27.08	0.19
2012年	360.37	5.87	2703.18	20.40	0.29

从新疆三次产业劳动力转移契合度变化趋势图(图3-12)可以看出,2004—2012年,第一产业和第三产业的劳动力转移契合度均为正值,第二产业的劳动力转移契合度有两年为负值。2004—2012年,第一产业的平均契合度达到0.28,第一产业经济增加值每增加1%,劳动力转移平均减少0.28%;第二产业的平均契合度达到0.18,第二产业经济增加值每增加1%,劳动力转移平均增加0.18%;第三产业的平均契合度达到0.38,第三产业经济增加值每增加1%,劳动力转移平均增加0.38%。新疆三次产业劳动力转移契合度的排序由高到低依次是:第三产业、第二产业、第一产业。

(5)各省区劳动力转移的契合度比较

从各个省区的横向综合契合度比较来看(图3-13),第一产业劳动力转移契合度最好的是浙江,其次是河南、山东和新疆;第二产业劳动力转移契合度最好的是浙江,其次是河南、山东和新疆；第三产业劳动力转移契合度最好的是新疆，其次是河南、浙江和山东。

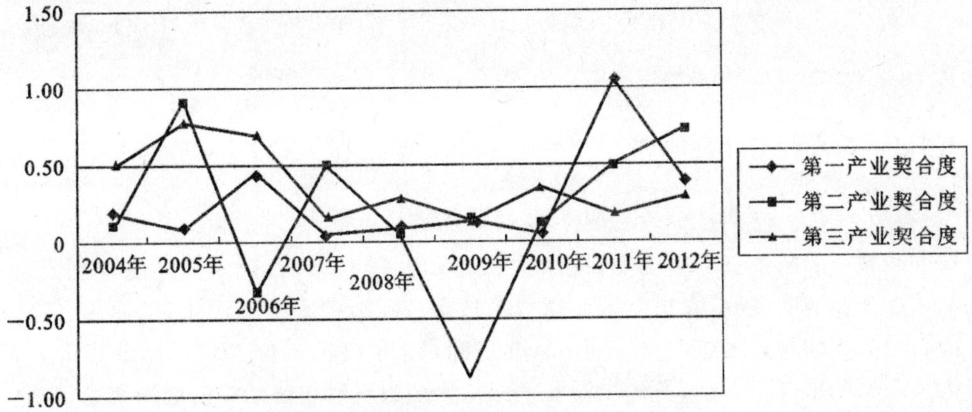

图 3-12　新疆三次产业的劳动力转移契合度

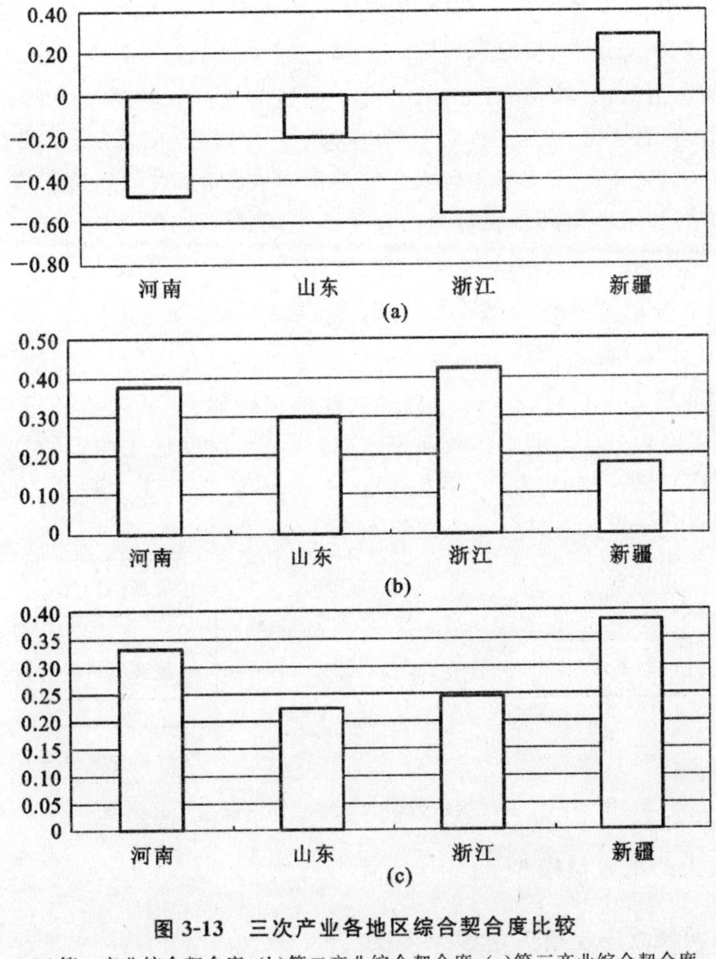

图 3-13　三次产业各地区综合契合度比较

(a)第一产业综合契合度；(b)第二产业综合契合度；(c)第三产业综合契合度

3.4 农村剩余劳动力转移培训的投入产出分析

3.4.1 投入产出分析原理

(1)农村剩余劳动力转移培训投入有利于优化经济结构

地区和城乡间的经济不平衡发展造成了“二元经济”现象,农村中大量的剩余劳动力严重制约了社会经济的发展,农村剩余劳动力转移成为我国在实施城镇化、工业化、信息化过程中面临的重要问题。实施农村劳动力转移培训,有利于缩小部门、区域间的经济差距,有利于人才资源的培育与流动,进一步提升了劳动力结构与增加值结构间的协调度、产业协调度,对经济结构的优化起到重要的作用。

(2)农村剩余劳动力转移培训投入有助于提升经济质量

一部分农村剩余劳动力通过培训转移出去,劳动力由富余资源变为稀缺资源,由低增加值劳动变为高增加值劳动,转移农民的收入有了明显的提高。转移的一部分劳动力足以满足农村的生产需求,合理地利用了劳动力资源。经过一段时间的发展,一些农民顺利实现城镇化转移,一些农民把新的经营理念与工艺技术带回农村,极大地促进了农村经济的发展。农村剩余劳动力转移培训提高了农村劳动力的素质,使劳动力的技能不断提升,农村劳动生产率大幅增加。

(3)农村剩余劳动力转移培训投入有益于增进经济总量

农村剩余劳动力转移培训的目的是使劳动力资源能够在不同地区、部门之间实现持续的优化配置,使劳动力不断从农业部门向非农业部门转移、从低增值部门向高增值部门转移,极大地提高了农村劳动力的总体收益率。同时,由于这种优化配置的良性循环,城市经济与农村经济共同得到提高与发展,相互补充、相互带动,在宏观上有益于促进经济总量的增长,在微观上有利于提升农村劳动力的收入水平(图 3-14)。

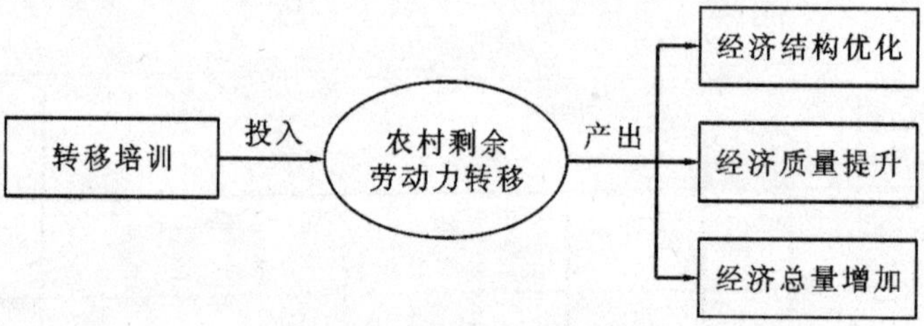

图 3-14 农村剩余劳动力转移培训的投入产出原理

3.4.2 投入产出效益模型

(1)经济结构模型——经济结构偏离度

经济结构偏离度反映了劳动力结构与经济增加值结构之间不一致的情况,也体现了劳动生产率的差异[20]。

经济结构偏离度如下：

$$DL_{ij} = P_{ij}(\text{GDP}) - P_{ij}(L)$$
$$D = \sum |DL_{ij}| \tag{3-16}$$

式中 $P_{ij}(\text{GDP})$——第 j 年第 i 产业产值在当年 GDP 总量中的比重；

$P_{ij}(L)$——第 j 年第 i 产业从业人员占总就业人数的比例；

DL_{ij}——第 j 年第 i 产业产业结构与就业结构的错位值；

D——整个经济结构的总体偏离度。

理论上，最优的经济模式是其产业结构与就业结构分布一致，即各个产业比例的劳动力应该创造相应份额的经济产值，即 $DL_{ij}=0$。实际中，GDP 产业结构与劳动力产业结构之间通常会存在差异。如果 $DL_{ij}>0$，表示第 j 年第 i 产业的劳动生产率相对于其他产业较高，劳动力较为短缺；如果 $DL_{ij}<0$，表示第 j 年第 i 产业的劳动生产率相对于其他产业较低，存在剩余劳动力。

(2)经济质量模型——农村劳动生产率

农村劳动生产率反映了一定时期内农村劳动力的平均劳动产出情况。农村剩余劳动力转移培训的投入与质量决定着劳动力转移培训的效果，影响到劳动力转移的顺利程度，也关系到农村劳动生产率的提升幅度[21]。

农村劳动生产率如下：

$$\text{劳动生产率} = \frac{\text{农业增加值}}{\text{农业从业人员}} \tag{3-17}$$

(3)经济总量模型——计量经济分析法

劳动力转移促进了经济总量的增加，选取地区 GDP 作为经济总量的指标，选取非农产业从业人员占全社会从业人员的比例(%)作为农村剩余劳动力转移培训(L)的指标，即：

$$\text{GDP} = a + bL \tag{3-18}$$

通过这一计量模型，定量分析农村劳动力转移培训投入对于 GDP 总量产出的贡献，系数 b 反映了农村剩余劳动力转移每增加 1%，GDP 平均增加的数值。

3.4.3 投入产出效益分析

(1)经济结构分析

根据经济结构偏离度模型计算的河南省经济结构偏离度见表 3-29。

表 3-29 河南省经济结构偏离度

年份	产业结构/%			就业结构/%			经济结构偏离度		
	第一产业	第二产业	第三产业	第一产业	第二产业	第三产业	第一产业	第二产业	第三产业
2003 年	17.5	48.2	34.3	60.2	19.6	20.2	−42.7	28.6	14.1
2004 年	19.3	48.9	31.8	58.1	20.4	21.5	−38.8	28.5	10.3
2005 年	17.9	52.1	30	55.4	22.1	22.5	−37.5	30	7.5

续表

年份	产业结构/%			就业结构/%			经济结构偏离度		
	第一产业	第二产业	第三产业	第一产业	第二产业	第三产业	第一产业	第二产业	第三产业
2006 年	15.5	54.4	30.1	53.3	23.6	23	−37.8	30.8	7.1
2007 年	14.8	55.·2	30	50.6	25.8	23.7	−35.8	29.4	6.3
2008 年	14.8	56.9	28.3	48.4	26.8	24.4	−33.6	30.1	3.9
2009 年	14.2	56.5	29.3	46.5	28.2	25.4	−32.3	28.3	3.9
2010 年	14.1	57.3	28.6	44.9	29	26.1	−30.8	28.3	2.5
2011 年	13	57.3	29.7	43.1	29.9	27	−30.1	27.4	2.7
2012 年	12.7	56.3	31	41.8	30.5	27.7	−29.1	25.8	3.3

数据来源:《河南省统计年鉴(2013)》。

从图 3-15 河南省三次产业偏离度走势中,可以看出河南省第一产业 $DL_{ij}<0$,2003—2012 年的农业劳动生产率一直低于其他产业,存在着多余的农村劳动力。伴随着农村劳动力转移的加快,2003—2012 年第一产业的经济偏离度逐渐变小,农村劳动生产率逐步提高。农村劳动力转移过程中,第二产业的 $DL_{ij}>0$,表示 2003—2012 年第二产业的劳动生产率相对于其他产业较高,偏离度变化不大,该产业劳动力一直较为短缺。农村劳动力转移的同时也使得河南省第三产业的偏离度越来越小,第三产业劳动力分布趋于合理化,劳动力效率进一步优化。从全部产业的经济偏离度来看,河南省未来一段时间的农村劳动力转移方向主要是第二产业。

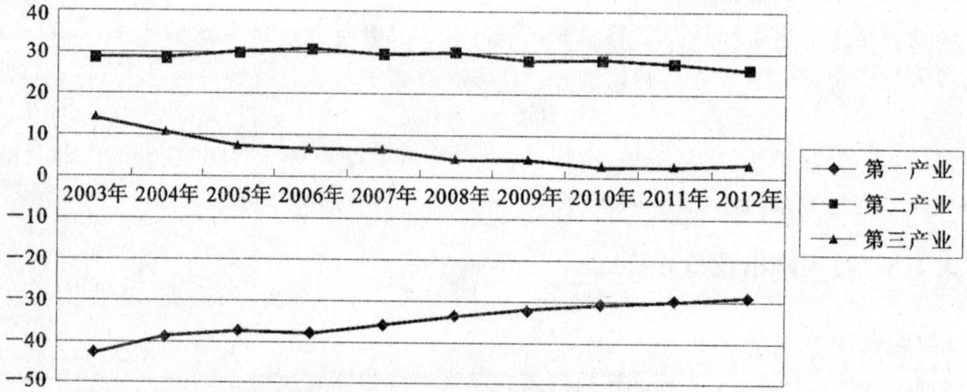

图 3-15　河南省三次产业偏离度走势

根据经济结构偏离度模型计算的山东省经济结构偏离度见表 3-30。

表 3-30　**山东省经济结构偏离度**

年份	产业结构/%			就业结构/%			经济结构偏离度		
	第一产业	第二产业	第三产业	第一产业	第二产业	第三产业	第一产业	第二产业	第三产业
2003 年	12.3	53.7	34	46.9	26.2	26.8	−34.6	27.5	7.2
2004 年	11.8	56.5	31.7	44.4	27.6	28	−32.6	28.9	3.7

续表

年份	产业结构/%			就业结构/%			经济结构偏离度		
	第一产业	第二产业	第三产业	第一产业	第二产业	第三产业	第一产业	第二产业	第三产业
2005 年	10.7	57	32.3	40.2	30.5	29.3	−29.5	26.5	3
2006 年	9.8	57.4	32.8	39.1	31.4	29.5	−29.3	26	3.3
2007 年	9.7	56.8	33.5	37.3	32.7	30	−27.6	24.1	3.5
2008 年	9.7	56.8	33.5	37.4	31.6	31	−27.7	25.2	2.5
2009 年	9.5	55.8	34.7	36.5	32	31.5	−27	23.8	3.2
2010 年	9.2	54.2	36.6	35.5	32.6	31.9	−26.3	21.6	4.7
2011 年	8.8	52.9	38.3	34.1	33.7	32.2	−25.3	19.2	6.1
2012 年	8.7	50.1	41.2	33.1	34.2	32.7	−24.4	15.9	8.5

数据来源：《山东省统计年鉴(2013)》。

从图 3-16 山东省三次产业偏离度走势可以看出，山东省第一产业 $DL_{ij}<0$，2003—2012 年的农业劳动生产率一直低于其他产业，存在着多余的农村劳动力。伴随着农村劳动力转移的加快，2003—2012 年第一产业的经济偏离度逐渐变小，农村劳动生产率逐步提高。农村劳动力转移过程中，第二产业的 $DL_{ij}>0$，表示 2003—2012 年第二产业的劳动生产率相对于其他产业较高，偏离度有逐步下降的趋势，第二产业劳动力较为短缺。农村劳动力转移同时也使得山东省第三产业的偏离度变小，但第三产业劳动力仍然较为缺乏。从全部产业的经济偏离度来看，山东省未来一段时间的农村劳动力转移方向是第二产业和第三产业。

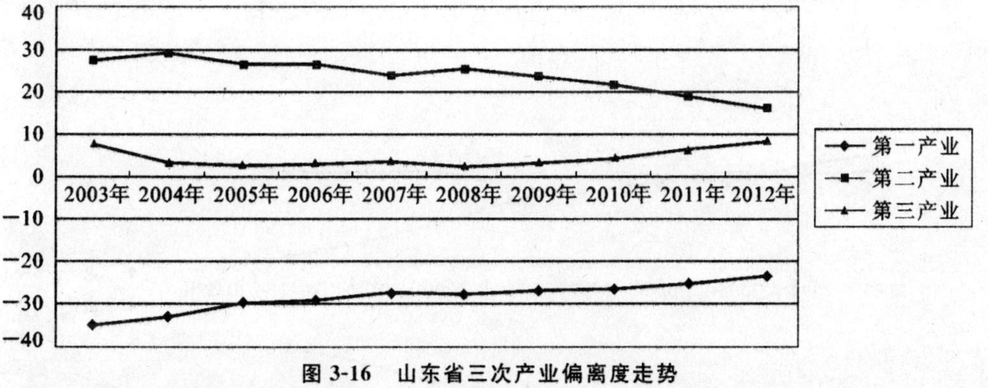

图 3-16　山东省三次产业偏离度走势

根据经济结构偏离度模型计算的浙江省经济结构偏离度见表 3-31。

表 3-31　**浙江省经济结构偏离度**

年份	产业结构/%			就业结构/%			经济结构偏离度		
	第一产业	第二产业	第三产业	第一产业	第二产业	第三产业	第一产业	第二产业	第三产业
2003 年	7.4	52.5	40.1	28.3	41.2	30.5	−20.9	11.3	9.6
2004 年	7	53.6	39.4	26.06	43.61	30.33	−19.06	9.99	9.07

续表

年份	产业结构/%			就业结构/%			经济结构偏离度		
	第一产业	第二产业	第三产业	第一产业	第二产业	第三产业	第一产业	第二产业	第三产业
2005 年	6.7	53.4	39.9	24.5	45.07	30.43	−17.8	8.33	9.47
2006 年	5.9	54.1	40	22.63	45.78	31.59	−16.73	8.32	8.41
2007 年	5.3	54.1	40.6	20.07	46.78	33.15	−14.77	7.32	7.45
2008 年	5.1	53.9	41	19.22	47.61	33.17	−14.12	6.29	7.83
2009 年	5.1	51.8	43.1	18.32	48.05	33.63	−13.22	3.75	9.47
2010 年	4.9	51.6	43.5	16	49.79	34.21	−11.1	1.81	9.29
2011 年	4.9	51.2	43.9	14.57	50.86	34.57	−9.67	0.34	9.33
2012 年	4.8	50	45.2	14.14	50.96	34.9	−9.34	−0.96	10.3

数据来源：《浙江省统计年鉴(2013)》。

从图 3-17 浙江省三次产业偏离度走势可以看出，浙江省第一产业 $DL_{ij}<0$，2003—2012 年的农业劳动生产率一直低于其他产业，存在着多余的农村劳动力。伴随着农村劳动力转移的加快，2003—2012 年第一产业的经济偏离度稳步减小，农村劳动生产率逐步提高，劳动力转移效果好。农村劳动力转移过程中，第二产业的 $DL_{ij}>0$，表示 2003—2012 年第二产业的劳动生产率相对于其他产业较高，偏离度有逐步下降的趋势，第二产业劳动力配置也日趋合理。农村劳动力转移同时，浙江省第三产业的偏离度变大，但第三产业劳动力十分缺乏。从全部产业的经济偏离度来看，浙江省未来一段时间的农村劳动力转移方向是第三产业。

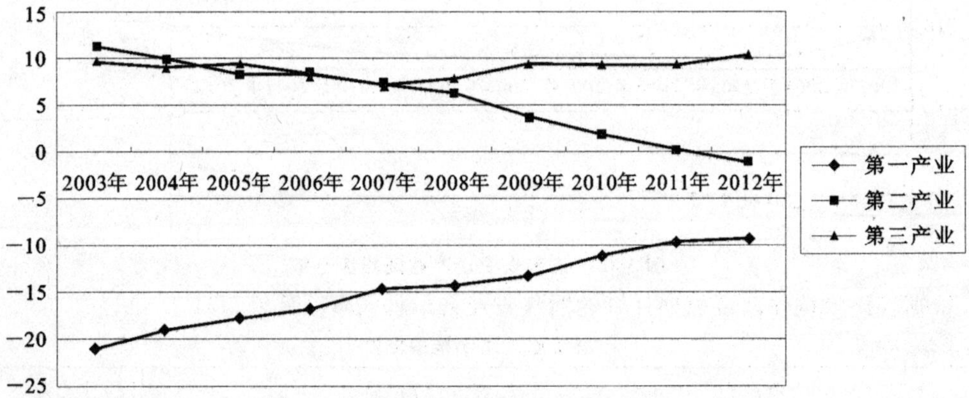

图 3-17　浙江省三次产业偏离度走势

根据经济结构偏离度模型计算的新疆经济结构偏离度见表 3-32。

表 3-32 新疆经济结构偏离度

年份	产业结构/%			就业结构/%			经济结构偏离度		
	第一产业	第二产业	第三产业	第一产业	第二产业	第三产业	第一产业	第二产业	第三产业
2003 年	21.9	38.1	40	55.07	13.27	31.66	−33.17	24.83	8.34
2004 年	20.2	41.4	38.4	54.17	13.23	32.6	−33.97	28.17	5.8
2005 年	19.6	44.7	35.7	51.54	15.51	32.95	−31.94	29.19	2.75
2006 年	17.3	47.9	34.8	51.06	13.71	35.23	−33.76	34.19	−0.43
2007 年	17.8	46.8	35.4	50.3	14.25	35.45	−32.5	32.55	−0.05
2008 年	16.5	49.5	34	49.71	14.16	36.13	−33.21	35.34	−2.13
2009 年	17.8	45.1	37.1	49.35	14.7	35.95	−31.55	30.4	1.15
2010 年	19.8	47.7	32.5	48.97	14.84	36.19	−29.17	32.86	−3.69
2011 年	17.2	48.8	34	48.66	15.63	35.71	−31.46	33.17	−1.71
2012 年	17.6	46.4	36	48.73	15.61	35.66	−31.13	30.79	0.34

数据来源:《新疆统计年鉴(2013)》。

从图 3-18 新疆三次产业偏离度走势可以看出,新疆第一产业 $DL_{ij}<0$,2003—2012 年的农业劳动生产率一直低于其他产业,存在着多余的农村劳动力,偏离度变化不大,劳动力转移效果较差。农村劳动力转移过程中,第二产业的 $DL_{ij}>0$,表示 2003—2012 年第二产业的劳动生产率相对于其他产业较高,偏离度有逐步增加的趋势,第二产业劳动力日益短缺。农村劳动力转移同时,新疆第三产业的偏离度接近 0,偏离度的变化不大,但第三产业劳动力分布合理。从全部产业的经济偏离度来看,新疆未来一段时间的农村劳动力转移方向是第二产业。

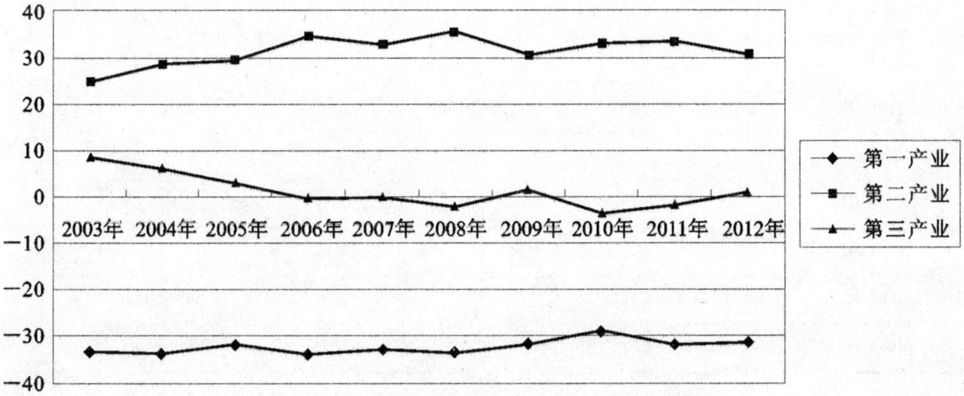

图 3-18 新疆三次产业偏离度走势

(2)经济质量分析

按照农村劳动生产率模型计算的河南、山东、浙江、新疆农村劳动生产率分别见表 3-33~表 3-36。河南省农村劳动生产率从 2003 年的 0.36 万元/人增加到 2012 年的1.32 万元/人,山东省农村劳动生产率从 2003 年的 0.56 万元/人增加到 2012 年的2.19 万元/人,浙江省农村劳动生产率从 2003 年的 0.87 万元/人增加到 2012 年的3.2 万元/人，新疆农村劳动生产率从 2003 年的 1.04 万元/人增加到 2012 年的 2.68 万元/人。

表 3-33　　河南省农村劳动生产率

年份	农业增加值/亿元	农业从业人员/万人	农村劳动生产率/（万元/人）
2003 年	1198.7	3332	0.36
2004 年	1649.29	3246	0.51
2005 年	1892.01	3139	0.60
2006 年	1916.74	3050	0.63
2007 年	2217.66	2920	0.76
2008 年	2658.78	2847	0.93
2009 年	2769.05	2765	1.00
2010 年	3258.09	2712	1.20
2011 年	3512.24	2670	1.32
2012 年	3469.54	2628	1.32

表 3-34　　山东省农村劳动生产率

年份	农业增加值/亿元	农业从业人员/万人	农村劳动生产率/（万元/人）
2003 年	1480.67	2638.3	0.56
2004 年	1778.45	2542.1	0.70
2005 年	1963.51	2350.3	0.84
2006 年	2138.9	2328	0.92
2007 年	2509.14	2265.2	1.11
2008 年	3002.65	2313.5	1.30
2009 年	3226.64	2297.4	1.40
2010 年	3588.28	2273.1	1.58
2011 年	3973.85	2211.6	1.80
2012 年	4742.60	2168.0	2.19

表 3-35　　浙江省农村劳动生产率

年份	农业增加值/亿元	农业从业人员/万人	农村劳动生产率/（万元/人）
2003 年	717.85	826.03	0.87
2004 年	814.1	779.65	1.04

续表

年份	农业增加值/亿元	农业从业人员/万人	农村劳动生产率/(万元/人)
2005 年	892.83	759.53	1.18
2006 年	925.1	717.81	1.29
2007 年	986.02	683.32	1.44
2008 年	1095.96	670.16	1.64
2009 年	1163.08	657.95	1.77
2010 年	1360.56	581.87	2.34
2011 年	1583.04	535.27	2.96
2012 年	1667.88	522.01	3.20

表 3-36 **新疆农村劳动生产率**

年份	农业增加值/亿元	农业从业人员/万人	农村劳动生产率/(万元/人)
2003 年	412.9	397.2	1.04
2004 年	446.13	403.31	1.11
2005 年	510	408	1.25
2006 年	527.8	414.45	1.27
2007 年	628.72	417.73	1.51
2008 年	691.07	421.32	1.64
2009 年	759.74	427.48	1.78
2010 年	1078.63	438.13	2.46
2011 年	1139.03	463.91	2.46
2012 年	1320.57	492.36	2.68

从河南、山东、浙江、新疆的农村劳动生产率走势图(图 3-19)可以看到,四个地区的农村劳动生产率都在稳步提升。其中,浙江的农村劳动生产率提升最快,特别是 2009—2012 年,劳动生产率最高;新疆的农村劳动生产率提升在 2003—2010 年间与浙江基本持平,2012 年农村劳动生产率落后于浙江,位居第二;山东与河南的农村劳动生产率提升较为平稳,农村劳动生产率分别位居第三、第四。

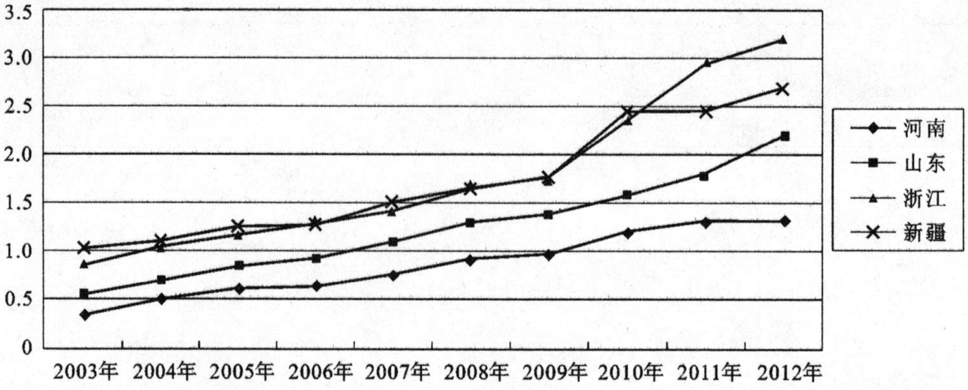

图 3-19 河南、山东、浙江、新疆四个地区的农村劳动生产率走势

(3)经济总量分析

按照农村劳动力转移培训投入产出的计量经济学模型,选取地区 GDP 作为经济总量的指标,选取非农产业从业人员占全社会从业人员的比例(%)作为农村剩余劳动力转移培训(L)的指标,河南、山东、浙江、新疆 GDP 与劳动力转移情况见表 3-37。

表 3-37 **河南、山东、浙江、新疆四个地区 GDP 与劳动力转移情况**

年份	河南		山东		浙江		新疆	
	GDP/亿元	L/%	GDP/亿元	L/%	GDP/亿元	L/%	GDP/亿元	L/%
2003 年	6867.70	39.8	12078.15	53.1	9705.02	71.7	1886.35	44.9
2004 年	8553.79	41.9	15021.84	55.6	11648.70	73.9	2209.09	45.8
2005 年	10587.42	44.6	18366.87	59.8	13417.68	75.5	2604.14	48.5
2006 年	12362.79	46.7	21900.19	60.9	15718.47	77.4	3045.26	48.9
2007 年	15012.46	49.4	25776.91	62.7	18753.73	79.9	3523.16	49.7
2008 年	18018.53	51.2	30933.28	62.6	21462.69	80.8	4183.21	50.3
2009 年	19480.46	53.5	33896.65	63.5	22990.35	81.7	4277.05	50.7
2010 年	23092.36	55.1	39169.92	64.5	27722.31	84	5437.47	51.0
2011 年	26931.03	56.9	45361.85	65.9	32318.85	85.4	6610.05	51.3
2012 年	29599.31	58.2	50013.20	67.3	34606.00	86.2	7530.32	52.6

数据来源:《中国统计年鉴(2004—2013)》。

如果用 R^2 代表拟合优度系数,其取值在(0,1)范围内,表示模型对样本数据的拟合程度。其值越高,说明模型对样本数据拟合得越好。用 F 代表对所有解释变量做的整体显著性检验,本模型只有一个解释变量 L(农村剩余劳动力转移培训指标),至少有一个解释变量的 F 值不为 0,就说明解释变量在整体上对因变量有显著的影响。在检验中 F 值越大,说明 GDP 与 L 之间存在一元线性关系。用 t 代表对单个解释变量所做的显著性检验,当 t 值的绝对值大于临界值时,该解释变量对因变量有显著影响。在检验中 t 值越大,说明 L 对 GDP 的影响越显著。sig.(significant)代表回归关系的显著性系数,表示 F

值的实际显著性概率。当 sig. ≤0.05 时，说明回归具有统计学意义，即方程通过检验、回归是有效的。

下面对四个地区的 GDP 对 L 进行回归分析。

河南省 GDP 对 L 的线性回归模型如下：

$$GDP_{河南}=-42513.311+1197.746L_{河南} \tag{3-19}$$

$R^2=0.963$；　$F=206.693$；　$t=14.377$；　sig. =0

R^2、F 统计量、t 值均较为显著，说明河南农村剩余劳动力转移每增加 1%，GDP 平均增加 1197.746 亿元。

山东省 GDP 对 L 的线性回归模型如下：

$$GDP_{山东}=-137299.917+2704.202L_{山东} \tag{3-20}$$

$R^2=0.866$；　$F=51.923$；　$t=7.206$；　sig. =0

R^2、F 统计量、t 值均较为显著，说明山东农村剩余劳动力转移每增加 1%，GDP 平均增加 2704.202 亿元。

浙江省 GDP 对 L 的线性回归模型如下：

$$GDP_{浙江}=-115322.705+1709.442L_{浙江} \tag{3-21}$$

$R^2=0.958$；　$F=184.499$；　$t=13.583$；　sig. =0

R^2、F 统计量、t 值均较为显著，说明浙江农村剩余劳动力转移每增加 1%，GDP 平均增加 1709.442 亿元。

新疆 GDP 对 L 的线性回归模型如下：

$$GDP_{新疆}=-29860.081+688.489L_{新疆} \tag{3-22}$$

$R^2=0.788$；　$F=29.714$；　$t=5.451$；　sig. =0

R^2、F 统计量、t 值均较为显著，说明新疆农村剩余劳动力转移每增加 1%，GDP 平均增加 688.489 亿元。

注释

[1] 刘思峰，党耀国，方志耕，等. 灰色系统理论及其应用[M]. 5 版. 北京：科学出版社，2010.

[2] 刘小翠. 劳动力流动与城乡收入差距的协整分析[J]. 温州大学学报：社会科学版，2007，6(4)：70-74.

[3] 毕先萍. 劳动力流动对中国地区经济增长的影响研究[J]. 经济评论，2009，6(1)：48-53.

[4] 何建新，舒宏应，田云. 我国农村劳动力转移数量测算及影响因素分解研究[J]. 中国人口资源与环境，2011，S2：148-152.

[5] 王玲，胡浩志. 我国农业剩余劳动力的界定和计量[J]. 安徽农业科学，2004，32(4)：803-804.

[6] 威廉·配第. 政治算术[M]. 北京：商务印书馆，1978.

[7] Barbour E. Metropolitan Growth Planning in California, 1900-2000[M]. San Francisco: Public Policy Institute of California, 2002.

[8] Florida R. The Rise of the Creative Class[M]. New York: Basic Books, 2002.

[9] 赵光辉. 人才结构与产业结构互动机理及相关政策研究[D]. 武汉：武汉理工大学，2006.

[10] 吴中伦，陈万明. 构建区域人才结构评价指标体系　推动区域经济可持续发展[J]. 中国人才，2009(5)：17-20.

[11] 潘晨光. 中国人才发展报告 NO. 3[M]. 北京：社会科学文献出版社，2006.

[12] 毛瑞福. 浙江人才发展报告[M]. 杭州：浙江人民出版社，2006.

[13] 孔令丞. 论中国产业结构优化升级[D]. 北京：中国人民大学，2003.

[14] 张萍. 山东省产业结构优化升级研究[D]. 天津：天津财经大学，2009.

[15] 宋泓明. 中国产业结构高级化分析[D]. 北京：中国社会科学院，2001.

[16] 李悦，李平. 产业经济学[M]. 大连：东北财经大学出版社，2002.

[17] 菊莲. 论产业结构及相应的人才结构调整[J]. 北方经济，2007(5)：78-79.

[18] 罗文标，黄照升，王斌伟. 产业结构调整过程中人才结构的构建[J]. 科技进步与对策，2003(9)：117-119.

[19] 张延平，李明生. 我国区域人才结构优化与产业结构升级的协调适配度评价研究[J]. 中国软科学，2011(3)：177-192.

[20] 郭文理. 偏离份额分析法在分离经济增长因素中的应用[J]. 预测，2001，20(2)：78-80.

[21] 潘文卿. 中国农业剩余劳动力转移效益测评[J]. 统计研究，1999(4)：31-34.

4 农村剩余劳动力转移培训典型案例的实证分析

4.1 河南农村剩余劳动力转移培训的实证分析

据统计，我国城乡每年新增长劳动力1400万人。在这种大背景下，河南省巨大的人口总量和农村人口基数，转移就业、外出打工成为河南省农村剩余劳动力的最大出路。

近年来，为建设新农村，构建和谐社会，河南省通过农村劳动力转移培训工作积极培训非农产业输出人才，成效显著，在提高劳动者职业能力和技能人才培养方面实现了量和质上的双突破。2009—2013年，1000万农村劳动力转移就业技能培训任务顺利完成，80%以上培训者获得专项证书；职业技能培训体系得到完善，高技能人才培养网络逐渐形成，其中重点建设了以技师学院、高级技工学校、企业职工培训中心、技能大师工作室为主体的职业技能培训体系，5年间培养扶持了50万创业带头人，实现了500万人就地就近转移就业，培训就业方面成效显著。

4.1.1 河南农村剩余劳动力转移的现状

(1)河南省人口总体表现

在数量上的总体表现为：河南省人口总量于2010年7月就已突破1亿大关，成为全国首个人口过亿的省份。河南省2011年末总人口10489万人，常住人口9402万人，自然增长率为4.94‰。全省常住人口中，劳动人口(15～64岁)的数量为6642万人，占70.64%。

在人口密度上的总体表现为：全省人口密度为594人/平方千米，是全国平均人口密度的4.6倍，是中部地区人口密度的2.97倍，是东部地区人口密度的1.49倍。

在农村人口城镇化上的总体表现为：在2012年末河南省城镇化率42.2%的条件下，可计算城镇人口为3949万人。到“十二五”末，河南省城镇人口将突破5000万人，与农村人口基本持平。

根据中华人民共和国第六次人口普查数据，河南省人口受教育程度、常住人口、年龄构成如图4-1～图4-3所示。

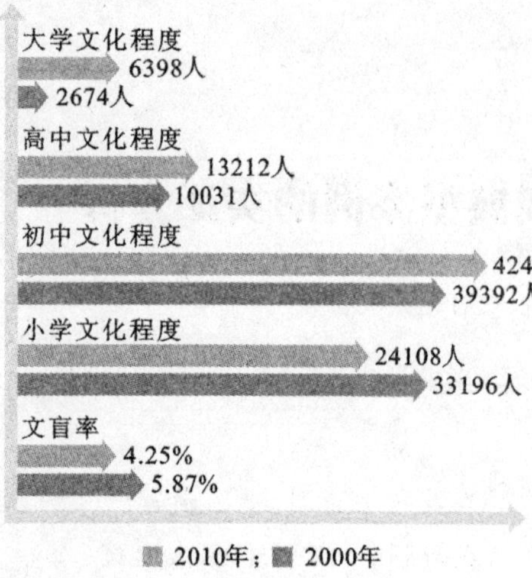

图 4-1　河南省人口受教育程度

图 4-2　河南省常住人口(单位:人)

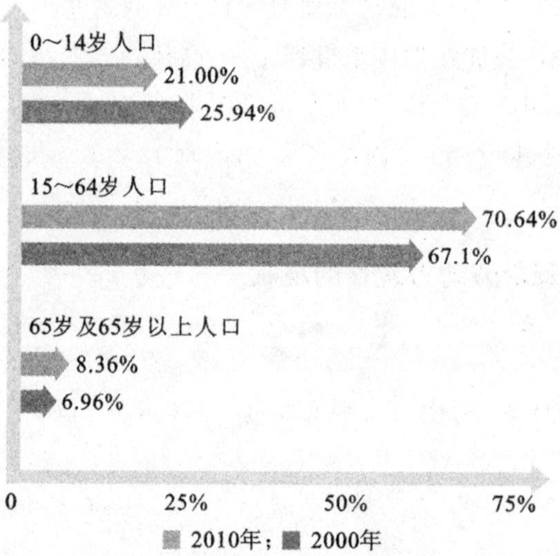

图 4-3　河南省人口年龄构成

(2)河南省农村剩余劳动力转移的背景

2012 年河南省地区生产总值(GDP)为 29810.14 亿元,同比增长 10.1%,第一产业(农林牧副渔业)总产值 6218.6 亿元,第一产业在全省 GDP 构成中占 13.04%,高于全国平均水平(10.0%)。第一产业经济数据显示河南省现阶段仍是一个典型的农业大省。按国内农业劳动者目前平均生产力状况和农资、农产品等价格水平计算,农民经营土地的盈利保本点是 20 亩/人,即每一名农民手中要有 20 亩以上的土地才有利润。据此推算,河南现有耕地 11889 万亩,仅需要 396.3 万劳动力,与全省农村现有劳动力 2307.58 万人相比差距非常大(图 4-4)。大量农业劳动力处于闲置状态,总体农村劳动生产率极为落后,隐性失业严重,农业效益十分低下。虽然劳动力丰富是一个巨大的优势资源,但同时巨大的人口也会形成巨大的能量消耗，导致经济发展黑洞的出现。因此，在一定程度上讲，农村剩余劳动力的就业状况直接影响了人们的生活水平和质量。虽然河南农业还有一定的效率、资源空间可以拓展，但在目前农业集约化、产业化、规模化发展的趋势下，农村剩余的大量劳动力蜗居不仅造成了资源浪费，同时也会进一步加剧农村地区的落后与贫困。

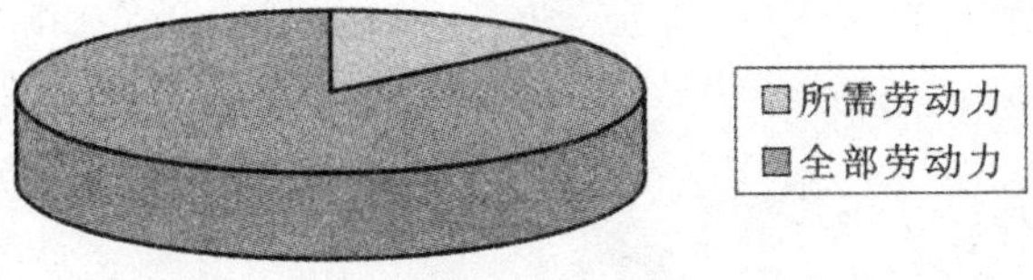

图 4-4　河南省人口劳动力状况

从上述情况看，河南劳动力转移现状不容乐观，农村剩余劳动力从第一产业向第二产业、第三产业转移的任务是巨大的。近年来，河南省立足本地农业实际，大力发展农村的农产品加工业、农产品物流业等非农产业。非农产业形成的就业基础效能得以初步显现。2007—2012年，新增城镇就业 652 万人。其中，由农村剩余劳动力实现的新转移就业在500 万人以上，农村劳动力转移就业累计 2450 多万人，其中省内转移近 60%，达 1400 多万人。

(3)河南省农村剩余劳动力转移的总体表现

一方面，由于河南省农村的信息化建设程度相对较低，很多就业信息的取得甚至仍然需要口口相传，导致相当多的农村劳动力缺乏对相关正规就业渠道的认知与应用。另外，通过劳动或人事等正规部门获得的就业渠道便利性与常态化程度也相当缺失。鉴于目前以年轻群体为主的新生代农村劳动力群体较高的网络利用率，相关部门有必要开创网络化新型就业平台，以解决就业信息不对称和信息失灵等问题。另外，政府部门还需要长期重视农村劳动力工资和就业条件的监管工作，同时积极促进工会的成立，着力解决农村劳动力工资拖欠和就业条件这两大问题。

另一方面，非工资因素(如个人发展等)在农村劳动力的就业需求中占比重越来越大。随着城镇化进程的加速和经济水平的提高，农村劳动力对自我身份的认定越来越不倾向定位于农民。政府部门需要加强监督与引导，从劳动力需求的角度提供乃至健全各类组织服务，提供农村剩余劳动力对高层次生活的需求，加强针对性的心理引导。由于现阶段新生代农村劳动力很多属于 90 后，有的甚至属于农民工"二代"，心理成熟度低，因此应对其进行心理辅导。同时，要妥善解决农村劳动力随转子女在其转移后的工作地区接受教育的问题，形成农村劳动力转移就业的反向吸引力。

(4)河南省农村剩余劳动力转移的特点

近年来，河南省农村剩余劳动力进城就业人员的比重大幅度上升。从迁入人口的职业构成看，农业劳动者的比重大幅度下降，而非农产业劳动者的比重则大幅度上升，年龄结构则以 18～35 岁的人口为主。河南省作为我国重要的劳动力输出省份，其劳动力转移输出的特点主要有以下几点。

① 农村剩余劳动力的输出区域逐渐扩大，但仍以发达地区为主。

近 100 户农户资料显示，分布在省内的劳动力数量占转移输出总量的 55%，其中约 40%的转移地分布在郑州、洛阳等省内大中城市，省外转移输出劳动力数量占 35%，其中大部分主要分布在广东、上海、北京、江苏、浙江等沿海经济发达地区和大中城市。随着国家西部大开发的实施和“东企西移”的新经济形式的开展，中西部地区的经济发展明显加快，劳动力需求大量增加，河南省劳动力转移亦相应从省内到沿海等，渐渐扩大到了新疆、内蒙古等。

② 河南省劳动力转移速度明显加快。

最近几年，河南省经济快速发展，农业大面积实现机械化作业，农业生产效率大幅度提高，农村集中出现了劳动力大量剩余的现象。随着农业现代化进程的加速，农村剩余劳动力的数量还会逐年增加。

③ 转移主体为男性青壮年劳动力。

近100户农户资料显示，男性占转移劳动力总量的85%以上，年龄结构趋向年轻化，18～35岁的青壮年占75%。这与他们有较大可能获得薪酬较高等合适的就业单位有直接关系。

④ 以体能型转移就业为主。

农村劳动力的受教育程度相对较低，受到文化程度的限制，大部分转移人员从事知识型或技术型工作的比例很低。据课题组调查，他们主要从事矿业采掘、酒店、超市服务，建筑、服装、食品、玩具加工等对技术要求相对比较低、以体力为主的工作，转移单位的生产条件通常较差、规模较小、工资较低，这更加剧了劳动力转移的波动性，再次转移、反复转移发生率也较高。

⑤ 文化程度以初中为主。

河南省转移就业的农村剩余劳动力的文化程度、身体素质等各方面虽与当地留守农民相比较高，但与城镇就业人员相比，整体素质还是相对较差。这也决定了转移劳动力较低的就业层次。

(5)河南省农村剩余劳动力转移存在的问题

改革开放以来，河南省农村剩余劳动力转移对全国经济发展起到了重要作用，但由于河南省特有的经济、社会、文化等因素的共同影响，还存在一定问题。主要表现在以下几个方面。

① 转移人口占农村总人口的比例不高。

2011年末，河南省总人口10489万人，常住人口9402万人，乡村人口6831万人，占总人口的67.5%。其中，外出务工的农村剩余劳动力1757万人虽然总量很高，但与农村总人口相比，比例并不高。

② 转移劳动力的工资收入水平较低并且权益常得不到保障。

农村劳动力外出打工工资水平常处于社会较低水平，还常遭受到拖欠工资，工作条件差，难以维权等不公正的待遇。虽然这几年形势有所改变，但与城市就业人员相比，这些情况仍较为严重。

③ 政府引导和宏观调控的力度空间还很大。

总体上讲，宏观上的农村剩余劳动力转移的质量、数量及效益的管理和调控力度还不够。例如，河南省大量农村剩余劳动力无序流动的主要原因是缺乏必要的就业信息。这不但阻碍农村剩余劳动力的转移，而且给当地的社会治安带来了一定的隐患。解决办法就是通过政府引导建立可信度和接受度高的就业信息交流平台。

另外,农村劳动力本地的非农产业吸纳能力有限和相关制度特别是户籍制度的制约作用也使农村剩余劳动力转移的难度增加[1]。

4.1.2 河南农村剩余劳动力转移的趋势

河南农村劳动力转移的历史进程,按其转移的速度和规模及其经济效益来划分,主要分为两个阶段。1979—1997 年主要以乡镇企业发展为主渠道;1997 年以后,出现农村剩余劳动力转移由以乡镇企业为主渠道逐步向加速城镇化建设、经济结构调整等多渠道转移,并持续至今。农村劳动力进入了公平转移阶段,转移数量迅速增加,转移质量也迅速提高。

人力资本的形成和积累是农村劳动力向城镇和非农产业有效彻底转移的基本条件。农村劳动力的转移本身也是人力资本形成的途径之一。只有具备了从事某一行业工作的能力,才能符合现代化产业岗位的需求,实现稳定的就业和有效彻底的转移。

(1)对河南农村剩余劳动力转移的趋势起主要影响作用的因素

① 就业率。

总体上看,农民工整体就业率情况较好,抽样就业率达 82.375%。目前,河南省省内规模及成效巨大的劳动力转移得益于中原经济区的建设,承接东部沿海产业转移步伐的加快,以及扶持农村劳动力回乡创业政策效果的显现。上述因素共同促使河南农村劳动力省内转移就业率增加。调查显示,新生代农民工群体中有 53.5%表示"对目前就业满意"。但 60 后、70 后农村转移劳动力年龄偏大,80 后、90 后农村转移劳动力因独生子女等因素的共同作用,造成的"主动失业"也对就业率产生了负面影响。

作为全国人口和劳动力大省的河南,占 56.5%的第一产业劳动力明显比重较大,农村人口数量庞大,人均耕地少,工业起步晚,城市化水平低,城乡二元结构突出,农村劳动力以本地就业为主。近年来,经济结构的快速调整,使农业从业人员以平均每年 100 多万人的速度转向服务业、工业、建筑业等非农产业部门。

② 就业动机。

调查数据(表 4-1)显示,大部分 60 后、70 后农村劳动力外出就业动机为经济目的,但单纯经济目的的就业动机在 80 后、90 后新生代农村劳动力中已不多见。他们更重视自我价值的实现,呈现出截然不同的就业动机与价值取向。主要原因在于目前社会工资水平的普遍提高。调查显示,农村劳动力工资月薪低于 1600 元的占调查人数的 17.1%,月薪在 1600~3000 元的占 60.0%,月薪在 3000 元以上的占 22.9%,农村劳动力人均月工资达到 2284.43 元。收入的带动效应进一步影响了河南省农村劳动力转移的速度。

表 4-1 **农村劳动力的转移就业动机(单选)**

转移就业动机 / 比率/% / 年龄结构	单纯挣钱	自身锻炼 挑战自己	学习技术 充实自己	开阔眼界 走出自己	其他动机
80 后、90 后	15.3	26.4	29.2	20.8	8.3
60 后、70 后	51.9	11.4	27.8	7.6	1.3

③ 就业趋向。

河南农村剩余劳动力转移的实际就业相对集中在技术含量低的劳动密集型行业，如在制造业、建筑业、服务业的就业比重较大(表 4-2)。同时，受技术、收入预期等因素的影响，从事同一种工作超过 5 年以上的转移劳动力仅有 12.6%，同一种工作就业未到 1 年的占 33.9%。另外，农村劳动力转移就业意向在技术及管理岗位高达 49%，说明农村劳动力群体更倾向于工作环境相对较好的行业。

表 4-2　　**农村劳动力的行业就业意向(单选)**

行业 / 比率/% / 实际就业与就业意向	制造业	建筑业	服务业	技术及管理	其他
实际就业	45.6	15.8	27.9	9.4	1.3
就业意向	11	1	33	49	6

④ 就业渠道。

调查样本(表 4-3)显示，经老乡或朋友介绍和劳动力市场或职业介绍的形式成为农村劳动力就业的两大传统渠道，分别占 47.2%和 29.2%。同时，更有时代特色的新型渠道(如网络平台)的拓展趋势也很明显。

表 4-3　　**农村劳动力的就业渠道(单选)**

就业渠道	老乡或朋友介绍	劳动力市场或职业介绍所	大型招聘会	企业自主招聘	网络平台	其他
比例/%	47.2	29.2	4.9	5.4	11.2	2.1

⑤ 就业影响因素。

从样本调查结果(表 4-4)可以看出，农村劳动力除了对工资待遇存在强烈偏好外，对发展前途、工作环境和工作地区的选择偏好程度也较高，具体表现为他们在就业过程中从单纯追求经济报酬开始向追求个人价值、工作质量与生活质量转变。

表 4-4　　**影响农村劳动力就业的因素(多选)**

影响因素	工资待遇	发展前途	工作环境	工作地区	其他
比例/%	93.4	51.5	48.9	38.8	15.6

(2)河南省农村剩余劳动力转移趋势

① 由短期型向长期型转变。

河南省是经济较为落后的中部省份。绝大多数河南人从事种植型农业，农村剩余劳动力形成时间晚，但形成后，其农村剩余劳动力总量的迅速发展趋势却是我国其他省份所不具备的。大多数农村剩余劳动力初期转移的原因是贫穷。转移地点集中在附近的城镇，时间集中于短期的农闲时节。随着河南省经济的发展、中部战略地位的提升和农业科技的进步，农业劳动所需的劳动力越来越少，出现大量剩余农业劳动力的转移。与之前相比，其主要区别在于劳动力实现了由短期转移向长期转移的过渡。

② 由体能型向技能型转变。

20 世纪 90 年代以前，河南省转移的农村剩余劳动力基本没有接受过正规的技能培训，劳动技能素质很低，大都只能从事体力型劳动，年龄上也只能以青壮年为主。20 世纪 90 年代以后，产业化的不断改进对劳动力的技能要求越来越高，河南省对转移劳动力加强了技能培训。这些技能型劳动力的收入远远要高于体力劳动型人员。

③ 由个体转移向集体转移转变。

出于对风险方面的考虑，农村剩余劳动力转移一般会进行集体转移。劳动力集体转移能有效降低就业风险性和不稳定性。但通过调查，我们发现这种集体转移很多是由农村剩余劳动力自发集结形成的。今后，应提高政府组织的参与力度，以有效保障农村剩余劳动力的权益。

④ 由无序转移向有序转移转变。

与转移初期相比，现在的劳动力转移更加有序。有序转移使转移目标更明确，转移地点更确定，转移效果也可以得到保障。

⑤ 由被动转移向主动转移转变。

为家庭经济情况所迫的劳动力被动转移现已基本得到改善。因对城市便捷、优越生活的向往，劳动力转移的积极性和主动性大大提高了。

4.1.3　河南农村剩余劳动力转移培训的供求分析

一方面，河南省农村劳动力转移培训在理论与现实上都存在巨大需求。河南省农村巨大的剩余劳动力已无法通过农业生产获得边际产出，要继续实现边际产出，只能通过非农产业转移。在比较利益的驱动下，农村剩余劳动力的转移愿望强烈，但他们普遍素质不高与现代产业要求高素质产业劳动力之间产生矛盾，共同造成河南省农村劳动力转移培训市场存在着巨大的潜在需求。

另一方面，河南省转移培训的潜在需求还未充分转化为现实需求，农村劳动力培训需求未被充分调动，或者他们有这种需求但积极性不高。本项目问卷调查样本分析结果显示：没有参加过任何培训的劳动力仍占多数，甚至没听说过“阳光工程”“雨露计划”，没有参加过培训的劳动力认为会有培训资金上的困难，参加过培训的劳动力获得技能等级的也不多，有一半人表示培训所学知识技能与现实工作存在严重脱节，在工作中基本没起到作用。

(1)培训供求调研分析

在一个培训项目开始前，要想使培训得到培训者的认可，应细致地进行市场调研并注意分析当时经济形势，确定包括内容、对象、地点、时间、师资、形式的培训计划，使组织培训的难度降低，有利于组织生源，提高培训效率。

(2)受训者分析

为获得第一手数据和资料，课题组在预定时间内，制订覆盖个人、家庭基本情况，培训基本情况，就业技能的认知和培训需求四方面内容的问卷，最终获得正式有效问卷 658 份，问卷具体问题详见附录。具体调查结果见表 4-5、表 4-6。

表 4-5　　**认知培训调查统计表**

调查项目	变量	频数	比例/%
1. 是否能获得培训信息	①很容易	79	88
	②很难	579	12
2. 是否愿意参加培训	①不愿意	257	40
	②愿意	401	60
3. 家人是否支持参加培训	①不支持	402	61
	②支持	256	39
4. 参加培训是否有资金困难	①有	597	91
	②没有	61	9
5. 培训所学知识是否对工作有帮助	①有	319	48
	②没有	339	52
6. 是否了解“阳光工程”	①了解	146	22
	②不了解	512	78

上述问卷调查结果资料显示：河南省农村剩余劳动力培训活动中，劳动力培训效应的个体差异性表现明显，即使是在家庭情况、受教育水平等可观测变量既定的情况下，转移培训对农村劳动力的影响仍然不同。这说明农村劳动力对于培训显得过于理性，他们会过分比较参加培训的成本和收益。只有当他们认为培训一定而且马上就会给自己带来更大收益时，才会决定参与培训。

本课题所采用的数据来源于河南省商丘市统计局2011年的农户调查数据（表4-6）。商丘市地处河南省东部，是我国传统的农业区，农村人口比例大，在开展农村剩余劳动力转移培训工作上具有典型意义。调查样本涉及商丘市2区1市6县，以家庭为单位各调查了1000户，包含第一代农村劳动力和新生代农村劳动力——特指80后、90后农村转移务工人员。

表 4-6　　**农村劳动力就业培训意愿方向对比表（可多选，限3项）**

培训内容	第一代农村劳动力		新生代农村劳动力	
	人数/人	比例/%	人数/人	比例/%
建筑装修	580	58.0	325	32.5
水电维修	574	57.4	462	46.2
机械驾驶	682	68.2	356	35.6
电脑软件	69	6.90	489	48.9
财务	124	12.4	243	24.3
美容美发	253	25.3	260	26.0
烹饪	458	45.8	362	36.2

续表

培训内容	第一代农村劳动力		新生代农村劳动力	
	人数/人	比例/%	人数/人	比例/%
招待营销	318	31.8	546	54.6
服装缝纫	324	32.4	157	15.7
其他	341	34.1	251	25.1

此外，家庭经济情况、受教育水平等可观测因素对农村剩余劳动力的培训决策有显著影响，村庄特有的人文特征也与之明显相关，如农村剩余劳动力是否参加培训受从众因素影响很大。因此，应考虑这些情况，以村庄为单位制订培训实施方案，注重培训效果的变现能力，让参加培训者与未参加培训者之间存在显著的技能差异。这种显著差异又会成为就业的决定性因素。这样将有助于农村剩余劳动力根据自身实际选择接受专业培训。

(3)培训方分析

政府不仅是农村剩余劳动力转移的主要培训实施方，还是重要的协助者。其培训工程模式主要有四种：第一类为“阳光工程”和“雨露计划”等模式(表4-7～表4-9)，主要由中央操作，通过项目的方式实施；第二类为“学校出菜单、企业下订单、政府埋单”的“三单”模式；第三类为开放性职业学校模式；第四类为(村庄)社区工作模式。中介培训是一种应市场需要而产生以赢利为目的的培训机构，根据市场需要进行各种形式、职业、层次的培训，按市场需要和供应情况收取费用。企业培训是企业针对自身的工作岗位需求，组织的有针对性的职业培训。这两者也是现阶段农村剩余劳动力培训的重要参与力量。目前，随着国家对事业单位改革的推进和大力发展社会事业的客观要求，民办非企业单位的发展环境日益宽松，政府对民办非企业单位的态度逐步趋向支持，其发展速度也日益加快。农村剩余劳动力转移培训与正在全国各地推进的职业教育集团化办学的结合，逐渐成为一种趋势，但从总体上看，这种发展模式还处于探索中。

表4-7　**2012年河南省“阳光工程”培训基地(洛阳)**

序号	学校	序号	学校
1	河南省农业广播电视学校偃师市分校	8	新安县农业机械学校
2	偃师市职业教育中心	9	河南省农业广播电视学校伊川县分校
3	偃师市农业机械化学校	10	伊川县畜牧站
4	河南省农业广播电视学校孟津县分校	11	河南省伊川县拖拉机驾驶培训学校
5	孟津县兴农拖拉机驾驶员培训学校	12	河南省农业广播电视学校宜阳县分校
6	河南省农业广播电视学校新安县分校和新安县农业技术推广中心	13	宜阳县畜牧工作站
7	新安县职业高级中学	14	宜阳县农业机械总站

续表

序号	学校	序号	学校
15	汝阳县农民科技教育培训中心	24	栾川县中等职业学校
16	汝阳县畜牧工作站	25	栾川县农机培训学校
17	汝阳县贯欣植保服务专业合作社	26	河南省农业广播电视学校栾川县分校
18	河南省农业广播电视学校洛宁县分校	27	洛龙区植保植检站
19	洛宁县劳动就业训练中心	28	洛龙区种子管理站
20	洛宁县教师进修学校(中等职业学校)	29	洛阳市伊滨职业教育中心(原偃师市第二职业中专)
21	河南省农业广播电视学校嵩县分校(十农试站、农技站、植保站、种子管理站)	30	偃师市洛伊职业技术学校
22	嵩县中等专业学校	31	河南省农业经济学校
23	嵩县农业机械学校	32	河南省农业广播电视学校洛阳市分校

表 4-8　**2012 年河南省“阳光工程”培训基地(三门峡)**

序号	学校	序号	学校
1	河南省农业广播电视学校卢氏分校	9	河南省农业广播电视学校陕县分校
2	卢氏职业中等专业学校	10	陕县农机学校
3	中央农业广播电视学校渑池分校	11	农业广播电视学校三门峡市湖滨区分校
4	渑池县农业机械学校	12	义马市职工学校
5	渑池县动物疫病预防控制中心	13	河南省农业广播电视学校三门峡市分校
6	灵宝市职业中等专科学校	14	三门峡市农机化技术推广站
7	灵宝市农业机械化技术培训推广中心	15	三门峡市蔬菜技术推广站
8	灵宝市农业技术推广中心	16	三门峡职业技术学院

表 4-9　**河南省 2012 年全省“雨露计划”培训基地省级基地(41 所)**

序号	学校	序号	学校
1	郑州铁道中等专业学校	8	新乡市高级技工学校
2	河南省农业经济学校	9	焦作市技师学院
3	洛阳机车高级技校	10	濮阳市华达职业技术学校
4	河南省林业学校	11	濮阳市职业中等专业学校
5	河南省推拿职业学院	12	禹州市职业中等专业学校
6	平顶山市财经学校	13	漯河食品职业学院
7	鹤壁市技工学校	14	三门峡市中等专业学校

续表

序号	学校	序号	学校
15	南阳农业学校	29	驻马店市农业学校
16	南阳工业学校	30	驻马店工业学校
17	镇平县工艺美术职业学校	31	济源市机械高级技工学校
18	睢县职业技术教育培训中心	32	兰考县飞翔职业学校
19	柘城县职教中心	33	滑县蓝盾驾驶员职业培训学校
20	商丘职业技术学院	34	长垣烹饪职业技术学院
21	信阳电子学校	35	固始县世纪职业中专
22	新县外派劳务培训中心	36	河南辅读中等职业学校
23	信阳职业技术学院	37	郑州工业贸易学校
24	信阳平桥区职教集团	38	郑州信息工程职业学院
25	周口科技职业学院	39	郑州绿城科技中等专业学校
26	淮阳县宇翔职业中等专业学校	40	河南省民政学校
27	周口安广职业中等专业学校	41	河南省职业技术学院
28	驻马店市高级技工学校		

注:“雨露计划”设市级基地(78所)。

上述资料显示,河南省的农村劳动力转移培训主要立足于以政府为主导,学校教育为核心,提倡农民终身职业教育的模式。这种教育培训模式成效显著:2004年以来,河南省“阳光工程”共培训农民约244万人,转移就业约234.1万人;“雨露计划”累计完成培训约238万人次,劳务创收约560多亿元。

(4)河南省的农村剩余劳动力转移培训存在的问题

河南省现有的农村剩余劳动力转移培训主要存在以下问题:专门培训农村劳动力的培训机构少,尚未形成多形式、多层次的培训体系,转移培训市场还不健全,培训缺乏统一标准,后续回访与跟踪服务欠缺,还未建立起能实现农村劳动力长期、稳定、彻底、有效转移的培训模式等。具体表现为以下几点。

① 专业设置不科学。

根据表4-10显示,培训机构的专业设置普遍缺乏对市场需求的深入分析,导致所学专业知识和技能与现实脱节。

表4-10 专业课程设置不科学原因分析

原因 / 人数/人 / 培训模式	文化课太多	与所需知识脱节	与所需技能脱节	技能课太多	其他
阳光工程	4	10	2	1	0
雨露计划	29	13	13	3	0

② 培训内容不科学。

由表4-11、表4-12可以看出，农村劳动力最希望学习的是一些实用类科目。若不设法解决这一问题，势必影响转移培训的学习效果。

表4-11 建议设置实用学科的受训者人数统计

培训模式 \ 人数/人 \ 实用学科	创业知识	专业知识	职业道德	基础知识	安全知识	法律
阳光工程	81	37	10	26	12	10
雨露计划	37	28	53	33	37	16

表4-12 认为学科不实用的受训者人数统计

培训模式 \ 人数/人 \ 原因	不实用	过时	学不会	教得不好	没兴趣	其他
阳光工程	16	8	14	0	2	8
雨露计划	21	19	16	8	39	0

另外，培训机构还要重视对受训者将培训成果转化为能力的指导。在制订培训计划时，必须考虑受训者的学习迁移效果的实现。

③培训时间短。

从表4-13、表4-14可以看出，受训者认为最大的问题是培训时间太短，而培训时间太短就难以使农村劳动力真正透彻地学习和掌握培训知识和技能，缺少实习实训场所，知识和技能就难以熟练化运用。因此，受训者即使参加了培训，也难以进入需要高技能、较高层次劳动力的现代用工企业就业。这不仅降低了培训的意义，还加剧了低层次产业领域就业的竞争[2]。

表4-13 对培训时间不满意的受训者人数统计

培训模式 \ 人数/人 \ 不满意原因	时间长	时间短	与要求培训时间不符	其他
阳光工程	6	35	0	0
雨露计划	11	67	2	0

表4-14 认为合理的培训时间的受训者人数统计

培训模式 \ 人数/人 \ 合理的培训时间	1周以下	1周至1个月	1～3个月	3～6个月	12个月	12个月以上
阳光工程	0	22	45	6	6	0
雨露计划	0	2	8	16	41	8

4.2 山东农村剩余劳动力转移培训的实证分析

“十二五”时期是深入推进社会主义新农村建设的关键时期，是着力强化现代农业基础支撑，促进工业化、信息化、城镇化、农业现代化同步发展的关键时期，也是农业人才队伍建设的关键时期。具体到山东省农村劳动力总体情况，其文化水平和素质都还相当低下，新形势、新任务对农民教育培训工作提出了更高的新要求，也带来了严峻的挑战。

4.2.1 山东农村剩余劳动力转移的现状

伴随着工业化、城镇化的深入推进，我国农业农村发展正在进入新的阶段。山东省是我国的农业大省，也是农村人口大省，农村劳动力人口众多。截至 2013 年，山东省人口为 9579 万人，农业人口 5698 万人，占全省人口总数的 59%①，农村劳动力转移的任务非常艰巨，压力也非常之大。

随着科学技术的进步和农业机械化程度的提高，农业劳动生产率和农业生产集约化水平将不断提高，每个劳动力负担的耕地系数将会逐步增大。可以预见，未来农村剩余劳动力将越来越多。如此庞大的农村剩余劳动力如果沉淀在农村无法转移，不仅是对劳动力资源的极大浪费，还会降低劳动生产率，影响农业的规模经营和农业现代化以及农业产业结构的调整。因此，解决如此庞大的农村剩余劳动力就业问题，是摆在农村和整个社会面前的一个重大课题。

由于各种原因，近年来山东省返乡农村劳动力队伍呈不断扩大的趋势。据调查，山东省常年在外务工人员近 800 万人，到 2007 年底返乡约 70 万人，与往年同期相比增加约 10 万人。根据有关部门调查的情况分析，文化和技能水平低下是造成大批农村劳动力返乡的主要原因。从菏泽、聊城、德州、滨州、济宁五市统计情况看，山东省返乡农村劳动力年龄大都集中在 20～40 岁，约占返乡农村劳动力总人数的 50%以上；从文化程度来看，农村劳动力文化程度偏低，其中初中和初中以下文化程度的约占返乡农村劳动力总数的 80%；从技能水平上看，返乡农村劳动力掌握技能水平普遍偏低，具有初级或初级以上职业资格的仅占总返乡人数的 12.8%，绝大多数返乡农村劳动力不具有任何职业技能证书。

(1)山东农村剩余劳动力转移的总体情况

近年来，随着山东经济社会的发展，农业人口不断向非农产业和城镇转移，农民工规模逐年扩大。2012 年，山东农民工总量达 2330 万人，比 2011 年增加 81 万人，增长 3.6%。据抽样调查推算，2013 年上半年，山东外出农民工数量达 961 万人，比上年同期增加 42 万人，增长 4.6%。农村剩余劳动力就业仍以省内务工为主，外出规模继续扩大，工资水平不断提高。其基本情况及特点如下。

① 地域结构：省内就业为主，中小城镇为主。

农民工的分布情况主要是指地域分布和行业分布。近年来，随着蓝黄两大战略的动力

---

① 2012 年山东省国民经济和社会发展统计公报。

日益显现，山东大力发展县域经济，招商引资兴建了大批民营企业，各地县域经济得到快速发展，省内吸纳就业能力继续增强。2012年又启动了“千企万岗对接百乡千村”活动，有效带动了省内农村劳动力转移就业，为农民就近就地转移提供了大量的岗位。在全省2330万农民工中，乡以内转移的农民工人数达1347万人，占农村劳动力转移就业总人数的57.8%；外出（乡外）农民工983万人，占农村劳动力转移就业总人数的42.2%。外出农民工中，乡外县内的397万人，占外出农民工总人数的40.4%；县外省内的395万人，占外出农民工总人数的40.2%；省以外的191万人，占外出农民工总人数的19.4%（图4-5）。

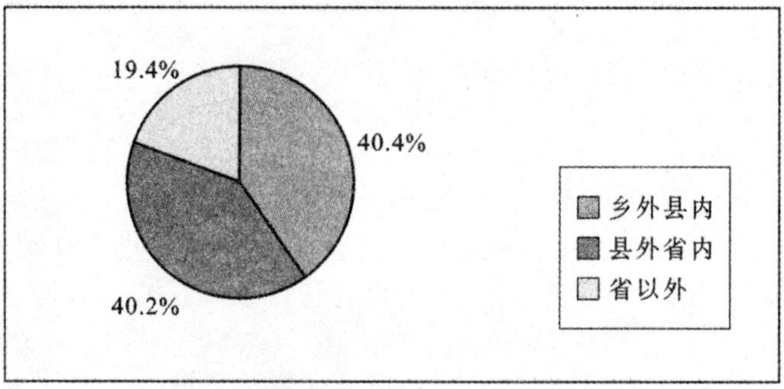

图4-5 山东省农村剩余劳动力外出地域分布

资料来源：根据山东省统计局农民工情况调查资料相关数据整理（2012年统计数据）。

从外出地区类型看，在中小城镇（地级市、县级市及建制镇）就业的占79.6%，在大城市（省会城市及直辖市）就业的占20.3%，在其他地区就业的占0.1%（图4-6）。

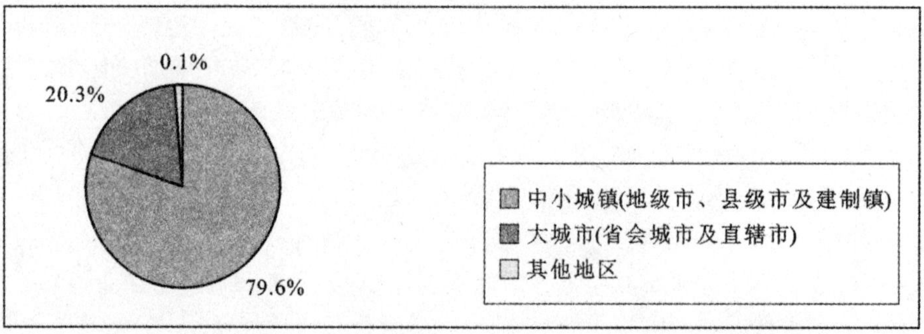

图4-6 山东省农村剩余劳动力外出地区分布

资料来源：根据山东省统计局农民工情况调查资料相关数据整理（2012年统计数据）。

在行业分布上，农民工主要集中在制造业、建筑业和服务业等劳动密集型行业。从事制造业的农民工有888万人，从事建筑业的有419万人，从事批发零售业的有235万人，从事服务业的有221万人。从事这四个行业的农民工人数占农民工总数的75.7%（图4-7）。

为应对结构性矛盾产生的“用工荒”，很多乡镇企业通过提高工资待遇、改善工作环境吸引农民工就业，同时还把目光瞄向留在农村的一些半工半农或者以往不愿出远门的农民，通过创新就业模式，提供大量零散就业岗位吸引农民工就业。很多农民就近外出打零工，回乡生活劳作。这样既解决了企业的用工缺口，又为农民增收拓宽了渠道。从调查情况看，2012年上半年外出和在本地打零工的农村劳动力数量均比上年有较大增长。

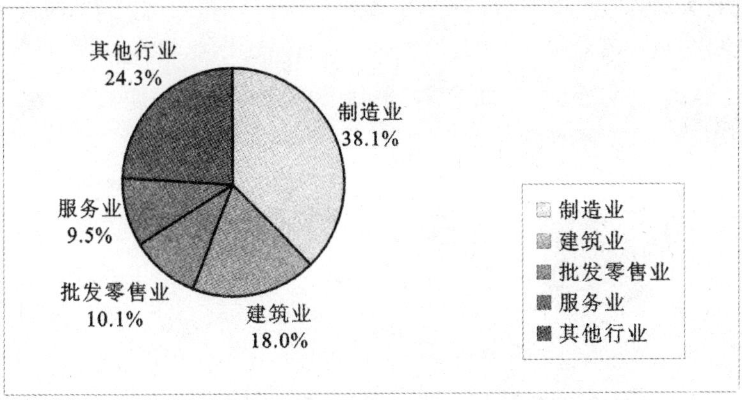

图 4-7 山东省农村剩余劳动力的行业分布

资料来源：根据山东省统计局农民工情况调查资料相关数据整理(2012 年统计数据)。

② 年龄结构：青壮年为外出主力，年龄、家庭因素影响流动空间。

就近就地转移仍是山东农民工从业地域的主要特征。农民工在本县域内就业的占 88.1%。年龄和家庭因素影响外出农民工的流动空间。已婚的、年纪大的农民工更倾向于就近就地转移，由于外出就业缺少竞争力，而且需要照顾家庭，其外出积极性减弱。同时，由于大中型城市在生活、交通、子女教育等方面费用的攀升，外出农民工打工成本提高，正影响着农民工的转移意向。在外出农民工中，在直辖市、省会城市以及地级市从业的人数占 47.6%，比上年下降 5.4%。而县域经济的蓬勃发展正吸引着大量农民工回流，6.3%的外出人员打算返乡务工，比上年增长 5.5%。

从年龄段看，农民工以青壮年为主，新生代农民工(1980 年以后出生的农民工)所占比重为 59.1%。外出农民工的平均年龄为 33 岁，本地农民工的平均年龄为 42 岁。从家庭情况看，外出农民工已婚比例为 64.8%，远低于本地农民工 91.3%的已婚比例。

③产业结构：主要从事第二产业，农民自主创业仍需大力扶持。

从产业结构看，外出农民工从事第一产业、第二产业、第三产业的比重分别为 1.2%、62.6%和 36.2%(图 4-8)。

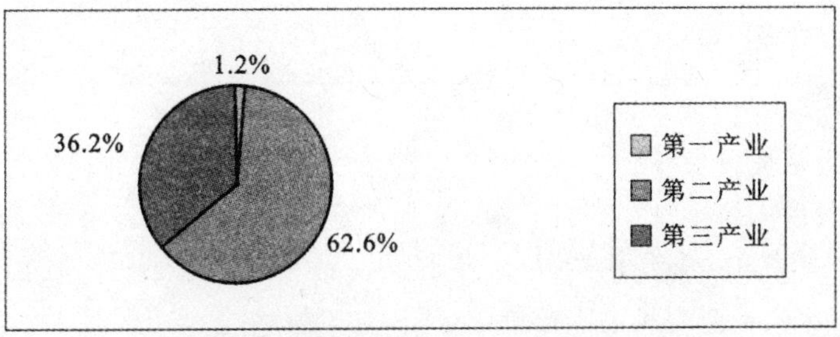

图 4-8 山东省农村剩余劳动力主要从事的产业结构分布

资料来源：根据山东省统计局农民工情况调查资料相关数据整理(2012 年统计数据)。

第二产业的从业规模继续扩大，仍是主要的就业选择。而在第二产业、第三产业中，一些就业门槛较低、人员容量大的劳动密集型行业，如制造业，建筑业，服务业，批发零售业，交通运输、仓储和邮政业五大行业又是主要的分布行业。从行业结构看，制造业占 36.4%，其比例最大；建筑业次之，比例为20.7%；再次为服务业，比例为8.9%；批发零售业，比例为6.9%；交通运输、仓储和邮政业，比例为6.0%；住宿餐饮业，比例为4.7%(图4-9)。

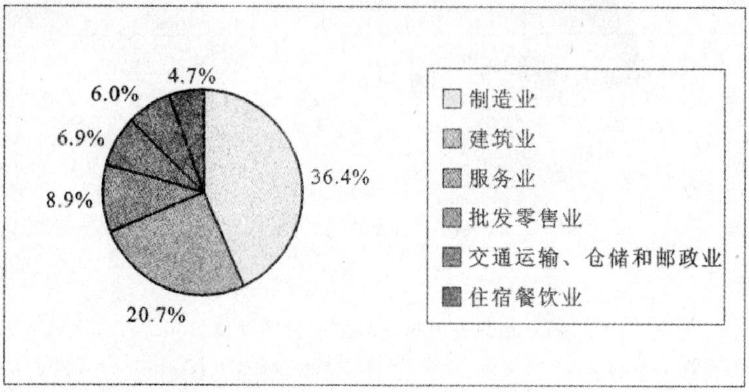

图4-9　山东省农村剩余劳动力从事第二产业、第三产业的行业分布

资料来源：根据山东省统计局农民工情况调查资料相关数据整理(2012年统计数据)。

在外出农民工中，自营人员的比重为3.9%，比上年同期下降0.3%。自营人员从事批发零售业，占31.9%；从事服务业，占18.1%；从事建筑业，占12.5%；从事交通运输、仓储和邮政业，占11.1%(图4-10)。

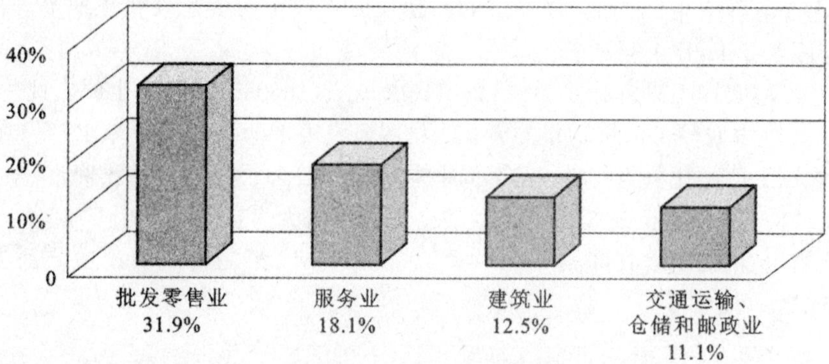

图4-10　山东省农村剩余劳动力自营人员的行业分布

资料来源：根据山东省统计局农民工情况调查资料相关数据整理(2012年统计数据)。

农民工自营人员所占比重均呈下降趋势。近年来，外出农民工就业形势总体保持稳定，但个别行业出现农民工返乡苗头。据了解，原因主要有两个方面：一方面，欧债危机对外贸行业造成影响，加速了其产业结构调整，致使部分农民工因失业或收入减少而选择回乡；另一方面，由于国家对房地产市场的限控措施，建筑开工量少，劳动力市场供大于求，一些小型建筑队的农民工因接不到活而返乡。从外出返乡调查情况看，由于企业关停、裁员，找不到工作而返乡的外出农民工占1%，其中半数以上农民工在返乡前主要从事建筑业。虽然各地大力发展特色产业，鼓励农民工返乡创业，但是由于在政策扶持、资金来源、技术支持以及市场风险抵御等方面的不足，农民自主创业的道路仍困难重重，需要多方扶持。

④ 收入结构:工资水平继续提高,大中城市务工人员收入较高。

在山东省各地各部门的共同努力下,预防和解决农民工工资拖欠工作取得了明显成效。外出农民工能够按时足额拿到工资的占 97.9%。随着社会对农民工重视程度的加强,受最低工资标准上调、企业用工需求增加等因素影响,农民工待遇也随之提高。其中,工资收入水平提高最快,涨幅最大。2013 年上半年,外出农民工月平均工资达 2313 元,比上年同期增加 360 元,增长 18.4%。从收入结构看,月收入在 1000 元及 1000 元以下的占 5.0%,比上年同期下降 6.0%;1000～2000 元的占 42.4%,下降 12.5%;2000 元以上的占 52.6%,提高了 18.5%。月收入过 3000 元的农民工队伍继续扩大,占外出农民工的比重达 25.5%(图 4-11)。

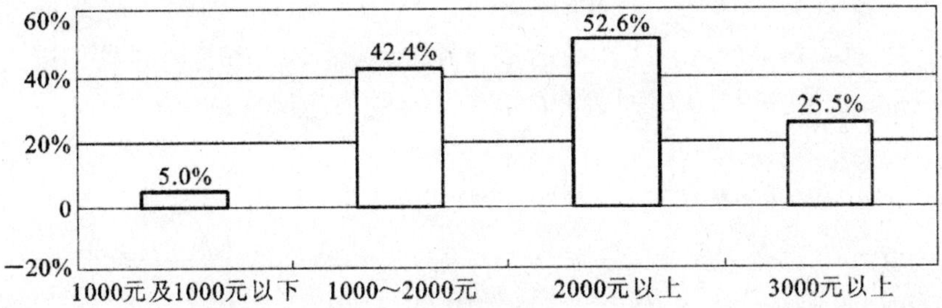

图 4-11 山东省农村剩余劳动力的收入结构

资料来源:根据山东省统计局农民工情况调查资料相关数据整理(2013 年统计数据)。

外出人员中自营人员的收入总体高于受雇人员的收入,受雇人员的月均收入为 2298 元,而自营人员的月均收入却达到了 2680 元。从外出农民工从事的主要行业看,收入水平由高到低分别是交通运输业、建筑业、制造业、居民服务业、批发零售业和住宿餐饮业,月均收入水平分别为 2707 元、2671 元、2211 元、2139 元、2092 元和 1918 元(图 4-12)。

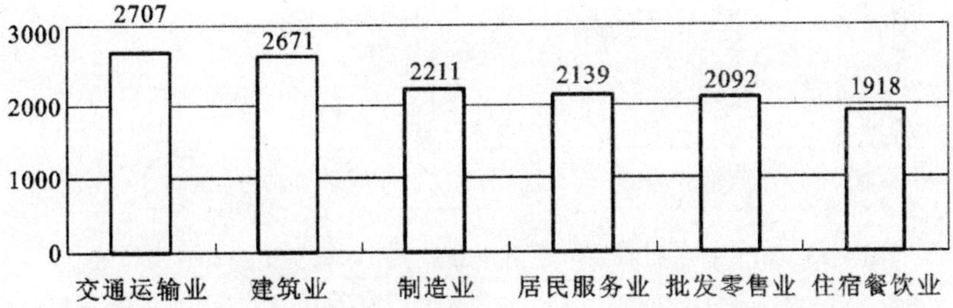

图 4-12 山东省农村剩余劳动力从事行业的平均月收入(单位:元)

资料来源:根据山东省统计局农民工情况调查资料相关数据整理(2013 年统计数据)。

从外出农民工的就业地点看,在大中城市务工的农民工收入水平相对较高。其中,在直辖市、省会城市和地级市务工的农民工月均收入为 2462 元,在县级市及以下乡镇务工的农民工月均收入为 2154 元。其中,寄回家、带回家的收入占其实际收入的 55.5%,比上年同期提高了 3.3%。新生代农民工寄回家、带回家的收入明显少于上一代农民工,新生代农民工人均寄回家、带回家的收入占实际所得收入的比重比上一代农民工低 28.7%。

⑤ 农民工职业培训:受训比例仅过三成。

2003 年以来,山东省农民培训工作按照"符合产业发展需要、满足农民实际需求、区分不同培训对象、不断提高培训质量”的工作思路，先后组织实施了“阳光工程”“新型农民科技培训”和“新型农民创业培训”三大农民培训工程。随着资金投入持续增加、培训范围逐步拓展、培训规模不断扩大、培训内容日益丰富，农民工职业培训已经从过去的面向单一技术培训发展成为面向众多培训对象，形成了覆盖全省广大区域的分类型、分层次的大培训格局，培养了一大批有文化、懂技术、会经营的新型农民，累计培训农民千万人次。

当前农民工接受培训的比例仍有很大的提高空间。2012 年仅 31.8％的农民工接受过职业技能培训。从培训类型看，农民工接受过农业技术培训的比重为 13.9％，增长了 0.9％；接受过非农职业技能培训的比重为 26.0％，增长了 0.2％。外出农民工中，专业技术人员占 22.0％，比上年同期增长了 1.4％；私营企业主和企业经营管理人员占 1.8％，增长了 0.2％。从行业来看，从事第三产业的农民工接受非农职业培训的比重为 31.0％，其中，从事金融、卫生、教育行业的农民工接受的培训较多；从事第二产业的农民工接受非农职业培训的比重为 22.7％，其中，从事制造业的农民工接受的培训较多。

⑥ 农民工劳动时间：超时现象突出。

按现行《中华人民共和国劳动法》规定，劳动者每日工作时间不超过 8 小时。据调查，外出农民工的劳动时间每天小于 8 小时的比例为 61.5％，大于 8 小时的占 38.5％。其中，未在 9～11 小时区间的占 34.2％，大于等于 12 小时的占 4.3％。在本地务工的农民工中，劳动时间在 8 小时及 8 小时以内的占 64.2％，超过 8 小时的占 35.8％。其中，9～11 小时的占 33.4％，12 小时及 12 小时以上的占 2.4％(图 4-13)。这说明农民工的劳动时间超出劳动法规定的现象仍然很突出。

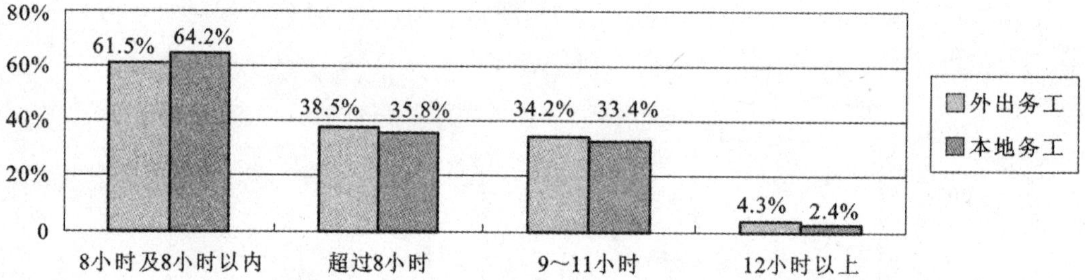

图 4-13　山东省农村剩余劳动力外出务工与本地务工劳动时间比较

资料来源：根据山东省统计局农民工情况调查资料相关数据整理(2012 年统计数据)。

⑦ 农民工在外居住：流动“家庭化”和居住稳定性趋势明显，居住环境简陋，设施不完善。

调查发现，农村剩余劳动力转移的人群呈现家庭化。2012 年的数据显示，举家外出的农民工占农村劳动力比重比上年提高 1.1％。外出农民工独立居住的比例达 41.6％，提高 6.6％。另外，还有 33.9％的人外出从业但回农村家中居住，他们每天在城市和农村之间奔波。

农民工住房问题直接影响着农民工在城市的生活质量。当前，外出农民工中，47.5％的人居住在设施不完善的各类简易单位宿舍、工棚或生产经营场所，居住条件简陋，没有属于自己的私人空间。16.5％的人在城市与人合租或独立租房，但居住地多在租金低廉的城郊地区，远离市区和工作场所。已在城镇购买住房的仅占外出农民工总体的0.8%，且大多是80后、90后的新生代农民工，其购买住房资金都是靠家人资助或家庭积蓄。

⑧ 农民工子女：教育问题亟待重视解决。

外出农民工中新生代农民工占57.9%，这一年轻的农民工群体中已婚比例为40.6%，他们与城市里的同龄人一样面临着成家、生育、子女教育等问题。然而由于对未来城市生活预期的不确定性，很多农民工对家庭及子女教育问题表示担心。他们一方面渴望子女今后能和城市孩子一样接受高质量的教育，另一方面又担心教育费用问题。另外，目前还有部分城镇对农民工子女入学有各种各样的限制。夫妻分居影响子女教育，这也是广大农民工普遍担心的问题，许多分居夫妻无力担当教育子女的责任。

⑨ 就业保障：社会保障水平继续提高，劳动合同签订率和保险覆盖率仍然较低。

劳动合同是处于弱势地位的农民工维护自身利益的法律保证。但目前由于部分用人单位管理不规范，农民工认识不到位、缺乏劳动风险意识和维权意识等因素影响，外出务工人员签订规范劳动合同的普遍较少，仅占35.4%。尤其是在建筑业和住宿餐饮业，由于行业流动性大、稳定性差等因素，合同签订率低于其他行业。从事住宿餐饮业的农民工签订劳动合同的比例为20.9%，从事建筑业的农民工签订劳动合同的比例为21.4%。总体来看，外出农民工与雇主或单位签订劳动合同的比例都不高。调查显示，凡是与雇主签订劳动合同的农民工所享受的就业保障条件通常较好。因此，从长远来看，提高劳动合同签订率有助于更好地维护农民工的合法权益，有助于提高农民工的就业保障水平。

2012年以来，山东省为进一步扩大职工基本医疗保险、城镇居民基本医疗保险覆盖面，将签订劳动合同的且与企业建立稳定劳动关系的农民工全部纳入职工基本医疗保险范围，这部分群体还可享受保障性住房优惠政策。从社会保障情况看，外出农民工参加社会保险的比例继续提高，参加医疗保险的比例为98.9%，比上年同期提高0.6%，其中参加新型农村合作医疗保险的比例为93.5%；参加农村养老保险的比例为68.0%，比上年同期提高34%。另外，由雇主或单位为农民工缴纳的“五险一金”比例仍然较低，缴纳养老保险的比例为19.5%、缴纳工伤保险的比例为23.8%、缴纳医疗保险的比例为19.9%、缴纳失业保险的比例为10.1%、缴纳生育保险的比例为7.6%、缴纳住房公积金的比例为7.6%(图4-14)。

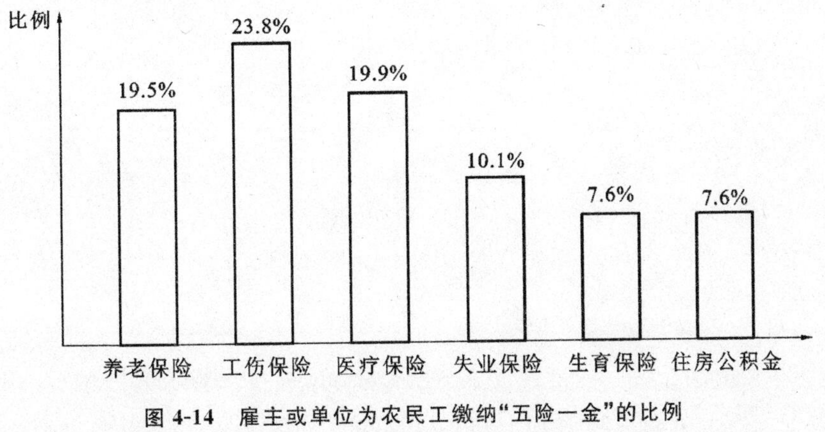

图4-14 雇主或单位为农民工缴纳“五险一金”的比例

资料来源：根据山东省统计局农民工情况调查资料相关数据整理(2012年统计数据)。

从行业来看，制造业，交通运输、仓储和邮政业的参保情况相对较好。需重点关注的仍是建筑业和住宿餐饮业的农民工，雇主为其缴纳各项保险的比例低于其他行业。

(2)影响山东省农村剩余劳动力转移的主要问题

① 劳动力转移培训力度不够。

众所周知，加强对农村劳动力自身职业技能的培训，是提高农村剩余劳动力素质，有效促进其转移的重要方式。虽然山东省农民培训工作取得了显著成效，但还存在一些亟待解决的突出问题。一是培训规模不能满足农民的培训需求。从目前情况看，政府组织实施的培训规模与我省农村劳动力数量和农民需求相比，还远远不能满足实际需要。2012 年，山东省组织农民创业培训 1.71 万人次，约六个村才能有一位农民参加培训。从农民工参加的培训项目来看，主要是进单位后上岗前的培训，而当地社会机构、职高和当地政府组织的培训则很少，这足以说明当前山东省农村职业培训教育存在很大缺失。二是基层农技推广体系亟待加强。基层农技推广体系是农民培训和农技推广的重要力量，但目前基层农技推广体系存在不健全、条件差、力量薄弱等突出问题，严重制约着山东省农民培训的全面开展。一些培训项目流于形式，培训内容不实用，农民参加培训的积极性不高，还有一部分农民工认为参加的培训对找工作没有太大帮助，培训效果不好，故没有必要去参加培训。三是农民培训工作开展不平衡。虽然中央和省财政将农民培训资金纳入财政预算，安排专项培训资金，但市、县两级认识不到位，至今没有安排培训专项资金。这说明农村劳动力转移培训关键在于如何调动农民参与培训的积极性，加大劳动力转移培训的资金投入力度和增强培训效果。

② 转移就业缺乏有序的组织。

据调查，山东农民工外出形式主要依托以亲缘、地缘关系为基础建立的社会信息网络，有组织外出务工的比例仍然偏低。由亲朋好友介绍外出和自己寻找工作的农民工占 89.5%，由政府(单位)和中介组织等其他方式介绍就业的仅占 10.5%。农村剩余劳动力的培训力度也有待加强，仍有 71.7%的农村劳动力未接受过任何技术和职业技能培训。就业信息渠道滞后和政府公共就业服务不足，制约着农民工的流动和就业。

一些农民工希望在家乡自主创业，但由于缺乏有序的组织，融资难和对市场风险缺乏了解，他们迫切需要政府给予支持。从课题组对有自主创业意愿的返乡农民工进行调查的情况来看，48%的人希望得到政府的自主创业扶助，16%的人希望政府能够提供贷款担保。从对以往返乡目前已经在从事非农自营的农民工进行调查的情况来看，仅有 4.2%的人在初始阶段得到了政府在政策或金融方面的支持，希望能够得到政府在贷款以及税收优惠方面支持的占 50%，希望政府提供生产技术指导和销售服务等方面支持的占 29.2%。

农民工作为弱势群体，目前仍处于松散无组织状态，在转移过程中的诸多环节尚缺乏有效管理，致使信息不对称，造成转移成本增加，人力资源结构失衡。这也是影响山东劳动力转移培训绩效提升的主要问题之一。

③ 农民工群体缺乏完善的社会保障制度。

农民工的劳动权益保障仍需要继续完善。在保障农民工劳动权益方面，仍存在一些薄弱环节和突出问题，就业歧视问题仍然存在，劳动用工管理不规范，签订劳动合同的比例不高，农民工的社会福利缺失。

调查发现，山东农民工社会保障存在的问题主要体现在以下几个方面。

第一，工资待遇低，拖欠工资的现象严重。在山东省部分地区，农民工的工资待遇非常低，同样是在城市工作，农民工与城市正式工相比，同工不同酬，甚至工资差距很大。而拖欠农民工工资的问题已经成为侵害农民工权益的一个顽症。近年来，山东省委、省政府围绕农民工最关心、最直接、最现实的问题，制定了一系列保障农民工权益和改善农民工就业环境的政策措施，全省外出劳动力的劳动合同签订率、就业环境得到了显著改善，但农民工的工资拖欠问题仍然在部分行业和地区存在。每到年底，劳动争议案件中最多的就是拖欠农民工工资。目前在山东省，拖欠农民工工资的因素很多。相关拖欠工资的企业单位自身出现了经营困难的情况，这些企业大部分属于劳动密集型中小企业，由于我国银行金融政策等原因，导致这些企业融资困难，受整个经济环境的影响，企业生产的原材料成本上升、汇率变动、订单减少等因素，使山东省中小企业或多或少出现了经营问题，从而出现拖欠农民工工资的现象。一些重大在建工程项目由于出现资金短缺等问题，拖欠工程款或停工停产，导致拖欠农民工工资的现象屡见不鲜。另外，拖欠农民工工资的一个主要原因是一些涉案企业单位和包工头利用农民工对自身权益的不熟悉，以及对相关法律政策的不了解，恶意拖欠工资。此外，还有一些客观因素导致出现拖欠农民工工资的现象。例如，每年春节来临 ，大量农民工需要返乡，有的农民工在外辛苦工作一年，和家人长时间分开，他们甚至宁愿不要工资而选择回家过年，这也使企业和包工头有了可乘之机。

第二，劳动条件差，休息权得不到保障，职业病频发。雇佣农民工的用人单位和企业为了盲目追求经济利益，赶工期，获取更多的利润，随意延长农民工的工作时间，强迫工人加班加点且没有额外报酬。《中华人民共和国劳动法》规定每天工作时间不得超过 8 个小时，每周工作时间不得超过 44 个小时。然而根据全国政协调查，近半数农民工每天工作时间超过 12 个小时，没有休息日的农民工也占半数。另外，用人单位为了降低生产成本，给工人提供的工作环境很差，比如不重视夏季的降温措施和冬季的保暖措施，不给工人提供劳动保护必需品，不改善保护性设备等，这些都极易引发农民工患职业病。这种情况在山东省的中小企业中很普遍。由于企业规模小，基金投入不足，设备严重老化，缺乏有效的过滤性和防护性设备，导致农民工职业病频发。近年来，山东省相关电视台、报刊等媒体报道的因企业不注意劳动保护，而致使工人患职业病的事件屡见不鲜。

第三，社会福利和教育权得不到保障。根据《中华人民共和国劳动法》的规定，用人单位和工人在签订劳动合同时，一般需要提供“三险一金”或者“五险一金”，其中包括重要的医疗保险等。对于进城务工的农民工来说，这些社会福利几乎不涉及自身。因为农民工不是城市人员，所以无法享受医疗保险。然而农民工所从事的多是高危性职业，很容易造成工伤、工亡。此种情况下，农民工却无法享受医疗保险，他们得到的只是用人单位微薄的补偿，大部分农民工看病还要自己掏腰包。农民工的教育权得不到保障主要体现在自身的教育权和子女的教育权两个方面。进城务工的农民由于自身经济条件有限，加上用人单位不愿对其进行教育培训方面的投入，以及其大部分时间用于劳动，因此没有资金和时间进行再学习。另外，农民工子女在城市的受教育权也成为当今社会一个很严重的问题。由于对农民工子女的受教育权缺少法律与政策上的规定，加之没有一个行之有效的社会保障体系，农民工子女在当前户籍制度下无法获得在城市受教育的机会。很多农民工在面临这个困境的时候，只能把子女送入教学质量很差的学校或者干脆把孩子送回农村。

目前，山东省农村劳动力转移既要遵循市场规律，也要加强政府引导。在山东省劳动力转移过程中，劳动力处于自发状态。随着市场经济的发展，他们的思想觉悟和外出务工的素质大大提高，自我保护意识大大加强。他们希望依靠政府出台相应的政策作为他们的强大后盾。因此，转变政府职能，真正为农民工提供信息、加强培训、完善社会保障制度、制定劳动力市场管理制度、建立农民工法律维权组织等是山东省政府一直在努力而且也会进一步加强和完善的重要举措。

4.2.2 山东农村剩余劳动力转移的趋势

(1)转移趋向较发达的胶东半岛地区

随着县域经济的发展以及外出生活成本的提高，农村外出务工劳动力省外就业的比重逐渐下降，就业地点选择中小城市的比重明显提高。据对山东4200个农村住户的抽样调查，2013年外出务工的986万农村劳动力中，在省内就业的占外出总人数的81.4%，同比提高0.7%。其中，在地级市和县级市城区就业的占70.8%，同比提高了4.1%。胶东半岛地区(烟台、威海、青岛)由于经济较发达，有53.6%的农村外出务工劳动力在本县域内从业。而经济欠发达的鲁西四市(德州、滨州、聊城、菏泽)县内从业的比重仅为31.7%，并有三成以上的农村外出务工劳动力在省外从业(图4-15)。

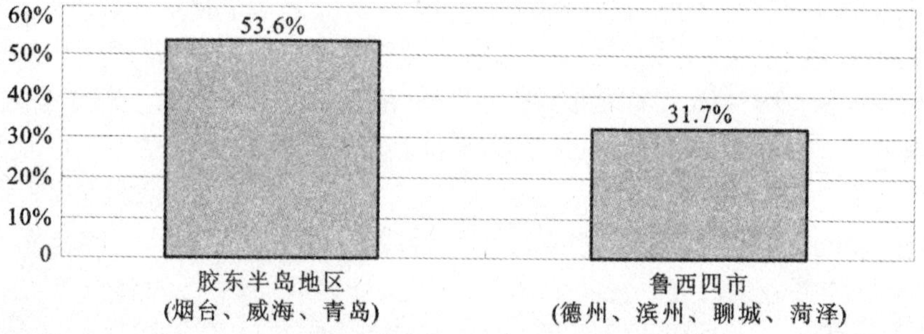

图4-15 山东省农村剩余劳动力就业地域分布

资料来源：根据山东省统计局农民工调查监测资料相关数据整理(2013年第二季度统计数据)。

(2)转移趋向劳动密集型行业

农村剩余劳动力转移的主要行业依然是制造业、建筑业、批发零售业和住宿餐饮业等劳动密集型行业。行业特征表现为工作稳定性有所提高。2013年，在行业分布上，农村外出务工劳动力主要集中在制造业、建筑业、批发零售业、住宿餐饮服务业等劳动密集型行业，从事这些行业的人员占外出总数的79.7%。其中，从事制造业的人数最多，占31.3%；其次是建筑业，占26.8%；批发零售、住宿餐饮和居民服务业占21.6%(图4-16)。

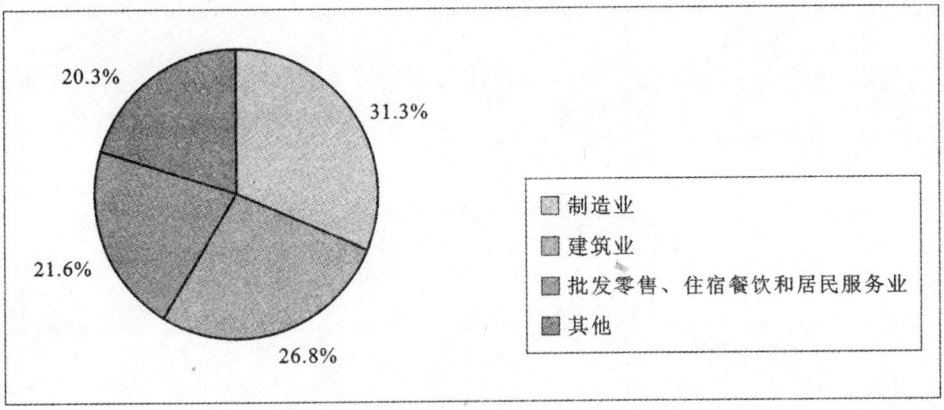

图 4-16　山东省农村剩余劳动力从事各行业比例

资料来源：根据山东省统计局农民工调查监测资料相关数据整理(2013 年第二季度统计数据)。

从近几年调查数据看，变化较明显的是建筑业，受国家加大基础设施建设投资力度的影响，从事建筑业的从业人员比重逐年递增，从 2009 年的 15.5%上升到 2013 年的 26.8%。另外，农村外出务工劳动力的工作稳定性逐渐提高，从事当前工作满一年的人员所占比重为 70.3%，比上年提高了 2.2%，从事当前工作已经满三年的人员为 39.5%，提高了 6.2%。

(3)工资水平呈结构性上涨趋势，工资差距缩小

据山东省统计局农民工调查监测资料显示，2013 年第一季度，山东外出(乡外)农民工达 943 万人，同比增长 1.9%；人均月工资达 2588 元，同比增长 13.1%。从特征上来看，外出农民工工资呈现五大特点。其中，最显著的特点就是工资差距在缩小，工资呈结构性上涨趋势。原工资水平较高的，增长速度放缓；原工资水平较低的，增长速度加快。

① 外出农民工工资总体水平大幅上调。

随着中国"廉价劳动力时代"的远去，以往低薪酬、低附加值的产业结构模式难以为继，由于劳动力市场供求关系的变化，企业纷纷上调工资。从调查情况来看，山东省外出农民工的工资水平已经连续四年保持两位数的增幅。2010 年以来，农民工工资结构发生了逆转性的变化，2010 年第一季度外出农民工的月工资还主要集中在 2000 元以下，所占比重为 76.8%。而 2013 年第一季度外出农民工月工资在 2000 元以上的比重已经达到了 80.8%，月工资在 2000 元以上的比重比 2010 年提高了 57.6%(图 4-17)。月工资 3000 元以上的较高收入也从 4.2%提高到 40.2%，提高了 36%。

② 在中小城市务工的农民工工资水平增长最快。

外出农民工工资的高速增长还得益于近年来区域经济的蓬勃发展。一些中小城市用工需求增加，工资水平增速较快。据调查，在直辖市、省会城市务工的农民工月工资为 2830 元，同比增长 12.1%；在地级市务工的农民工月工资为 2798 元，同比增长 15.3%；在县级市务工的农民工月工资为 2422 元，同比增长 15.4%；在建制镇务工的农民工月工资为 2469 元，同比增长 13.8%(图 4-18)。从数据上可以看出，虽然大城市的工资水平仍要高于中小城市的水平，但中小城市的工资增速高于大城市，在不同地区从业的收入水平逐渐趋同，差距也在逐渐缩小。

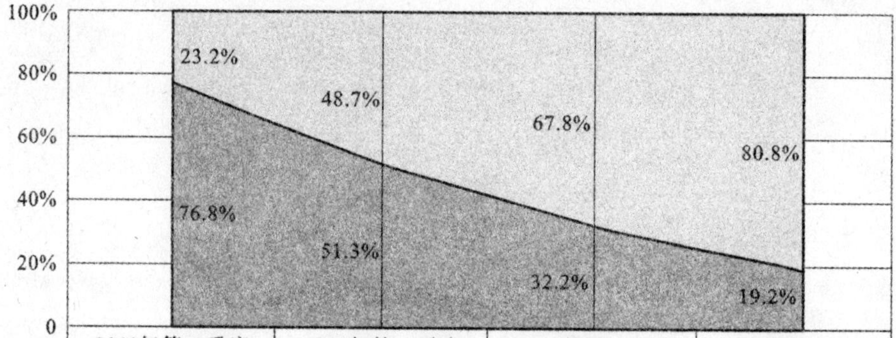

	2010年第一季度	2011年第一季度	2012年第一季度	2013年第一季度
2000元及2000元以上	23.2%	48.7%	67.8%	80.8%
2000元及2000元以下	76.8%	51.3%	32.2%	19.2%

图 4-17　山东省外出农民工工资水平变化

资料来源：根据山东省统计局农民工调查监测资料相关数据整理(2013 年第一季度统计数据)。

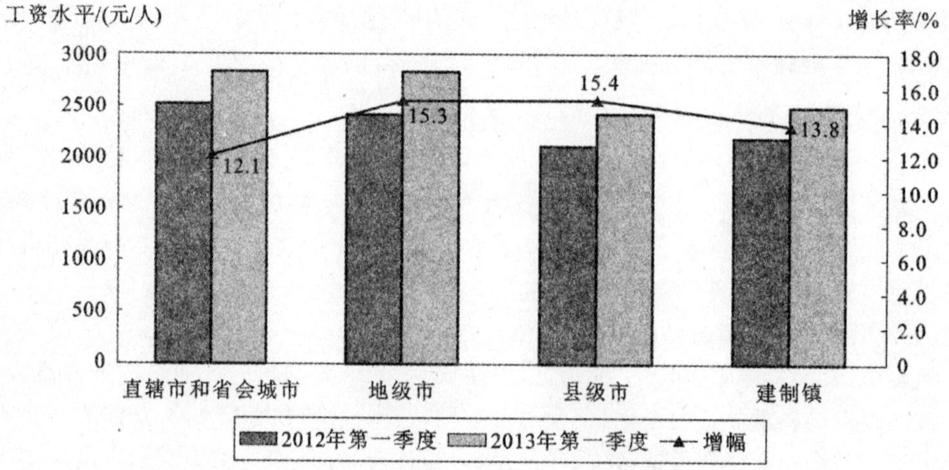

图 4-18　山东省不同外出地区农民工工资水平及增长情况

资料来源：根据山东省统计局农民工调查监测资料相关数据整理(2013 年第一季度统计数据)。

③ 行业间的农民工工资水平差距明显缩小。

据调查监测显示，农民工行业间的工资收入差距在缩小。从工资总额上看，在农民工外出主要行业中，工资水平较高的建筑业及交通运输、仓储和邮政业人均月工资收入为2811 元，工资水平较低的批发零售业和住宿餐饮业人均月工资收入为 2514 元，相差297 元。而这一数据，在 2012 年第一季度却是相差 741 元。从工资增幅来看，建筑业，交通运输、仓储和邮政业工资增幅仅为 5.8%，而批发零售业和住宿餐饮业工资增幅却高达 25%。工资水平高的增速放缓，工资水平低的增速加快，这是行业间收入差距缩小的主要原因。

④ 生产一线工作的农民工工资增长较快。

从职业分类来看，工资水平较高的仍是从事管理和专业技术工作的农民工，人均月工资达 2804 元，同比增长 10.5%。从事生产和设备操作以及餐饮服务等一线工作的人均月工资为2580元,增长19.1%。在其他岗位工作的,如行政事业单位的临时工、保安等工作人员工资水平和增速较低,平均工资为2457元,增长8.6%。

⑤ 新生代农民工工资待遇提高较为突出。

由于新生代农民工文化水平较高,其自身特点和职业诉求不同于上一代农民工,他们更善于流动和寻找更适合自己的工作。这在一定程度上也加剧了当前的结构性用工矛盾,同时也促进了企业对新生代农民工工资待遇上的改善。从2013年第一季度数据来看,新生代农民工外出月工资收入为2534元,虽低于上一代农民工工资,但从增速来看,新生代农民工的月工资收入增速为14.2%,高于上一代农民工3.3%,其工资待遇提高较为明显。

(4)转移人群中的知识型、技能型人才比例在提高

农村剩余劳动力转移的群体呈现文化程度提高、年轻外出人员比重下降的结构特点。2013年,农村外出务工劳动力初中及初中以下文化水平的比重为71.1%,高中及高中以上文化程度的比重达28.9%,同比提高1.6%(图4-19)。年龄结构仍以青壮年为主,40岁及40岁以下所占比重为68.4%,但比重呈下降趋势,同比下降了5.1%。其中,23岁以下所占比重由2009年的32.1%下降到2013年的12.9%。下降的主要原因是近几年农村社会保障水平和农民收入水平明显提高,农村年轻人不再过早为生计奔波,与以往大多数人初中毕业就外出打工赚钱不同,越来越多的年轻人更倾向于外出求学,选择继续读完高中甚至大学之后再外出从业。

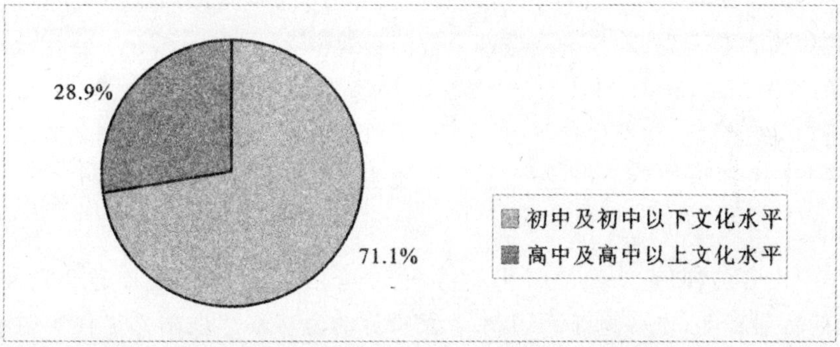

图4-19 山东省农村外出务工劳动力文化程度

资料来源:根据山东省统计局农民工调查监测资料相关数据整理(2013年第二季度统计数据)。

(5)劳动合同趋向就业保障转移

山东省农村外出务工劳动力的社会保障水平继续提高,合同签订情况继续改善。2013年外出农村劳动力参加医疗保险比例达到99.7%,同比提高了0.8%。其中,新型农村合作(简称新农合)医疗保险的比例为92.4%。外出农村劳动力参加养老保险的比例达到95.9%,提高了27.9%(图4-20)。其中,新农合医疗保险的比例为85.8%。同时,随着合同意识及维权意识的增强,劳动合同签订率逐年提高。外出农村劳动力签订劳动合同的比例达到42.0%,同比提高了3.7%。从行业看,制造业、交通运输、仓储和邮政业的合同签订率要高于其他各行业,但建筑业的劳动合同签订率最低,合同签订比例仅为19.6%。胶东半岛地区合同签订比例明显高于其他地区,近六成的外出务工人员与用人单位签订了合同。

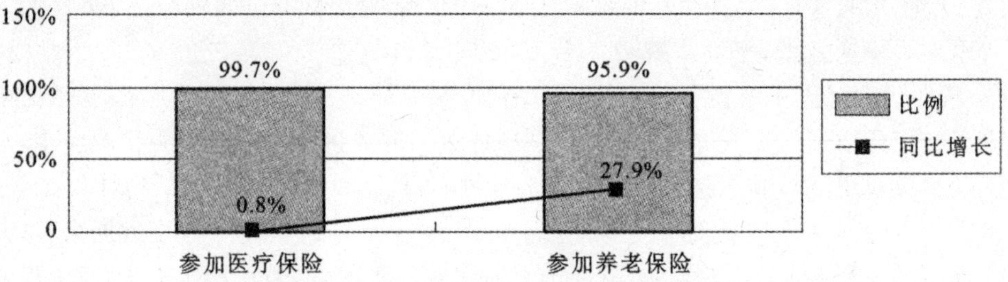

图 4-20　山东省农村外出务工劳动力社会保障比例

资料来源：根据山东省统计局农民工调查监测资料相关数据整理(2013 年第二季度统计数据)。

由此看来，山东省同全国其他各省一样，在过去 60 多年中，在中国从计划经济向市场经济转型过程中，山东省农村劳动力转移也经历了两个明显的阶段。目前，山东省农村劳动力的转移和流动已经全方位、大规模地展开，农村劳动力转移进入了新的历史阶段。

近年来，山东省农村劳动力转移趋缓，其原因除了劳动力市场不规范，转移存在盲目性和风险性、相关制度不健全等外在政策壁垒因素外，还存在着教育壁垒因素，即与劳动力的教育文化水平不高有很大关系。

4.2.3　山东农村剩余劳动力转移培训的供求分析

(1)教育培训需求状况

山东省作为农业大省，农村剩余劳动力资源相对偏多。据统计，全省农村劳动力存在近 2000 万人的待转人口，其中，外出打工(离开本乡镇范围)的约有 1000 万人，其余基本滞留在农村本土，事实上属于隐性失业状态。从这个角度分析，山东省农村剩余劳动力转移培训及就业的任务仍然非常艰巨，这在一定意义上说明转移教育培训的需求巨大。

(2)教育培训供给状况

根据国家出台的“阳光工程”四个管理办法，结合山东省实际，逐步健全完善了省“阳光工程”培训的各项制度，先后制订了《山东省农村劳动力转移培训阳光工程实施细则》《山东省农村劳动力转移培训财政补助资金管理办法》和《山东省农村劳动力转移培训阳光工程考核办法》，对阳光工程项目管理、基地认定、资金管理、检查验收等环节提出明确要求，确保国家的政策规定落实到位。各级阳光办把工作重点放在制定实施细则、加强监管和优化环境服务上，结合当地实际，不断加强质量监管和考核。目前，山东各地纷纷加大经费投入，建立教育培训机构，培养师资队伍并挖掘特色教育培训内容，以满足广大农民参加转移教育培训的需要。

① 实施农民培训工程。

2011 年，山东省农民培训工作进一步加大工作力度，采取切实措施，继续组织实施“农村劳动力转移培训阳光工程”“新型农民科技培训”和“新型农民创业培训”三大农民培训工程。中央财政投入 4250 万元，省财政投入 7400 万元，全省共培训农民辅导员、示范农户等生产骨干 25.2 万人，农业职业技能人员 14.1 万人，农村创业人才 1.34 万人。

农村劳动力培训阳光工程。紧密围绕农业和农村服务业、农产品加工、农村特色非农产业开展培训工作，引导农村劳动力就地就近转移就业。培训村级动物防疫员、沼气工、机防手、渔业船员、乡村旅游从业人员、农村经纪人等农村岗位人员。同时，配合全省粮棉油高产创建项目实施需要，以高产创建万亩示范片为单位，对示范片内的从业农民开展技术培训。培训内容紧紧围绕项目和产业发展，以主推品种、种植养殖技术、测土配方施肥、农产品质量安全等知识为主，开展面对面、手把手的现场示范指导，注重同现代传媒手段相结合。2012年培训农业技能人员8.2万人和专业农民11.2万人。

新型农民科技培训。紧紧围绕发展高端、高质、高效农业，以粮油、蔬菜、果品、棉花、畜牧、水产品及其他特色产业的关键生产技术为重点开展培训。山东省50个项目县根据各自主导产业，针对不同的培训对象，分层次开展培训，共培训130多万人次。

新型农民创业培训。围绕培养造就一支综合素质高、创业能力强、发展潜力大，在农业产业结构调整和农民增收致富中发挥带头作用的农村创业人才队伍，依托山东农业大学等农业大专院校，培训农村初始创业者、农民专业合作社负责人和农村带头人。2012年培训各类农村创业人才17100人，其中农村初始创业者5900人、农民专业合作社负责人6000人、农村创业带头人6000人、乡村之星200人。

新型职业农民培育试点。2012年，农业部在全国选择100个县(市、区)开展新型职业农民培育试点工作，其中山东省桓台县、招远市和郯城县3个县(市)列入试点范围。目前，3县(市)加快试点步伐，在教育培训、认定管理和政策扶持方面展开积极探索。

② 农民培训工程的做法与成效。

山东省各级农业部门始终坚持把农民培训作为农业和农村经济工作的一项重要内容，采取切实措施，抓好、抓实，不断增强培训的针对性和实效性。

提高重视程度，加强组织领导。山东省各级农业部门高度重视农民培训工作，按照国家和省委、政府有关要求，将农民培训工作列为重要议事日程，制订详细规划，健全工作机构，加强队伍建设，落实工作责任，加强工作监管，不断提高农业教育培训工作管理水平。各地均成立了阳光工程办公室和新型农民科技培训工程项目管理机构。承担新型农民创业培训任务的省级培训院校也成立了培训领导小组和办事机构。

明确工作思路，分类开展培训。2012年，山东省各级农业部门紧紧围绕加快转变农业发展方式、调整优化农村经济结构、促进农民持续增收，按照“符合产业发展需要、满足农民实际需求、区分不同培训对象、不断提高培训质量”的工作思路，继续组织实施“农村劳动力转移培训阳光工程”“新型农民科技培训”和“新型农民创业培训”三大农民培训工程。新型农民科技培训工程选择粮食、棉油、果菜、特色产业、畜禽和水产养殖等优势生产区域内重点县(市、区)，遴选部分农民辅导员和示范农户，重点开展关键生产技术培训。农村劳动力培训阳光工程围绕农业农村经济发展人才需求和国家在农业领域和农村地区实施的重大工程项目，大力开展农村岗位人员的职业技能培训，促进农业劳动力向农业产业延长链转移。新型农民创业培训工程依托省内农业院校对农村初始创业者、农民专业合作社经营管理人员和农村带头人进行集中培训，增强学员的创业意识和创业能力，鼓励和引导农民在农村创业。

突出机制创新，丰富培训模式。在农民培训工作中，坚持机制创新，积极探索有效培训机制，形成了一些行之有效的培训模式。一是培训与农时季节相结合。在关键农时季节，及时开展大规模的技术培训，组织农业专家组现场指导，并通过广播、电视扩大技术指导的覆盖面。二是培训与农技推广相结合。在全省开展“万名科技人员下乡活动”，组织全省各级农业行政、科研、教育、推广部门的专家和技术人员，扎实开展形式多样的科技下乡活动，为抗灾促丰收作出了突出贡献。三是培训与基地建设相结合。基地示范直观性强，是提高农民受训积极性和自觉性的有效途径。山东省各级农业部门在开展农民培训工作中非常重视基地建设，结合当地主导产业，建设和认定了一大批培训基地。山东农业大学等院校将本学校实习农场、农业龙头企业、农民专业合作社及农业科技示范园作为实践实习基地，大大提高了培训的成效。济南市加强农民培训基地建设，依托农民专业合作社、农业龙头企业建设农业科技示范培训中心，为农民搭建获取新品种、学习新技术、获得新信息的平台，探索农民培训的新形式，大力提升农业科技示范推广能力。

整合培训资源，形成培训合力。随着培训范围的不断拓展和工作的逐渐深入，立足农业和农村工作全局，主动打破部门和所有制形式界限，采取委托培训、招标认定等方式，将社会上的各类优质教育培训资源吸纳进来，形成了多方参与的良好局面。2012 年，山东省参与农民教育培训的有农业大专院校、各级农业科研单位与推广机构、各类公办职业培训学校、农民教育培训中心，以及众多的民办培训机构，共计 270 余家。这些培训机构提供了多层次、多种类的培训产品，极大地满足了农民群众多样性的培训需求。

优化培训形式，增强培训针对性。在培训中充分考虑农民这一群体的特点和习惯，有针对性地采取他们易于接受的方式，始终注意采用新的手段和传播方式，不断丰富和优化培训形式。广泛采取了集中授课、现场指导，发放“明白纸”、技术手册、技术光碟，建立农民科技书屋，在报刊、电视等媒体开设农业栏目，利用卫星远程教育、互联网等多种培训方式。在山东人民广播电台开播了《致富指南》栏目，在山东卫视农科频道开播了《进城务工阳光路》栏目，在山东省党员干部现代远程教育频道开播了《农事》栏目，定期播放农业知识和农业关键使用技术。同时，制作关键生产技术系列录像带、光盘，免费发放到全省各农业县(市、区)，在当地电台和电视台结合农时季节开播专题技术讲座，有效扩大了农民科技培训的覆盖面。

山东省农民培训工作取得了显著成效。一是提高了农民综合素质。通过培训，农民群众获得了科技文化知识，职业劳动能力和就业能力明显增强，综合素质明显提高。二是促进了农民收入的增加。无论在家从事农业生产，还是外出打工，经过培训的农民比未经培训农民的收入都有所增加，据统计增加了 10%～40%。经过创业培训后创业成功的农民，还带动了其他农民收入的增加。三是推动了主导产业的发展。各地把普及农业新技术、新成果和现代农业科技知识作为培训重点内容，推广良种良法，有力地促进了山东省粮食生产，为山东省粮食连年增产作出了贡献，同时还造就了一批特色产业村、专业村，促进了特色产业的发展。四是推动了新农村建设。据调查，阳光工程培训学员中有 60%左右实现了就近就地转移，进入农村经济和社会事业的众多领域，成为新农村建设的中坚力量。返乡创业的农民工通过带回资金、技术和观念，为改变农村生产生活面貌作出了积极的贡献。

(3)山东省农村劳动力转移教育培训存在的主要问题

对于农村剩余劳动力的转移培训，山东省专门制定了阳光工程管理办法，确立了“政府推动、学校主办、部门监管、农民受益”的总原则,实施了转移培训管理与教育培训相分离的做法,取得了一定成效,并且在部分地区积累了很好的培训经验。但客观来看,在整个转移培训过程中还存在着诸多问题,具体如下。

农村劳动力转移培训组织招生存在一定的难度。由于农民工长期形成的文化底蕴,对接受教育培训尚有心理障碍,在一定程度上出现了生源组织困难、人员流动频繁、择业随意性大等原因导致“订单”培训履约难。

阳光工程对优势培训资源整合缺乏吸引力。阳光工程学员培训补助标准明显偏低,致使一些教学设施比较完备的优势培训资源不愿承担阳光工程任务,承担阳光工程培训任务的基地积极性也不高。

农民对技能培训的认识不够。农民自我“充电”意识薄弱,同时由于自己的经济实力有限,阳光工程补助又偏低,且对培训的预期存在不确定性,因而再交费接受培训有难度。

阳光工程考核评价体系需要进一步完善。目前,受国际金融危机影响,一些地区和企业用工需求下降,出现大量农民工提前返乡现象,就业压力比较大,80%的就业任务指标较难完成。

4.3 浙江农村剩余劳动力转移培训的实证分析

4.3.1 浙江农村剩余劳动力转移的现状

(1)本地农村劳动力转移情况

① 总量情况。

浙江省第二次农业普查数据表明,2006 年浙江农村劳动力资源总量为 2251.76 万人,农村劳动力转移 390.18 万人。另外,据对全省 47 个县(市、区)4700 万个农村住户和 470 个行政村的抽样调查,2006 年农村外出就业劳动力为 295.90 万人,比 2005 年增加10.93 万人,增长 3.8%。其中,农村常住户中外出就业的劳动力为 257.92 万人,增加 4.13 万人,增长 1.6%;举家外出就业的劳动力 37.98 万人,增加 6.8 万人,增长 21.8%。农村劳动力转移占全省农村劳动力的比重为 12.8%。

② 性别结构。

转移劳动力以青年男性为主。根据农村住户调查资料,2006 年浙江农村转移劳动力平均年龄为 31.9 岁,其中 16~20 岁的占 9.1%,21~25 岁的占 25.0%,26~30 岁的占 20.0%,31~40 岁的占 24.5%,40 岁以上的占 21.4%。从性别看,在全部外出农村劳动力中,男性占 63.7%,女性占 36.3%,这主要是由于女性劳动力一旦结婚往往选择回家乡务农、生子和持家而造成的。

③ 年龄结构。

随着农村年轻劳动力供给的减少,转移劳动力年龄结构有增大的趋势。与 2003 年相比,2006 年 30 岁以上的农民工比重增加了 5.2%。从劳动力转移顺序上来看,一般先从相对年轻的劳动力开始。

④ 文化结构。

转移劳动力以初中文化程度为主。2006年农村转移劳动力中，文盲占1.2%，小学文化程度的占13.1%，初中文化程度的占58.9%，高中文化程度的占19.9%，中专及中专以上文化程度的占6.9%。转移劳动力中，初中文化程度占到了近60%，初中及初中以上文化程度占85.7%，比全省农村劳动力平均水平高23.7%。总的来说，劳动力转移的总体文化程度要高于农村劳动力平均水平。

⑤ 技能结构。

转移劳动力多数没有接受过任何形式的技能培训。2006年浙江省农村劳动力转移中掌握了一定的专业技能、接受过技能培训的占43.9%。但近几年这一比例逐年提高，说明浙江省开展的农村劳动力转移培训工程取得了明显成效。从参加培训的方式来看，通过政府组织参加培训的占15.7%，参加企业组织的培训的占25.0%，自己去参加培训的占59.3%。

⑥ 行业结构。

劳动力转移就业行业倾向性明显，在2006年外出农村劳动力中，从事制造业的所占比重最大，为24.4%，社会服务业占14.1%，批发零售业占13.4%，建筑业占12.2%。从农村劳动力外出就业的行业来看，主要是集中在一些以体力劳动为主的行业，如制造业、建筑业。同时，由于浙江人商品意识强、头脑灵活，从事商业人数比例逐渐增多。

⑦ 来源分布。

根据第二次农业普查资料，全省各地农村劳动力外出情况差异较大。从绝对量上看，浙西南外出的农村劳动力规模大于浙东北，地处浙西南的温州市、台州市、金华市是全省农村劳动力转移最多的地区，分别占全省劳动力转移的15.9%、13.7%、12.4%；而地处浙东北的舟山市、湖州市、嘉兴市是全省农村劳动力转移相对较少的地区，占全省劳动力转移比重分别为1.6%、4.3%、5.1%。从农村转移劳动力占当地农村就业劳动力的比重看，浙东北的绍兴市和浙西南的所有设区市均在全省平均水平以上，其中衢州市农村劳动力转移比重最高，达35.9%(表4-15)。

表4-15 **第二次农业普查浙江省各地农村劳动力转移分布情况**

地区	农村就业劳动力数量/万人	农村转移劳动力		
		数量/万人	占全省转移劳动力比重/%	占全省农村就业劳动力比重/%
全省	1985.57	413.42	100.0	20.8
浙东北	1018.72	168.82	40.8	16.6
杭州市	247.29	45.98	11.1	18.6
宁波市	226.46	27.22	6.6	12.0
嘉兴市	174.66	21.16	5.1	12.1
湖州市	134.76	17.97	4.3	13.3
绍兴市	202.79	49.91	12.1	24.6

续表

地区	农村就业劳动力数量/万人	农村转移劳动力		
		数量/万人	占全省转移劳动力比重/%	占全省农村就业劳动力比重/%
舟山市	32.76	6.58	1.6	20.1
浙西南	966.85	244.60	59.2	25.3
温州市	267.94	65.93	15.9	24.6
金华市	207.51	51.26	12.4	24.7
衢州市	125.67	45.08	10.9	35.9
台州市	260.32	56.58	13.7	21.7
丽水市	105.41	25.75	6.2	24.4

数据来源：浙江省第二次农业普查数据。

⑧ 流向分布。

浙江近80%的农村劳动力在省内转移。由于浙江民营经济发达，农村劳动力的流动以在本省内为主，特别是本县（市）内邻近的县（市）。据抽样调查资料，2006年浙江农村劳动力转移中在本省内就业人数占到了76.9%，近几年来一直保持在这个水平之上；农村劳动力跨省转移相对集中。浙江农村跨省流动的劳动力占转移劳动力的比重不足20%，并且主要集中在几个经济发达的省市。从抽样调查数据看，浙江农村劳动力转移比重，上海占32.5%，广东占13.8%，江苏占11.8%，北京占8.5%，四个省（市）合计占到了跨省转移劳动力的一多半。

(2)接收外地农村劳动力转移情况

① 总量情况。

根据第六次人口普查数据，浙江省2010年的外省转移劳动力数量达1182.4万人，在浙江全部常住人口中的比重为21.7%。与2000年的外省劳动力数量相比，增加了813.5万人，增幅达到220.55%。这10年内浙江省户籍人口增加了246.7万人，仅占到外省转移劳动力总量的20.9%，浙江已经成为劳动力转移的重要接收省份。

② 年龄结构。

浙江省2010年外省转移劳动力中15～59岁的人口为1057.2万人，占全部转移人口的89.4%。青壮年农村剩余劳动力是转移的主力，特别是20～44岁的青壮年人口达843.7万人，比重占71.4%。2010年外省转移劳动力的年龄结构与2000年相比，出现了两个巨大的变化：一是中高龄劳动力逐步增多，转移劳动力趋向老龄化，从外省转移劳动力年龄中位数是28.9岁，比2000年提高了3.3岁，35～59岁的转移劳动力2010年达421.8万，占总数的35.7%，比2000年提高了20.7%；二是少年儿童人口迅速增长，2000年0～14岁外省人口为19.6万人，2010年达112.8万人，增长了5.8倍，占全部外省人口的比重从2000年的5.3%增长到2010年的9.5%。

③ 性别结构。

2010 年外省转移劳动力中，男性人口为 656.4 万人，占总人口的 55.5%，女性人口为 525.9 万人，占总人口的 44.5%，男女性别比从 2000 年的 125.9∶100 下降到 2010 年的 124.8∶100。从各年龄段的性别比例看，与 2010 年相比，性别比差异逐步趋于平衡，虽然两次普查的性别差异最大的仍属于同一群体，他们从 2000 年 40～44 岁成长到 2010 年 50～54 岁，10 年间，其峰值由 237.2∶100 下降到 179.8∶100。总的来说，劳动力转移人口以男性居多，性别差异日趋平衡。

④ 文化结构。

外省转移劳动力中，6 年以上的平均受教育年限从 2000 年的 8.1 年增长到 2010 年的 8.6 年，受教育年限稳步提升。文化结构中，初中占 57.1%，小学占 26.4%，未上过小学的占 21.0%，合计 85.6%，说明初中及初中以下文化程度的劳动力仍占绝大多数。从时间段来看，比 2000 年下降了 6.1%，特别是小学文化程度的劳动力比重下降了 6.6%。劳动力中高中及高中以上学历的人口逐步增多。2010 年，具有高中和大专学历的劳动力达到117.7 万人和 45.3 万人，占全部外省劳动力的 10.4%和 4%，比 2000 年分别提高了 2.7%和 3.3%。

⑤ 转移原因。

外省转移劳动力以工作调动或者经商务工为主要目的。这一转移原因的人数 2010 年占 84.7%，比 2000 年的 85.4%下降了 0.7%。与此同时，以投亲靠友和随迁家属原因转移的劳动力人数在增多。这一原因转移的比重从 2000 年的 8.8%提高到 2010 年的 12.4%。随迁家属中，主要由中年女性和青少年儿童组成。2010 年浙江第六次人口普查的抽样数据表明，浙江来自外省的在校小学生和初中生比重为 17.2%和 9.3%，其中宁波、嘉兴的情况特别突出，分别占到 28.1%和 26.5%，平均每 4 个学生中就有 1 个来自外省[3]。

⑥ 行业结构。

外省转移劳动力结构仍然保持“231”结构，即第二产业是吸纳外省劳动力的主渠道，就业人口达到 75.7%；第三产业次之，达到 23.1%；第一产业就业比重仅为 1.2%。从时间上的变化趋势来看，与 2000 年相比，第三产业就业人口比重增加了 5.7%；第二产业就业人口比重减少了 4.3%；第三产业就业人口比重减少了 1.4%。外省转移劳动力就业从第二产业逐步转向第三产业，劳动力就业结构分布见表 4-16。

表 4-16 省外转移劳动力就业结构分布

产业 \ 比例/% \ 年份	2010 年	2000 年
第一产业	1.2	2.6
第二产业	75.7	81.0
制造业	67.3	70.4
建筑业	8.1	9.5
第三产业	23.1	16.4

数据来源：浙江省第六次人口普查数据。

⑦ 来源分布。

凭借优越的地理位置、人口条件和体制因素，浙江省在工业化、城市化和市场化方面走在了全国的前列，吸纳了全国各地大批的农村转移劳动力。2010 年邻居省份安徽和江西向浙江转移的劳动力达 228.5 万人和 153 万人，占全部外省转移劳动力的 19.3% 和 12.9%，成为向浙江转移劳动力最大的两个省。2000—2010 年，来自华北、华中、华南、西北、东北、西南地区的转移劳动力也在增加，特别是贵州、四川、河南、湖北、湖南、重庆、云南等省（市）的增速最为明显，占全部外省转移劳动力的 56%，比 2010 年增长了 11%，见表 4-17。

表 4-17 **省外转移劳动力的来源地分布**

省份	2010 年			2000 年		
	人口/万人	比重/%	位次	人口/万人	比重/%	位次
安徽	228.5	19.3	1	78.2	21.2	2
江西	153.0	12.9	2	84.1	22.8	1
贵州	149.9	12.7	3	30.1	8.2	4
四川	124.1	10.5	4	56.9	15.4	3
河南	122.4	10.4	5	19.9	5.4	6
湖北	89.9	7.6	6	24.5	6.7	5
湖南	75.0	6.3	7	19.8	5.4	7
重庆	59.3	5.0	8	9.7	2.6	9
云南	41.1	3.5	9	4.9	1.3	11
江苏	34.2	2.9	10	13.8	3.7	8
山东	18.5	1.6	11	3.9	1.1	12
陕西	16.8	1.4	12	3.0	0.8	14
福建	16.4	1.4	13	6.9	1.9	10
广西	13.9	1.2	14	3.1	0.8	13
甘肃	6.2	0.5	15	1.0	0.3	19
黑龙江	5.5	0.5	16	1.3	0.4	16
广东	4.7	0.4	17	1.2	0.3	17
河北	4.2	0.4	18	1.0	0.3	18
上海	3.9	0.3	19	2.1	0.6	15
吉林	3.2	0.3	20	0.7	0.2	20
辽宁	2.8	0.2	21	0.6	0.2	21
山西	2.5	0.2	22	0.5	0.1	22
新疆	1.5	0.1	23	0.5	0.1	23
内蒙古	1.4	0.1	24	0.4	0.1	24

续表

省份	2010年			2000年		
	人口/万人	比重/%	位次	人口/万人	比重/%	位次
青海	0.8	0.1	25	0.2	0.1	26
北京	0.8	0.1	26	0.2	0	27
宁夏	0.6	0	27	0.2	0.1	25
海南	0.6	0	28	0.1	0	28
天津	0.6	0	29	0.1	0	29
西藏	0.1	0	30	0	0	30

数据来源:浙江省第六次人口普查数据。

⑧ 流向分布。

温州、宁波、杭州凭借发达的区域经济、强大的劳动力吸收能力以及畅通的就业信息渠道,成为外省劳动力转入浙江省的最重要三个城市。这三个城市的转移劳动力占转移到浙江全部劳动力的54.6%。初来浙江的外省劳动力更倾向于选择经济发达的大中城市。与2000年相比,嘉兴、绍兴的劳动力增速特别快,占全省外来劳动力的比重增加了2.5%和1.5%;而温州、台州的省外转移劳动力有所下降,占全省外来劳动力的比重下降了4.6%和1.8%,见表4-18。

表4-18 **外省转移劳动力的流向地分布**

地区	2010年		2000年	
	人口/万人	比重/%	人口/万人	比重/%
全省	1182.4	100.0	368.9	100.0
杭州市	174.3	14.7	50.3	13.6
宁波市	198.3	16.8	61.2	16.6
温州市	272.5	23.0	102.1	27.7
嘉兴市	112.3	9.5	25.7	7.0
湖州市	45.4	3.8	14.5	3.9
绍兴市	90.7	7.7	22.7	6.1
金华市	122.4	10.4	38.6	10.5
衢州市	8.0	0.7	1.9	0.5
舟山市	21.4	1.8	4.6	1.2
台州市	122.1	10.3	44.6	12.1
丽水市	15.0	1.3	2.5	0.7

数据来源:浙江省第六次人口普查数据。

4.3.2　浙江农村剩余劳动力转移的趋势

(1)转移总量:持续稳定发展

从近10年的数据来看,浙江农业人口在逐步减少,由2003年的3394万人减少到2012年的3277万人;非农业人口在持续增加,由2003年的1157万人增加到2012年的1532万人。在未来一段时间内,非农业人口会进一步增加,农村剩余劳动力的转移依然会持续稳定地增加,如图4-21所示。

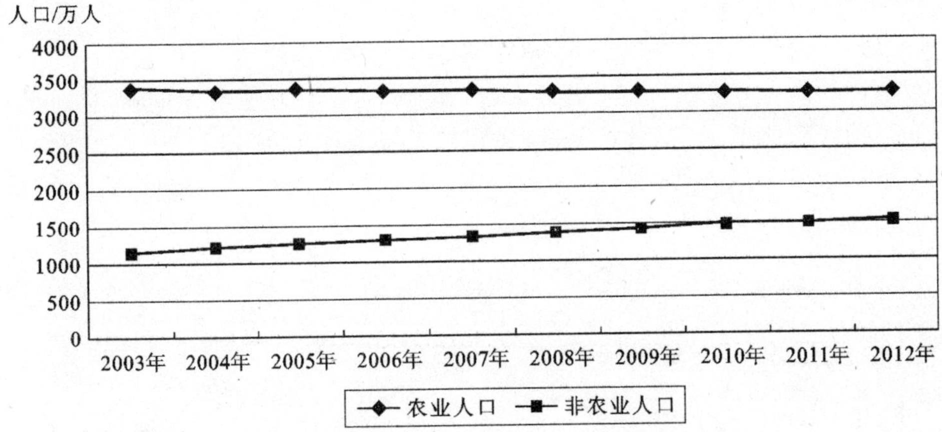

图4-21　浙江农业和非农业人口变化趋势

数据来源:《浙江统计年鉴(2004—2013)》。

从近3年浙江省各地区城市人口比重来看(图4-22),2010—2012年城市人口比重稳步增长。城镇人口比重最高的是杭州,从2010年的73.3%增长到2012年的74.3%;其次是宁波市,从2010年的68.3%增长到2012年的69.4%;排在最后的是衢州,从2010年的44.1%增长到2012年的46.6%。全省城市人口比重从2010年的61.6%增长到2012年的63.3%,总体上农村劳动力转移达到了较高水平。

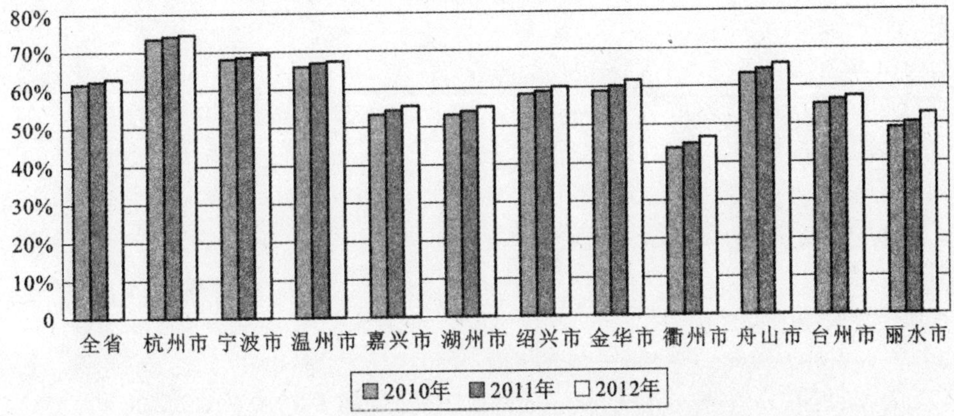

图4-22　2010—2012年浙江各地区城市人口比重

数据来源:《浙江统计年鉴(2011—2013)》。

(2)转移结构:新生代是主体

《中国流动人口发展报告 2013》指出,从劳动力转移结构上来看,新生代已经成为农村劳动力转移的主体,新生代劳动力在 20 岁之前就已经外出打工的比例达到 75%。根据 2010 年第六次人口普查,浙江省常住人口中外省流入人口比例达到 1182.40 万人,占到全部户籍人口(5442.69 万)的 21.72%,平均 5 人中就有 1 人是转移人口。根据全国流动人口动态检测数据,2012 年劳动力转移人口平均年龄为 28 岁,1980 年以后出生的占 1/2 以上。与上一代劳动力相比,新生代劳动力总体实现转移的年龄更小,转移距离更长,转移原因更加复杂,转移地点更加倾向于大城市。

(3)转移产业:第二产业转移最多,第三产业转移最具潜力

从 2003—2012 年产业人口比重发展来看,农业产业人口比重持续下降,从 2003 年的 28.3%下降到 2012 年的 14.4%;非农产业人口比重持续上升,从 2003 年的 71.7%上升到 2012 年的 85.9%。第二产业从业人口比重最大,从 2003 年的 41.2%增长到 50.9%;其次是第三产业从业人口,比重从 2003 年的 30.5%增长到 34.9%,如图 4-23 所示。

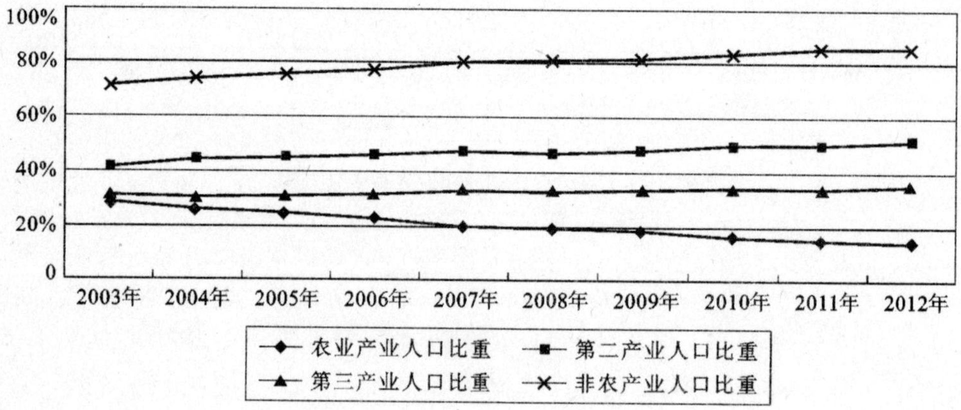

图 4-23 浙江省劳动力转移产业情况

数据来源:《浙江统计年鉴(2004—2013)》。

从 2012 年浙江省各城市从业人口数量来看(图 4-24),第一产业人口数量从大到小依次是:杭州市 70.39 万人,台州市 75.47 万人,金华市 68.40 万人,温州市 67.09 万人,丽水市 55.29 万人,衢州市 53.12 万人,绍兴市 51.38 万人,嘉兴市 32.45 万人,宁波市 29.74 万人,湖州市 25.83 万人,舟山市 10.48 万人。第二产业人口数量从大到小依次是:杭州市 290.01 万人,宁波市 275.27 万人,温州市 245.43 万人,嘉兴市 197.82 万人,绍兴市 180.08 万人,台州市 170.55 万人,金华市 161.87 万人,湖州市 92.01 万人,衢州市40.17 万人,丽水市 34.89 万人,舟山市 25.27 万人。第三产业人口数量从大到小依次是:杭州市 284.03 万人,温州市 265.36 万人,宁波市 196.57 万人,台州市 143.24 万人,金华市 113.18 万人,绍兴市 112.44 万人,嘉兴市 96.85 万人,湖州市 62.48 万人,丽水市 49.02 万人,衢州市40.06万人,舟山市 37.15 万人。

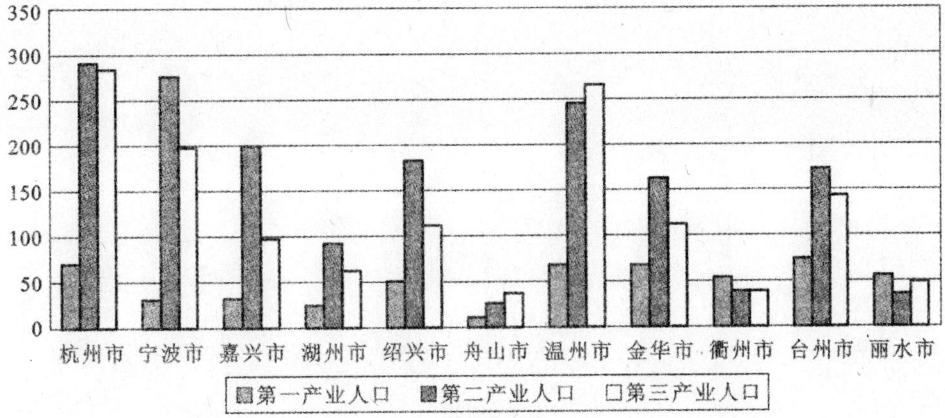

图 4-24 2012 年浙江各城市三次产业人口(单位:万人)

数据来源:《浙江统计年鉴(2013)》。

(4)转移质量:劳动力素质要求提高

决定经济持续发展及发展模式的关键因素是劳动力的文化素质。近年来,随着经济社会的快速发展,国家对文教事业的大力投入,以及转移培训环境的积极营造,转移劳动力的素质稳步提升。浙江省每十万人中大专以上文化程度的人数 2010 年为 9330 人,比 2000 年增长了近 2 倍,增速居全国前列。2010 年浙江省文盲人数为 306 万人,文盲率达 5.62%,比 2000 年减少了 1.44%,教育普及情况越来越好[4]。集约型经济发展模式要求企业逐步摆脱对低层次劳动力需求的依赖,产业结构的进一步提升对所需求的劳动力技能和学历的要求有所提高,使得流入浙江的外来劳动力文化素质逐步提高[5]。随着劳动力成本的进一步提高,浙江企业需寻找更多机器替代劳动力的方法。这些设备的使用、维护与管理需要劳动力具有一定的知识与技术。另外,受国内外经济环境的影响,浙江企业转型升级的压力日趋增大,低技术含量的劳动力就业受到巨大影响。

(5)转移模式:家庭化转移成主流

转移劳动力由生存型向发展型转变,他们进入城市不仅仅是为了挣钱,还对未来的发展有更高的要求。他们希望能与家庭核心成员共同生活,并融入城市。劳动力转移方式由个体化转移向家庭化转移发展。劳动力转移形态由“候鸟型”向“稳定型”转变。大部分家庭很难一次性完成家庭核心成员的整体转移。近七成家庭是分阶段转移的,先是夫妻转移,稳定一段时间后,再把部分或全部子女转来一同生活[6]。家庭化的转移趋势有助于劳动力在浙江产生归属感,有利于增强转移劳动力的幸福感。

4.3.3 浙江农村剩余劳动力转移培训的供求分析

(1)浙江农村剩余劳动力转移培训需求情况

① 农村劳动力岗位需求低于 2012 年同期。

2013 年上半年,浙江省劳动力市场岗位需求呈先抑后扬态势,春节前后波动最大。从月份看(图 4-25),1 月份岗位需求最少,为 20.15 万个,3 月份攀升到半年峰值 98.95 万个,4 月份后逐步下降至每月 50 万个左右。

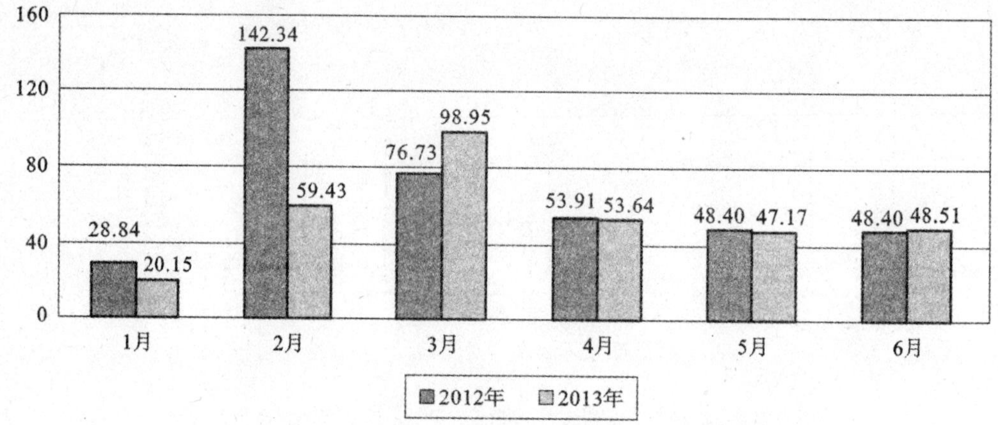

图 4-25　2013 年上半年劳动力市场岗位需求月份情况(单位:万个)

数据来源:2013 年浙江省人力资源和社会保障厅劳动力供求数据。

从季度看(图 4-26),2013 年第一季度用人单位提供岗位 178.54 万个,同比下降 27.98%;第二季度提供岗位 149.32 万个,同比下降 0.93%。总体而言,2013 年上半年市场岗位需求低于 2012 年同期,经济增速放缓对岗位需求的影响有所显现。

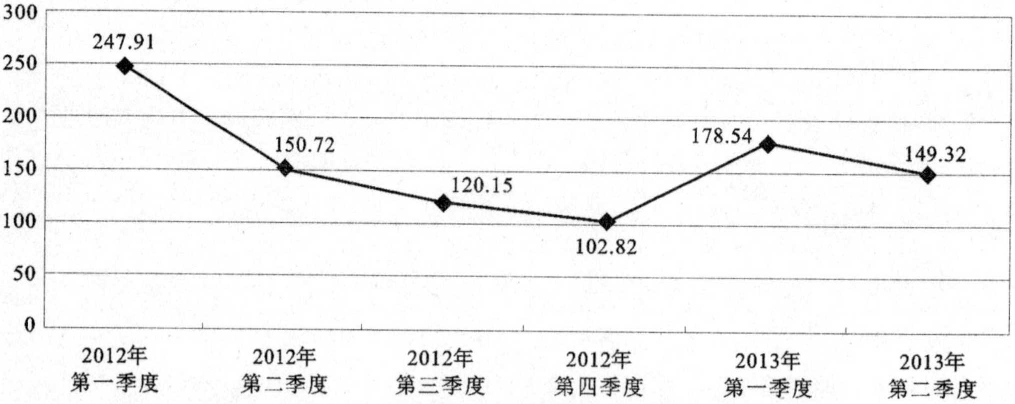

图 4-26　2012 年以来劳动力市场岗位需求季度情况(单位:万个)

数据来源:2013 年浙江省人力资源和社会保障厅劳动力供求数据。

② 制造业用人需求占行业需求的一半以上。

从行业分布看,全省用人需求排名前三的行业分别是制造业、批发零售业和住宿餐饮业。其中,制造业用人需求占总用人需求的 50%以上。从地区分布看,除温州市用人需求居首位的行业为批发零售业外,其他各市均为制造业。

③ 企业招工难现象持续缓解。

从经济类型看,企业的用人需求占总用人需求的 90%以上。2013 年,浙江企业用工在经历 1—2 月的负增长以后,3 月达到增长峰值 1.71%,随后增速逐月回落。企业缺工率自 2 月份以来持续下降,到 6 月末,全省 25.16%的企业存在缺工现象,缺工率为 2.18%,分别比 2012 年同期下降 6.9%、0.71%。企业用工需求增速放缓,招工难现象有所缓解(图 4-27)。

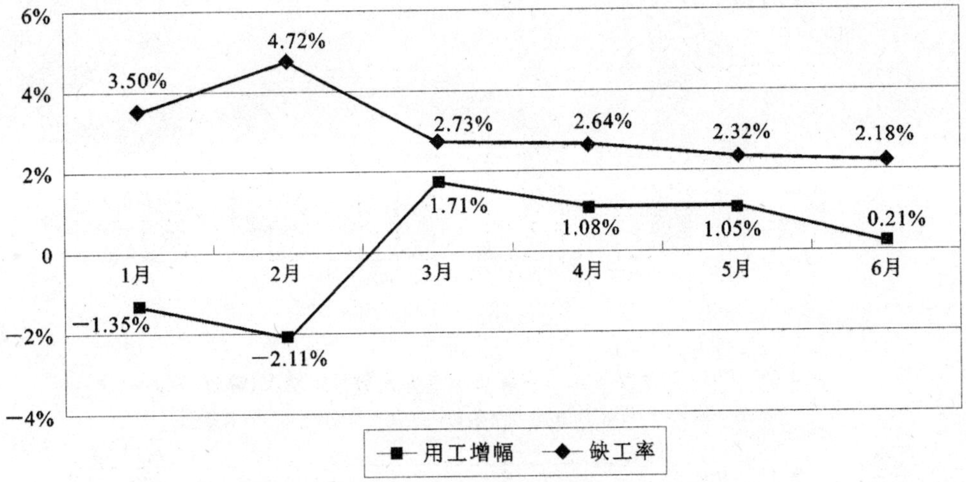

图 4-27　2013 年上半年浙江省企业用工变化情况

数据来源：2013 年浙江省人力资源和社会保障厅劳动力供求数据。

④ 技能型劳动力需求以初中级技能为主。

从市场需求看，技能型劳动力需求约占用人需求的 1/4。从技能人才需求结构看，初级、中级技能人才需求比例较高，2013 年第一季度两者合计占总用人需求的 24.11%，2013 年第二季度占 23.06%。2013 年上半年，各技能等级的人才需求倍率都在 2 以上，其中初级、中级技能人才需求倍率稳定在 2.5 以上(表 4-19)。

表 4-19　**2013 年上半年市场求职人员中职业资格等级情况**　(单位：%)

职业资格等级	第一季度				第二季度			
	占比	环比变化	同比变化	需求倍率	占比	环比变化	同比变化	需求倍率
职业资格五级(初级技能)	16.84	0.55	0.86	2.61	15.22	−1.62	0.84	2.64
职业资格四级(中级技能)	7.27	−1.32	1.65	2.50	7.84	0.57	1.40	2.61
职业资格三级(高级技能)	1.24	−0.16	0.05	2.05	1.40	0.16	0.13	2.29
职业资格二级(技师)	0.80	0.04	0.10	2.27	0.86	0.06	0.28	2.33
职业资格一级(高级技师)	0.34	0.06	0.09	2.78	0.26	−0.08	0.03	2.20

数据来源：2013 年浙江省人力资源和社会保障厅劳动力供求数据。

(2)浙江农村剩余劳动力转移培训供给情况

① 劳动力供给总数少于 2012 年同期。

2013 年上半年，劳动力供给人数同样呈先抑后扬态势，春节前后波动最大。从月份看(图 4-28)，春节前后求职人数波动最大，1 月通过市场求职的人数最少，为 10.61 万人，3 月攀升到半年峰值 59.57 万人，4 月后逐步下降至每月 30 万人左右。

从季度看(图 4-29)，2013 年第一季度市场求职人数为 106.12 万人，同比下降 26.15%；第二季度求职人数为 92.06 万人，同比增长 7.49%。

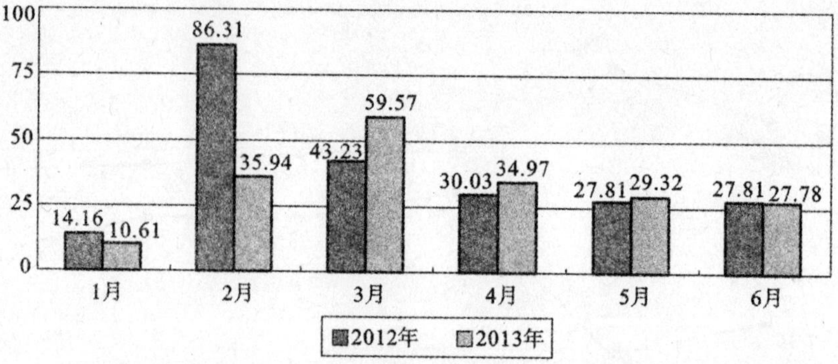

图 4-28　2013 年上半年人力资源市场求职人数月份情况(单位:万人)

数据来源:2013 年浙江省人力资源和社会保障厅劳动力供求数据。

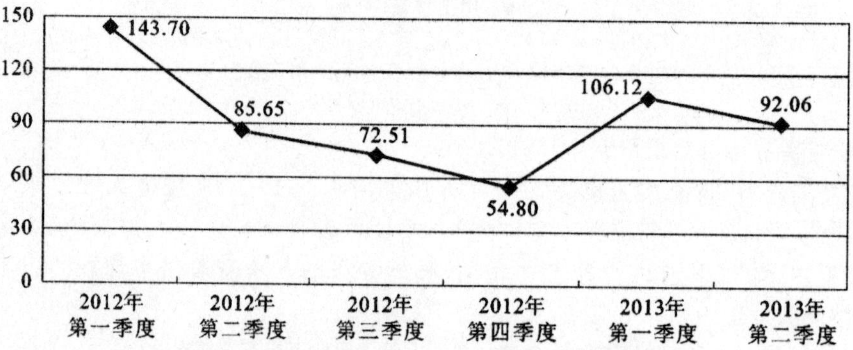

图 4-29　2012 年以来人力资源市场求职人数季度情况(单位:万人)

数据来源:2013 年浙江省人力资源和社会保障厅劳动力供求数据。

② 生产运输设备操作工、商业和服务业人员求职比例下降。

从职业分布看,劳动力应聘最集中的职业是生产运输设备操作工、商业和服务业人员。2013 年第一季度,两者求职比例合计 58.9%,同比下降 3.45%;第二季度,求职比例为 59.05%,同比下降 2.74%(表 4-20)。

表 4-20　**2013 年上半年市场求职人员的职业构成**　(单位:%)

职业类别	第一季度			第二季度		
	求职占比	环比变化	同比变化	求职占比	环比变化	同比变化
单位负责人	2.37	−0.22	0.45	1.96	−0.41	0.08
专业技术人员	6.35	−1.56	−0.81	6.81	0.46	−1.00
办事人员和有关人员	9.58	−0.89	1.09	9.87	0.29	−0.59
商业和服务业人员	21.74	0.44	0.51	21.38	−0.36	−0.09
农林牧渔水利生产人员	1.23	−0.18	0.19	1.27	0.04	−0.29
生产运输设备操作工	37.16	−1.63	−3.96	37.67	0.51	−2.65
其他	13.10	4.23	2.81	11.66	−1.44	3.66
无要求	8.47	−0.20	−0.28	9.39	0.92	0.89

数据来源:2013 年浙江省人力资源和社会保障厅劳动力供求数据。

③ 劳动力转移培训人数、培训学校和培训师资总体上在增加。

中职学校毕业人数经过 2006 年这个转折点迅猛增长，到 2012 年，毕业生达到 190600 人；技工学校毕业人数稳步增长，2012 年毕业人数达到 26618 人。总体而言，中职学校是浙江劳动力转移培训的主力，如图 4-30 所示。

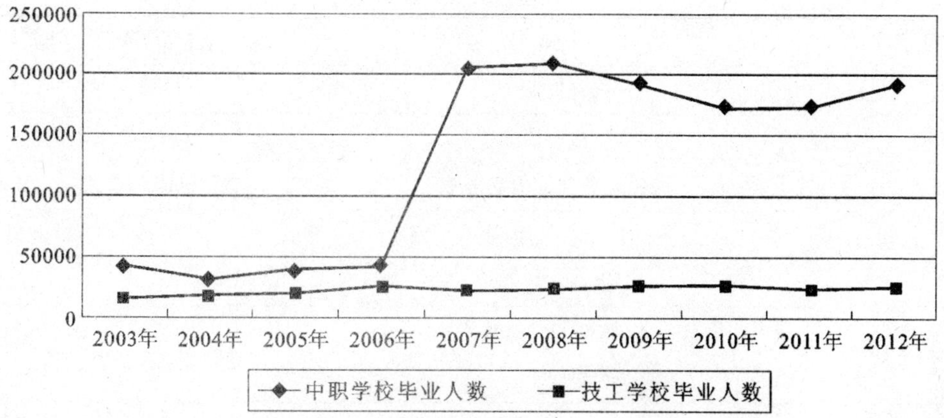

图 4-30 中职学校和技工学校毕业人数(单位：人)

数据来源：2013 年浙江省人力资源和社会保障厅劳动力供求数据。

中职学校的数量由 2006 年的 49 所，快速上升到 2012 年的 319 所，中职学校的专职教师由 2006 年的 3700 人，上升到 2012 年的 30400 人；技工学校的数量在下降，由 2006 年的 76 所，下降到 2012 年的 66 所，技工学校的专职教师由 2006 年的 7128 人，上升到 2012 年的 8431 人，如图 4-31 所示。

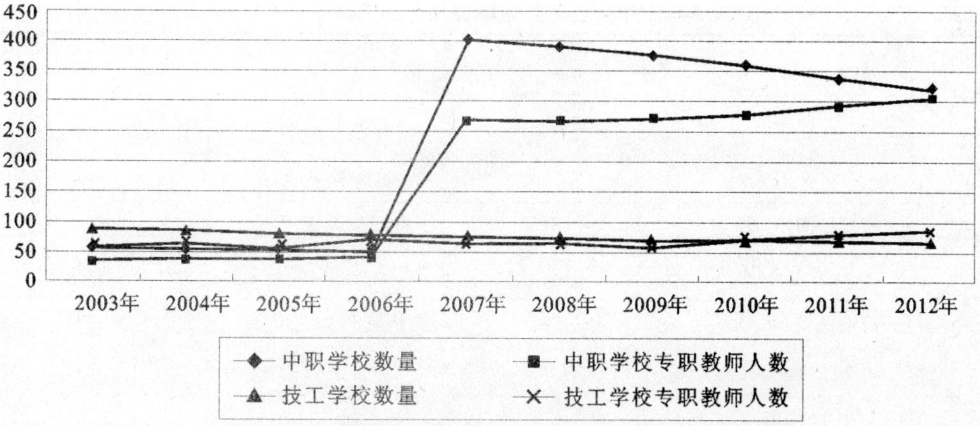

图 4-31 中职学校和技工学校的数量(单位：个)及专职教师人数(单位：百人)

数据来源：2013 年浙江省人力资源和社会保障厅劳动力供求数据。

(3)浙江农村剩余劳动力转移培训的供求对比

① 用工缺口排名前三的行业为制造业、住宿餐饮业、居民服务和其他服务业。截至2013年6月末,浙江省企业用工缺口为4.79万人,其中制造业用工缺口最大,占91.67%(表4-21)。

表4-21　**2013年6月末浙江省用工缺口最大的前十个行业**

序号	行业	缺口数/人	比例/%
1	制造业	43955	91.67
2	住宿餐饮业	1126	2.35
3	居民服务和其他服务业	604	1.26
4	农、林、牧、渔业	500	1.04
5	批发零售业	405	0.84
6	信息传输、软件和信息技术服务业	303	0.63
7	建筑业	259	0.54
8	租赁和商业服务业	252	0.53
9	电力、热力、燃气及水生产和供应业	193	0.40
10	交通运输、仓储和邮政业	143	0.30

数据来源:2013年浙江省人力资源和社会保障厅劳动力供求数据。

② 紧缺工种以一线工人和服务人员为主。

从职业分类看,各市供求缺口主要集中在缝纫工、电子操作工、机械操作工、治安保卫人员、服务员等工种(表4-22)。

表4-22　**2013年上半年各市供求缺口最大的前五个工种**

地区	第一季度		第二季度	
	工种名称	缺口数/人	工种名称	缺口数/人
杭州	治安保卫人员	7823	治安保卫人员	9427
	餐厅服务员、厨工	7364	餐厅服务员、厨工	6280
	清洁工	3784	营业人员、收银员	4885
	营业人员、收银员	3074	机械热加工人员	3498
	机械热加工人员	2670	中餐烹饪人员	3282
宁波	操作工	14855	操作工	13326
	普工	13537	普工	9437
	缝纫工	5198	装配钳工	2564
	装配钳工	3498	其他操作工	2525
	检验员	2681	包装工	2413

续表

地区	第一季度		第二季度	
	工种名称	缺口数/人	工种名称	缺口数/人
温州	机动车驾驶员	1337	机动车驾驶员	480
	中餐烹饪人员	554	中餐烹饪人员	141
	治安保卫人员	213	治安保卫人员	69
	机械冷加工人员	100	推销展销人员	60
	餐厅服务员	71	机械冷加工人员	39
湖州	缝纫工	962	车工	531
	简单体力劳动人员	489	木材加工、木材制品制作人员	491
	木材加工、木材制品制作人员	451	缝纫工	472
	专业技术人员	430	专业技术人员	469
	包装人员	359	机修钳工	366
嘉兴	机械操作工	18540	裁剪缝纫工	18783
	缝纫工	18085	电子仪器装配工	17428
	电子操作工	11120	车工	9690
	服务员	7283	纺织、针织、印染工	5543
	纺织、印染工	6440	服务员	4797
绍兴	裁剪缝纫工	4877	机械冷加工人员	4329
	电子元件制造工	4136	裁剪缝纫工	3722
	餐厅服务员	3297	电子元件制造工	3655
	机械冷加工人员	3167	餐厅服务员	3369
	纺织、针织、印染工	3066	纺织、针织、印染工	2938
金华	缝纫工	7217	包装工	6746
	包装工	5685	缝纫工	5742
	服务员	5578	服务员	5288
	挡车工	3824	营业员	4486
	工件表面处理工	3697	木工	4211

续表

地区	第一季度		第二季度	
	工种名称	缺口数/人	工种名称	缺口数/人
衢州	裁剪缝纫工	1277	裁剪缝纫工	1680
	缝纫制品再加工人员	880	缝纫制品再加工人员	760
	餐厅服务员	839	餐厅服务员	687
	电子器材装配工	152	电子器材装配工	256
	机械制造加工人员	120	机械制造加工人员	156
舟山	餐厅服务员	1536	机械制造加工人员	1672
	机械制造加工人员	1261	餐厅服务员	706
	水产品加工人员	405	水产品加工人员	423
	营业员	318	营业员	378
	保安	311	保安	367
台州	操作工	2557	操作工	1461
	高速车工	1715	高速车工	1064
	普工	1223	普工	971
	服务员	789	服务员	788
	营业员	532	营业员	463
丽水	机械冷加工人员	1098	机械冷加工人员	616
	缝纫制品再加工人员	795	缝纫制品再加工人员	566
	营业人员	621	社会服务和居民服务人员	475
	基础件部件装配人员	668	基础件部件装配人员	462
	机械热加工人员	639	机械热加工人员	455

数据来源：2013年浙江省人力资源和社会保障厅劳动力供求数据。

4.4 新疆农村剩余劳动力转移培训的实证分析

2012年末，新疆总人口2232.78万人，其中，城镇人口981.98万人，乡村人口1250.80万人，城镇化率44.0%(2011年为43.5%)。近年来，新疆生产总值变化如表4-23所示。

表 4-23 **2007—2012 年新疆生产总值及指数**

年份	2007 年	2008 年	2009 年	2010 年	2011 年	2012 年
新疆生产总值/亿元	3523.16	4183.21	4277.05	5437.47	6610.05	7505.31
指数变化	112.2	111.0	108.1	110.6	112.0	113.5

资料来源:《新疆统计年鉴(2013)》。

4.4.1 新疆农村剩余劳动力转移的现状

(1)城镇人口分布

近年来,新疆城镇及农村人口发展情况如表 4-24 所示。

表 4-24 **2007—2012 年新疆城镇及农村人口变化**

年份	年末总人口/万人	按性别分				按城乡分			
		男		女		城镇人口		农村人口	
		人口数/万人	比重/%	人口数/万人	比重/%	人口数/万人	比重/%	人口数/万人	比重/%
2007 年	2095.19	1072.53	51.19	1022.66	48.81	820.27	39.15	1274.92	60.85
2008 年	2130.81	1083.94	50.87	1046.87	49.13	844.65	39.64	1286.16	60.36
2009 年	2158.63	1098.31	50.88	1060.32	49.12	860.21	39.85	1298.42	60.15
2010 年	2181.58	1127.01	51.66	1054.57	48.34	933.58	42.79	1248.01	57.21
2011 年	2208.71	1128.75	51.10	1079.96	48.90	961.67	43.54	1247.04	56.46
2012 年	2232.78	1145.21	51.29	1087.57	48.71	981.98	44.00	1250.80	56.00

数据来源:《新疆统计年鉴(2013)》。

从表 4-24 可以看出,新疆自 2007 年开始,农村人口占总人口的比重从 60.85%下降到 56%,人数减少了 24.12 万。城镇人口从 2007 年的 820.27 万人上升到 981.98 万人,增加了 161.71 万人。新疆人口的增长速度较全国要快,原因有两个方面:一是新疆少数民族的生育观念;二是我国现阶段实施的生育政策对少数民族的特殊照顾等。这六年中,新疆的平均人口自然增长率为 1.094%,按照农村人口 2007 年的基数 1274.92 万人计算,农村人口到 2012 年应增加到 1346.2 万人,实际到 2012 年农村人口仅为 1250.8 万人,降低了95.4 万人,除去因上学而离开的人口,这些农村人口很多都转移到了疆内主要城市或疆外。

(2)农村居民文化水平

根据《新疆调查年鉴(2013)》提供的数据分析,新疆农村居民文化程度分布状况如图 4-32 所示。

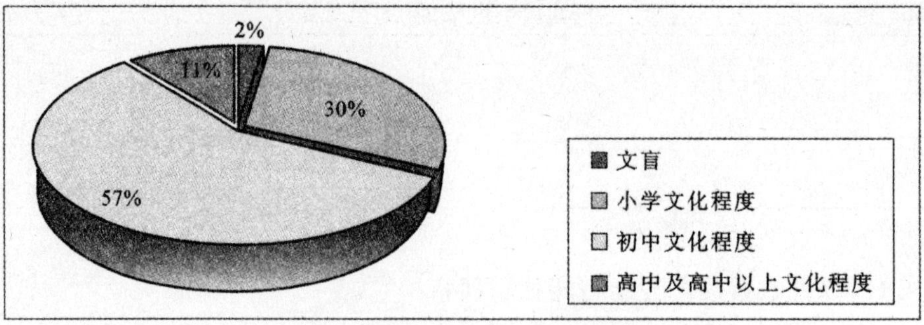

图 4-32　新疆农村居民文化程度调查

从以上数据可以看出，新疆农村居民文化程度普遍不高，这使得农村剩余劳动力转移中再培训的压力增大。

(3)2008—2012 年城镇居民工资水平与农村居民收入差异分析

2008—2012 年，新疆城镇居民年工资水平与农村居民年收入如图 4-33 所示。从图中可以看出，在近 5 年中，城乡居民收入都在增长，但是城镇单位就业人员年平均工资的增长速度远远要高于农村居民人均年收入。根据赫伯拉（Herberla）在 1938 年、米切尔(Mitchell)在 1946 年正式提出的推拉理论，这种收入的差距会进一步刺激农村的剩余劳动力向城镇转移的力度，并为农村剩余劳动力的持续转移提供动力。

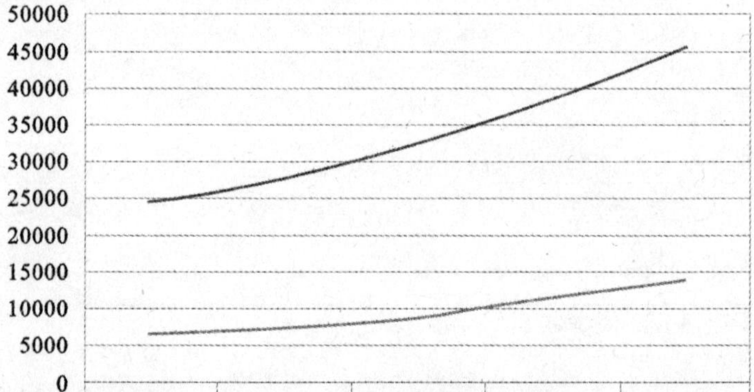

	2008年	2009年	2010年	2011年	2012年
—— 城镇单位就业人员平均工资	24687	27753	32361	38820	45243
—— 农村居民人均收入	6709.19	7269.49	8806.87	11590.94	13675.26

图 4-33　新疆 2008—2012 年城乡居民年工资水平对比图(单位:元)

(4)对新疆农村剩余劳动力的预测

本研究试图采用颜萍、董洋[7]提出的部门边际收益均衡法对新疆农村剩余劳动力进行估算。推拉理论认为，城乡收入差异以及向城市流动的成本和效益的权衡成为农村剩余劳动力向城市流动的决定性因素，城乡预期收入水平的差异和城市就业概率成为劳动力转移的动力。这里以新疆城乡收入的差距作为农村剩余劳动力流动的拉力，以此来测算新疆的农村剩余劳动力数量(表 4-25)。

表 4-25 新疆劳动力发展趋势 （单位：万人）

年份	农业剩余劳动力规模	农村第二产业、第三产业从业人数
2012 年	382.94	87.48
2013 年	391.56	91.45
2014 年	400.18	95.42
2015 年	408.81	99.4

根据《新疆调查年鉴（2013）》资料显示，2012 年底新疆农村平均每户常住人口为 4.28 人，平均每户在农村从事第二产业、第三产业的人员为 0.33 人。第一产业需要劳动力 96.44 万人，外出就业劳动力 87.67 万人，需要转移就业的人员有 198.83 万人。

4.4.2 新疆农村剩余劳动力转移的趋势

20 世纪 90 年代，新疆提出了优势资源转换战略，明确重点发展“一黑一白”（即棉花和石油）两大支柱产业，同时提倡大力发展第三产业，使社会经济得到较快发展，综合实力逐步增强。21 世纪初，新疆发展战略的调整使工业结构趋于合理化，城市第二产业、第三产业的发展，吸引着大量农村剩余人口向城市集中，形成了北疆以天山北坡为中心的经济带，南疆以两库（即库车和库尔勒）为中心的经济圈。自 2000 年以来，通过对天山北坡经济带基础建设的不断投入，使总面积约 9.54 万平方千米（只占新疆总面积的 5.7%）、人口为 868.19 万人（占新疆总人口的 38.9%）的天山北坡经济带初步形成以公路为基础，铁路为骨干，航空和管道为组成部分的综合交通运输体系。天山北坡经济带已成为生产力高度集中的地区。它集中了全疆轻工业的 62%和重工业的 83%，历年国内生产总值占新疆 40%以上，在 2012 年其国内生产总值达到 5187.48 亿元，占新疆生产总值的 69.1%，已经成为新疆现代工业、交通信息、农业、教育科技等最为发达的核心区域。在 2010 年 5 月召开的中央新疆工作座谈会中，中央就推动长治久安和新疆跨越式发展作出重大决策部署，确定了新疆新一轮科学发展、跨越发展的大政方针，出台了一系列优惠政策支持新疆的建设和发展。随着新一轮对口援疆工作的启动，东部、中部地区 19 个省区市从人才、技术、管理、资金等方面全方位对口支援新疆，促使北疆的伊犁地区、南疆的喀什地区成为中心的经济发展区。

（1）新疆经济结构与就业结构分析

自 2003 年以来，新疆国内生产总值的增长率连年超过 10%。十余年来，新疆的第一产业占国民生产总值比重总体上是一直下降的，第二产业、第三产业所占比例一直在稳步上升；2009 年因为“七五”事件的影响，严重阻碍了新疆的经济发展，致使 2009 年、2010 年的产业结构有所反复，从而也影响了就业结构中的第三产业结构的变化趋势。2003—2012 年，新疆产业结构与就业结构情况如表 4-26 所示。

表 4-26 新疆产业结构与就业结构情况（2003—2012 年） （单位：%）

年份	产业结构			就业结构		
	第一产业	第二产业	第三产业	第一产业	第二产业	第三产业
2003 年	21.9	38.1	40	55.07	13.27	31.66
2004 年	20.2	41.4	38.4	54.17	13.23	32.6

续表

年份	产业结构			就业结构		
	第一产业	第二产业	第三产业	第一产业	第二产业	第三产业
2005 年	19.6	44.7	35.7	51.54	15.51	32.95
2006 年	17.3	47.9	34.8	51.06	13.71	35.23
2007 年	17.8	46.8	35.4	50.3	14.25	35.45
2008 年	16.5	49.5	34	49.71	14.16	36.13
2009 年	17.8	45.1	37.1	49.35	14.7	35.95
2010 年	19.8	47.7	32.5	48.97	14.84	36.19
2011 年	17.2	48.8	34	48.66	15.63	35.71
2012 年	17.6	46.4	36	48.73	15.61	35.66

(2)新疆城镇化水平的发展

自 2003 年以来，新疆的城镇化率在不断提高。根据新疆发改委经济研究院在《新疆城镇化发展道路选择研究》报告中提供的数据，截至 2011 年底，新疆的城镇人口为 961.67 万，城镇化率达 43.5%。而在 2000 年，新疆城镇化率为 33.82%，在 2009 年，这一数据为 39.8%。2011 年底，新疆建设兵团城镇化率达 52.37%，克拉玛依和乌鲁木齐两个地级市城镇化率全疆最高，其中克拉玛依达 98.62%；北疆除伊犁哈萨克自治州略低于全疆平均水平外，其他地州城镇化率都高于全疆平均水平；南疆除巴州外，其他地州城镇化率都低于全疆平均水平，尤其是南疆三地州的和田地区、喀什地区和克孜勒苏柯尔克孜州城镇化率仅为 16.87%、22.64%和 29.73%。这些变化进一步促进农村剩余劳动力的转移，同时也可以看出由于经济发展的不均衡，城镇化建设还有很大的发展空间，特别是伊犁地区和南疆三地州随着经济的发展，成为农村剩余劳动力转移的重要来源地。

(3)新疆农村居民收入分析

2009 年，胡锦涛同志在新疆考察中，强调要“加大农村劳动力培训力度，最大限度拓展农村劳动力就业渠道和农村内部增收空间，促进农民收入持续增长”。“十二五”规划指出：如何让农民增收是解决农民问题的关键，是解决“三农问题”的核心。导致新疆的农民增收困难的原因是什么？导致新疆农民纯收入水平偏低的究竟是哪部分收入？从表 4-27 中可以看出，2011 年全国农村居民人均纯收入与西北五省(自治区)农村居民人均纯收入的差异是很大的，全国比西部地区平均要高出 2097.7 元，比新疆要高出 1535.14 元。按理来说，新疆居民的纯收入要在西北五省(自治区)的农村居民家庭人均纯收入位列第一的。那么是什么原因使得新疆的收入要低于全国？通过详细的分析，我们发现，在农村居民家庭人均纯收入中，家庭经营纯收入、财产性收入、转移性收入与全国相差不大，甚至比全国还略高，但是工资性收入这一项新疆就比全国平均水平低了 2158.7 元，比西北五省(自治区)中的其他四省(自治区)的平均值还低 1169.5 元，这一项新疆比西北五省(自治区)中倒数第二的甘肃都要少 757.24 元，这种差距太大了。新疆少数民族地区的农民如果要缩小与内地农民的收入差距，工资性收入的提高成为关键性因素，而外出务工是增加少数民族农村居民的工资性收入最主要的途径。同时，因为新疆农村居民家庭人均收入与城镇居民收入的差距进一步拉大，使得农村劳动力进一步向城镇自行流动。

表 4-27 农村居民家庭人均纯收入（2011 年）

地区 \ 数量/元 \ 收入项目	纯收入	工资性收入	家庭经营纯收入	财产性收入	转移性收入
全国	6977.29	2963.43	3221.98	228.57	563.32
陕西	5027.87	2395.45	2017.20	165.27	449.95
甘肃	3909.37	1561.97	1866.77	82.46	398.18
青海	4608.46	1775.39	2088.80	93.69	650.59
宁夏	5409.95	2164.24	2730.43	116.43	398.85
新疆	5442.15	804.73	3887.15	147.14	603.13

(4)新疆农村剩余劳动力转移地变化趋势

由上述分析得知，新疆城镇化程度较低的是南疆三地州以及北疆的伊犁地区。以上地区成为今后农村剩余劳动力转移的主要地区，而这些地区又是维吾尔族、哈萨克族等少数民族的主要聚居地，当前这些少数民族多数信仰伊斯兰教，且多属于逊尼派。从宗教、自身生活习惯的角度，很多农村剩余劳动力不愿远离家乡到内地务工。

但随着城镇化进程的不断扩大，城乡居民收入的差异，新疆农村居民收入与内地农村居民收入差距的不断扩大，新疆的农村剩余劳动力向城镇流动成为社会经济发展的必然产物。近年来，作为中国流动大军中的一部分——新疆的农民工在城市务工、经商的规模不断扩大。他们（包括维吾尔族、哈萨克族等少数民族）为城市繁荣发展作出了很大的贡献，同时也促进了城市文化多元化和族际之间的沟通、理解与融合。在进城务工人员中，这些农民工所处的环境更加开放，可以接触到很多新的知识、技能，很多务工者在流动过程中逐步提高了自身的人力资本，然后携带资金及技术返乡进行创业，在一定程度上改变了流出地的贫困落后面貌。刘易斯（Lewis W A，1954）通过建立二元经济模型，认为城乡实际收入差异是劳动力决定从农村流向城市的唯一理由，只要是农民愿意离开土地，愿意迁移到城市中谋求新的职业，那么造成这种现象的原因就是城市工业部门的一般工资水平高于乡村农业部门的一般工资水平且达到一定比例。以前对新疆少数民族地区的农村剩余劳动力而言，一方面，客观上有大量的少数民族农村富余劳动力亟待转移就业，以增加收入；另一方面，少数民族聚居村庄的农村剩余劳动力无论在流动的数量上，还是在流动区域上，都无法和汉族聚居村庄的农村剩余劳动力相比。新疆的少数民族农村劳动力因为宗教信仰、转移就业的意识落后、文化水平不高、语言交流困难及民俗和生活习惯上的差异，使得他们大部分流向了新疆的一些大城市，而流向外省的很少。随着内高班、内初班的大力发展，当地的双语教学不断展开，政府对劳动力转移培训工作得到了进一步落实，对劳动力转移过程中组织化程度的不断提高，对为劳动力转移提供服务的长效机制的建立，促使新疆的农村剩余劳动力向外省的输出力度不断加大。

4.4.3 新疆农村剩余劳动力转移培训的供求分析

(1)城乡居民收入差距进一步拉大,刺激农村剩余劳动力向城镇转移

通过图 4-34 可以看出,2008—2012 年,新疆城乡居民收入差距不断拉大,从 2008 年的 17977.81 元提高至 2012 年的 31567.74 元,平均每年增长 15%。这刺激了农村剩余劳动力向城镇的转移。

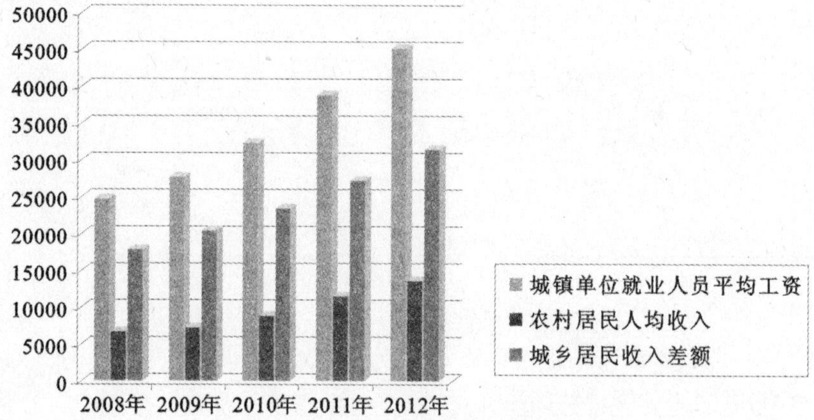

图 4-34 新疆 2008—2012 城乡居民收入比较示意图(单位:元)

(2)农业技术、农村居民家庭拥有的农机数不断上升,解放了大量劳动力

从图 4-35 可以看出,新疆城镇固定资产投资中的第一产业投资额从 2010 年的 49.6 亿元,增长到 2013 年的 152 亿元,三年增长 206%。在第一产业投资中,2010 年农业机械总动力为 1503.3 万千瓦,2011 年农业机械总动力为 1796 万千瓦,2012 年农业机械总动力为 1969 万千瓦,两年间增长 31%;与此同时,新疆从事农业生产的居民户数 2010 年为 255.1 万户,2011 年为 262.7 万户,2012 年为 270.2 万户,两年增长 5.9%。由此可以看出,农业机械总动力的增长远远高于从事农业生产的居民户数的增长,农业技术水平及农业机械水平的增加,解放了大量的农村劳动力,为农村劳动力向城镇转移提供了良好的条件。

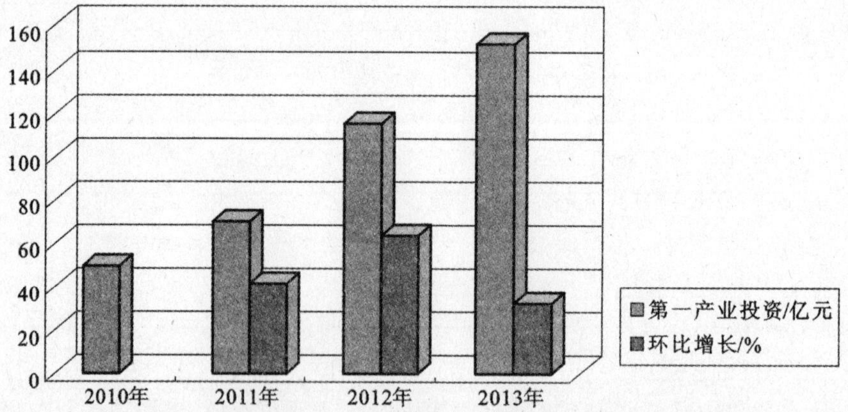

图 4-35 2010—2013 年新疆第一产业投资额及环比增长

(3) 城镇化率的不断提高，需要大量的劳动力补充

在《新疆维吾尔自治区国民经济和社会发展第十二个五年规划纲要》中，回顾“十一五”期间，城镇化率为37.2%，计划在“十二五”结束时城镇化率达到48%，随着“十二五”各项计划的一一落实，将有更多的农村劳动力转移到城镇。新疆维吾尔自治区“十一五”规划主要指标落实情况见表4-28，“十二五”期间经济社会发展的主要指标如表4-29所示。

表4-28 **新疆维吾尔自治区“十一五”规划主要指标落实情况**

指标	2005年基期数	2010年规划目标		2010年执行情况	
		平均增速	期末数	平均增速	预计完成
全区生产总值(现价)/亿元	2604	9%		10.6%	5418.8
全社会消费品零售总额/亿元	638	12%以上		16.7%	1378
全社会固定资产投资/亿元	1352	16%以上		21.2%	3539
五年累计完成投资/亿元		10000		12039	
地方财政一般预算收入/亿元	180	16%以上		22.7%	500.5
外贸进出口总额/亿美元	79.4	18%以上		16.6%	171.3
五年累计城镇新增就业人数/万人		145		207	
城镇登记失业率/%	3.9	4以内			3.9
城镇化率/%	37.2		42		40
人口自然增长率/‰	11.38	11以内			11以内
初中学龄人口净入学率/%	92		95		95

表4-29 **新疆维吾尔自治区“十二五”期间经济社会发展的主要指标**

指标		2010年	2015年	平均增长率	属性
经济总量	全区生产总值(2010年价)/亿元	5418.8	8800	10%以上	预期性
	地方财政一般预算收入/亿元	500.5	1250	20%以上	预期性
	全社会固定资产投资/亿元	3539	11000	25%以上	预期性
	社会消费品零售总额/亿元	1378	3000	17%以上	预期性
	外贸进出口总额/亿美元	171.3	400	18%以上	预期性
经济结构	工业增加值(2010年价)/亿元	1950	4280	17%以上	预期性
	城镇化率/%	40	48		预期性
科技教育	九年义务教育巩固率/%	91	95		约束性
	高中阶段毛入学率/%	69	88		约束性
	研究与实验发展经费支出占地区生产总值比重/%	0.61	1.8		预期性
	每万人发明专利拥有量/件	0.54	1.09		预期性

由表 4-28、表 4-29 可以看出，随着新疆城镇化率的不断提高，需要大量的劳动力进行补充，为农村剩余劳动力的转移做好接收准备。

注释

[1] 杨钧. 河南省农村劳动力转移培训面临的问题及对策分析[J]. 人才资源，2012(12)：34-36.

[2] 张磊. 农业劳动力转移培训研究[D]. 成都：西南财经大学，2007.

[3] 浙江省政协科技教育委员会调研组. 浙江省进城务工人员子女义务教育的现状及对策[J]. 浙江树人大学学报：人文社会科学版，2013(1)：83-86.

[4] 浙江省统计局课题组. 浙江人口分布与区域经济发展关系研究[J]. 统计科学与实践，2013(3)：29-31.

[5] 章剑卫. 浙江省外来人口分析[J]. 统计科学与实践，2012(2)：16-18.

[6] 鹿立. 关注流动人口家庭变迁的城镇化元素[N]. 中国人口报，2013-10-21.

[7] 颜萍，董洋. 新疆农村剩余劳动力规模测算实证研究[J]. 西北人口，2008(2)：116-118.

5 影响农村剩余劳动力转移培训实效的主要障碍

农村劳动力职业技能的培训能给社会和培训者带来双向实惠。转移培训效果是否为社会广大行业所接受和认可，成为衡量培训实效的试金石。根据调查，目前我国在农村剩余劳动力转移培训上存在培训实效不达标问题，突出体现在培训内容不实用、农民培训参与率不高等方面。影响农村剩余劳动力转移培训实效的主要障碍表现在体制与机制的障碍、区域分布的障碍、供需单位的障碍三个方面。

5.1 体制与机制的障碍

5.1.1 政出多门的领导体制

政府作为农村剩余劳动力转移的关键引导方，要提供指导帮助，做好农村剩余劳动力转移顾问。政府的信息优势、政治优势、组织优势都是其他组织和个人所不具备的，也是任何劳动中介机构所不能比拟的。但是，从此次调查来看，政府部门在组织农村剩余劳动力转移方面发挥的作用还非常有限，我国现行的农村剩余劳动力转移培训管理体制目前还属于劳动与社会保障部、农业部、教育部、科技部、建设部、财政部等国务院有关职能部门，条块分割、各自为政的情况较为突出，有限的培训资源无法得到有效整合，使得培训绩效大打折扣。因此，缺乏强有力的统筹协调机制所导致的弊端成为影响农村剩余劳动力转移培训实效的主要障碍。

农村剩余劳动力转移培训应该为农村城镇化建设转化添砖加瓦，成为广大农民转换身份、改善生活水平的重要工具。但我国各地各级政府现行的这种多重领导、政出多门的体制在实践上必然会分散农村剩余劳动力转移培训公共权力的公共权威，形成无法被广大农村、大多数农民所主动接受、积极参与的被动局面。

5.1.2 政绩导向的运行机制

在新经济形势下，各级政府要高度重视并切实做好新形势下群众工作，坚持问政于民、问需于民、问计于民，真诚地倾听群众呼声，提高我国农民的科学素养。政府的工作主要包括劳动力转移培训等基础性工作。在我国，各地政府基本都存在资源约束的情况，资源的相对稀缺性使生产公共物品所需要的资源总是相对不足的。对政府而言，可支配的财政资源有限，因此，如何支配有限的财政资源表现出明显的政府偏好。在政绩至上的政府实施目标下,农村剩余劳动力转移培训工作在不同程度上出现了“不调查、不分析、盲目上马”“不考核、不监管、一头雾水”的不合理局面。劳民伤财不说,还在很大程度上损害了农民的利益。“一朝被蛇咬,十年怕井绳。”农民可能会因此对政府的工作持否定和怀疑态度,更不利于后续工作的开展。在政绩的驱使下,我国各级政府在农村剩余劳动力培训工作上面临招生任务转移和就业任务偏重的困难(表 5-1)。

表 5-1 农村劳动力受训后各工作去向人数统计

工作去向 / 人数/人 / 培训模式	长训,留厂	校训,分配	自主创业	亲朋介绍	自己找	待业
阳光工程	6	8	45	35	10	12
雨露计划	10	2	35	23	8	17

我国农村劳动力转移培训工作还存在一个重要问题,即由政府制定一整套绩效考核评价方法。在工作过程中,政府由于身兼两职,兼任“教练”和“运动员”,对于经济效益和中央满意度的追求会导致其进行自身的绩效评估时往往发生一定的偏差。因此,政府要进一步完善关于农民群众的工作机制,健全社会公共管理服务制度和群众社会管理工作考核制度。

5.1.3 政府主导的监管体系

目前,我国在相关领域内法律规章不完善,各级各地政府“重登记、轻管理”的倾向一直很严重,对本区域的农业劳动力资源和就业状况及劳动力流动有关问题的监管力度和范围不够。同时,政府的监管往往是单方面活动。在农村剩余劳动力转移培训工作中,与作为就业方的企业、行业和作为求职方的农村剩余劳动力相比,政府被定位为第三方。在当前相关法规和标准尚不够完备的情况下,各方和各个社会培训组织要共同确立一个评判培训实效和过程的基本准则。作为培训管理者的政府部门更需要切实树立服务意识,增加转移培训服务项目,增强服务能力,联合社会多方实施共同监管,彻底转变政府机关的管理方式。

另外,政府机制与体制方面的障碍还表现在:随着经济发展,在产业升级过程中,产业大规模结构调整带来第二产业大批的下岗职工,加剧了日益突出的供求矛盾,城市中下岗和失业人员更加重了供需分布不均衡现象,使处于产业中转移农村剩余劳动力的就业岗位选择面更加狭窄,农业劳动力向城市的转移受到了限制。

5.2 区域分布的障碍

根据 2010 年第六次全国人口普查公报的主要数据,我国离开户籍地人数超过 2 亿,多为农村劳动力转移,与 2000 年人口普查相比,居住地与户口登记地不一致且离开户口登记地半年以上的人口增长了 81.03%。然而,由于区域分布障碍长期得不到解决,培训现状不尽如人意。

5.2.1 农村剩余劳动力转移培训供需分布不均衡

农村剩余劳动力培训需求是其就业需求的派生需求，应该以社会其他产业的需求为导向。在经济社会转型升级进程中，能否实现农村剩余劳动力向较高生产力部门的转移和就业是否充分，应该作为农村剩余劳动力教育培训实效的衡量标准。事实上，由于劳动力需求区域分布极为不均衡，转移培训教育与市场脱节，经济发达地区和产业集聚地区对于高技能型人才的需求得不到满足。

(1)无论是质还是量，两方面都存在问题

一方面是量上的不足。由于目前教育资源的贫乏及其他条件的限制，技术培训在农村还不普及，无法为社会经济的纵深发展提供大量拥有熟练技能的工人；同时也使大量有体力无技能的农村剩余劳动力集中在低收入、低技能岗位就业。这些行业的用工形成了农村剩余劳动力转移再分配的巨大刚性，其他社会经济部门生产的人力资源需求受到严重影响。

另一方面是质上的矛盾。由于现阶段的农村剩余劳动力数目庞大，起点较低，为尽快提高劳动力素质，在最短的时期内使农村劳动力掌握初级技能，相关培训任务十分艰巨。培训开展时间较短、培训经验不足，直接催生了转移培训资格认证制度不完善等问题，导致培训质量不均衡。

(2)同时表现出“旺盛”与“不旺”的现象

经济增长促进社会进步，人们(包括农村剩余劳动力)已认识到掌握知识技能对促进其收入增长具有重大意义。因此，针对技能提高的实用培训总会引起人们较大的兴趣，出现“旺盛”的培训需求。而在现实中，高昂的职业培训费用成为最大的障碍，再加上就业前景不明朗、预期收益不稳定，农村剩余劳动力培训的需求表现得远没有人们想象中的那么旺盛。

2008年以来，在美国次贷危机引发的全球性金融危机之后，我国大量中小企业由于自身抗风险能力和资金周转能力较弱，在金融危机的冲击下，订单下降，或停产、或倒闭，企业用工迅速减少。作为劳务输出的主要区域的中部、中南部地区已出现农村劳动力大批返乡现象，劳动力转移就业积极性受挫。返乡的农村劳动力迫切要求通过培训掌握技术，提高素质，具备就业竞争优势。而培训的组织无法与突如其来的培训需求的井喷式增长相适应。因此，这种经济起伏性农业剩余劳动力转移的不稳定性导致的直接后果更加重了培训的矛盾。

(3)农村剩余劳动力转移培训供需分布不均衡还表现在输入地和输出地的矛盾上

输入地在经济上一般处于优势地位，因此输出地主张应由输入地提供面向农村剩余劳动力的培训服务，包括培训活动的开展、培训经费支付等；输入地政府则认为转移型农村剩余劳动力的流动性很强，长期工作的可能性很低，输入地所获得的培训回报是暂时的，而由于他们一般会回家乡发展，务工收入也多被寄回，输出地获得的回报要持续和明确得多。双方都认为应该由对方承担更多的责任。然而事实上，作为主要输入地的沿海发达地区，对中高级和实用新型技术从业者的需要量很大。而这类培训目前输出地的供给现状与输入地的需求还没有实现顺畅对接。因此，输入地和输出地的农村转移劳动力培训需要在培训的内容、形式、师资上做好互利互补，相互协调、配合[1]，只有这样才能充分发挥其作用。

5.2.2 农村剩余劳动力转移培训的条件不一致

虽然我国中央财政安排用于“三农”的支出每天都在增长，但实际用于改善培训条件的支出依然不充足。经济发达地区明显高于经济落后地区，农村剩余劳动力转移培训的条件不一致，尤其是“马太效应”的存在，使这种不一致现象越来越严重。

由于管理的侧重点不同，各地政府的教育部门、农业部门、劳动部门以及民办机构和企业提供的农村剩余劳动力转移培训条件不一致，培训计划、培训内容、实习实训条件等都有较大差别。受训者对培训设施的评价情况见表5-2。农村转移劳动力培训的边际效益其实很大，政府、企业和社会其他机构都是受益者，都应该主动承担更多的经费扶持责任。在提供职业教育培训的主体的选择上，转移培训工作应逐步发展为以中高职院校为主体开展，不应只局限于在所属的技工院校和民办机构中的招标选择。严格对教育培训机构进行符合性条件审核，提高基地建设成效，优化师资力量，改善教育教学设施，积累培训经验，提高培训质量，保证受训农民的转移就业，以确保农村劳动力转移培训工作的顺利开展。

表5-2 受训者对培训设施的评价

培训模式 \ 人数/人 \ 评价不满意项目	设施不齐全	设施老化	无设施
阳光工程	8	16	2
雨露计划	49	31	10

在这方面，我国东部沿海发达地区工作做得较为出色，如广东实施优惠的农村劳动力培训条件及积分政策，其“双转移”民工培训包括本省籍农村劳动力（即45周岁以下的失业农村劳动力）和本市农村劳动力（即本市户籍，45周岁以下的农村劳动力，包括未能继续升学的农村初、高中毕业生，被征地转产转业渔民，留守妇女劳动力，未转移就业劳动力），涵盖范围广；对于跨省外来劳动者，只要符合就业年龄，已办理就业登记并与用人单位签订1年以上劳动合同的在职外省籍外出务工人员都可以参加，原则上积满60分便可申请农村劳动力积分制入户城镇。

2011年，上海人力资源和社会保障部门也制定出台了《进一步做好农村劳动力技能培训工作的通知》，加大了农村劳动力培训补贴范围与力度。与之相比，我国中西部地区大多因受制于劳动力转移培训基数、资金缺口、教育水平等不利因素，出现明显的区域性农村剩余劳动力转移培训的条件不一致现象[2]。

5.2.3 农村剩余劳动力转移培训实效评价的体系不统一

第一，实效评价的评估主体功能缺位、组成单一，无法根据不同的培训参与方的角色特点进行科学的职责定位，以发挥不同的作用；同时，由于没有建立起科学的培训效果评价机制，评价主体与评价对象有着千丝万缕的联系，评价工作的客观性无法保证。

第二，尚未形成科学的农村剩余劳动力转移培训实效评价指标体系，或者是评价指标体系的权重划分不科学，不能清楚地界定评价内容的重要程度，无法对培训效果进行全面的评价，或评价结论不准确，致使培训效果评价工作流于形式，不能落到实处。

第三，转移培训实效评估方法单一。当前，培训评估方法主要是考试、问卷调查等。考试作为主体方式，固然比较有效，但它在实际运用中只是在培训后进行成绩测定，没有任何的参照、对比，存在很大的局限性，不能完全体现培训的作用。单一的问卷调查受个人情感的影响较大，评估结果的有效性较弱。

总体来讲，目前对农村剩余劳动力转移培训项目实施效果客观评价的指标体系和评价办法还不完整，普遍存在定性评价有余，定量评价不足的问题，难以准确反映农民培训发展的实际情况。同时，相对欠发达地区来讲，我国经济发达地区的农村剩余劳动力的压力较小。各地培训内容、方向、做法等方面区别很大，相应的培训实效评价的体系表现不统一。因此，亟待建立一个科学规范、适应农民培训发展需要的、广泛适用的质量控制与评价机制，包括培训标准、质量控制体系、考核体系等在内，为农民培训提供客观、科学的评价标准[3]。

例如，山东日照市通过建立农民科技培训长效机制来确保农村剩余劳动力转移培训实效评价体系的建立。具体的做法是各级农民科技培训管理机构层层签订农民科技培训目标管理责任书，逐级落实责任。同时搭建上下衔接、分工协作的管理工作平台，加强检查督导与评估验收。平时检查由区县培训管理机构组织进行，中期检查由市培训管理机构组织进行，年底验收主要采取培训机构自查，市县培训管理机构复查，市培训管理机构审核验收的办法进行。监督检查采用现场查看、随机抽查、入户调查等方法，重点对培训完成情况、制度建设情况、台账建立情况、辐射带动和发展产业情况等进行综合检查，确保参加培训的人数准确，质量高。经检查验收后，市农民科技培训管理机构对农民培训工作成绩突出的培训单位进行表彰奖励，对验收不合格的培训单位取消其下年度申报农民培训项目的资格，并在全市通报批评。

5.3 供需单位的障碍

我国职业培训现有的办学规模和庞大的办学潜力与现实的人才需求很不协调。虽然每年参加农村剩余劳动力转移培训的学员都在增加，但仍不能满足需要。

5.3.1 供需双方利益的博弈

博弈论是行为双方在平等的对局中各自根据对方的策略变换自己的对抗策略，以达到取胜的目的。在劳动力市场中，作为就业方的农村剩余劳动力和作为接纳方的企业等组织在选择与被选择的过程中，其角色在不断发生变化，这实质上是由于双方之间存在利益的博弈。利用博弈工具分析活动中个体的预测行为和实际行为，并研究它们的优化策略，甚至可以预测某些结果。

农村剩余劳动力作为就业者是否愿意选择到用人单位服务，同时用人单位是否愿意接收就业者，针对双方利益得失的选择与判断，构成农村劳动力就业市场普遍存在的动态博弈问题。下面以就业者申请加盟用人单位，即用人单位选择就业者为例，用贝叶斯的不完全信息动态博弈的精炼贝叶斯均衡分析思路量化就业者与用人单位之间的博弈。

就业者申请就职于用人单位，用人单位不知就业者的业务质量。

用人单位知道就业者是高质量类型，当用人单位采取行动集 $C=(c)$ 时，就业者反应为集合 $E=(e)$ 的概率为 20%。

用人单位知道就业者是低质量类型，在用人单位采取行动集 C 下，就业者反应为集合 $E=(e)$ 的概率为 100%。

上述概率是基于主观的一种判断，而这些行动集在现实生活中也确实存在。

就业者与用人单位的博弈开始时，用人单位根据现有的全部信息认为就业者是高质量的概率是 70%，在 70% 的先验概率下，用人单位采取行动集 C 下，就业者反应集合 E 的概率为：

$$0.7 \times 0.2 + (1-0.7) \times 1 = 0.44$$

而根据贝叶斯法则，这时，当就业者确实采取 E 的这一行为，用人单位认为就业者是高质量类型的概率为：

$$0.7 \times (0.2 \div 0.44) = 0.32$$

根据这一新的概率，用人单位针对上述特定就业者采取 E 的概率为：

$$0.32 \times 0.2 + (1-0.32) \times 1 = 0.744$$

如果双方再进行进一步选择和判断，用人单位认为就业者是高质量类型的概率则会下降为：

$$0.32 \times (0.2 \div 0.744) = 0.086$$

这样，用人单位反复选择，期间对就业者的判断逐步发生变化，情况将越来越倾向于就业者是低质量类型，用人单位在与就业者的博弈过程中能清楚判别就业者的质量优劣。

另外，双方的主动权交换，就业者选择用人单位的博弈与此相同[4]。

5.3.2 信息不对称增加的成本

根据信息不对称(information asymmetry)理论，在市场交易中，当一方无法得知另一方的行为或无法获知另一方行动的完全信息，或知晓对方信息成本高昂时，交易一方比另一方拥有更多的信息，双方在信息掌握上的不平衡状态，即双方信息不对称。在研究农村剩余劳动力转移就业方面，可以将这一理论的内涵进行延伸，将其应用领域进行扩展。劳动力培训市场也具有典型的信息不对称特点，具体分析如下。

第一，政府部门的相关管理不到位。虽然各地政府劳动和社会保障部门为拓宽农村剩余劳动力的就业渠道，贯彻落实中央促进农村剩余劳动力进城就业的政策措施，在公共职业介绍服务机构中积极开展相关服务，如“春风活动”，为务工者提供免费的求职登记、职业介绍、职业培训。但同时，由于领导机构不明确，政策规定和法律不健全，劳动力市场的分层未形成，政府部门的管理不到位，城乡就业信息的及时性、有效性传递被阻碍，信息的规模经济效应无法得到发挥。具体表现为在用工信息搜集、整理、发布等环节上搜集渠道单一，信息量少，且后续的信息拓展、延伸和跟踪服务也不到位等。

第二，用人单位存在不公平用工现象。主要原因是信息不对称。在用工内容、用工时间、用工强度与用工条件等信息上，用人单位明显具有优势。农村剩余劳动力的文化技能水平受到限制，以及部分以短暂输出为主，临时性、不稳定性明显。用人单位考虑到这些因素，会对农村剩余劳动力在就业机会和就业待遇上进行歧视，以致一些地方政府为解决本地城镇下岗人员的失业问题，出台规定，明确禁止或限制外来务工者特别是转移的农村剩余劳动力从事某些职业或工种，剥夺农村劳动力的就业权利。制造业、建筑业、住宿餐饮业等以体力劳动为主的行业大量雇佣农村剩余转移劳动力。与城镇居民相比，农村剩余劳动力成本要低廉得多，农村剩余转移劳动力要被迫接受低工资和同工不同酬的待遇，而企业则在这一过程中实现利润的最大化。

第三，劳动力市场中介未能充分发挥其信息服务作用。现阶段农村剩余劳动力转移就业依然主要依靠传统的血缘、地缘人际关系实现，这种就业渠道所提供的就业信息价值含量低，量小、内容单调、容易失真，使转移的农村剩余劳动力不能准确及时地把握各种就业机遇。这种情况充分说明劳动力中介信息服务市场的作用未能充分发挥。特别是一些非法中介机构或公司，利用农村剩余劳动力求职心切和辨别能力弱的弱点，以虚假信息骗取中介服务费，降低了农村剩余劳动力对劳动力市场中介的信任程度。

5.3.3 师资不匹配造成的浪费

现代农业的发展需要新型职业农民，新型职业农民的培育离不开一支高水平、高素质的农民培训师资队伍。师资队伍的优劣往往决定了农民培训事业的成败。因此，农民培训师资队伍建设显得特别重要。师资队伍建设无疑是新型农民培训的前置性问题。虽然目前各地农村剩余劳动力转移培训呈现立体多维化态势，但从根源上讲，培训项目的成效仍然取决于师资。我国各地各机构所举办的各类农村剩余劳动力转移培训的培训师，大都建立在主办方单方自主认定的基础上。这样极易导致培训师资对培训项目不关心，仅仅满足于完成临时性的授课任务，培训师资与培训项目之间缺乏明显的联动机制。随意化、自主化、分散化已严重影响了培训质量，主要表现在以下几个方面。

① 缺少名师带项目。

既没有根据就业形势和经济形势的发展需求和名师的研究主攻方向，也没有围绕名师的特长做培训项目，导致某一领域的超水平技术不能及时实现效益转化。

② 缺少针对性的培训授课方案。

培训师资很少针对培训项目进行专项研究，制定专项培训方案，随意性的授课方式较为常见，这使培训内容难以达到理想的培训效果，无法保证培训项目的科学性和完整性。

③ 存在一授到底现象。

在设计培训方案时，不能按照针对性、务实性、前瞻性的原则进行，而是一劳永逸，某个专题可能会安排某培训教师讲授若干年，一授到底。

造成上述现象的原因有以下几点。

① 师资选拔的目标模糊。我们应该根据培训的目标选拔师资。新型职业农民培训的目标就是培育有科技素质、有职业技能、有经营能力的职业农民。根据这个目标，农民培训的师资应该定位于专业农业科研人员和取得一定成绩的农业科技推广人员、农业政策法规研究人员、现代农业（企业）经营管理人员等。利用他们扎实的理论素养与丰富的实践经验，才能迅速提高受训农民的现代农业素质，提高农业新技术、新产品、新成果的推广覆盖面，极大地提高培训的效率。

② 师资培养建设缺乏系统性。新型职业农民培训是一项系统工程，受训人员涉及管理、经营、生产、服务等各个岗位，贯穿于现代农业系统的各个环节。因此，师资的选拔、培养必须立足全局，兼顾专业知识与教学技能、理论水平与实践能力、知识的广度与深度等要素。系统化师资的构成不但需要重点加强与科研部门、技术推广部门的协作，成立不同的“双师型”专兼职农业专家系统或专家库，为农民培训提供师资保障，而且需要大力培育“土专家”，即对生产实践经验丰富的乡镇农技人员、农民经纪人、种养大户进行师资培训后，纳入师资人才库，以农培农，让身边的能人对农民进行言传身教。同时，加大电化教学、远程教育设施的投入，利用现代远程教育和电化教学手段，确保培训工作的针对性和实效性，切实提高培训质量。

③ 师资素质有待提高。随着时代的进步，教师应不断更新知识储备，以适应时代的需要。农民培训同样如此，培训教师仅传授丰富的知识还不够。只有给受训农民最先进的知识和理念，才可能保证农民的知识和理念的先进性。因此，农民培训机构必须强调师资的继续教育，对师资定期进行“软件升级”，重点对相关人员的思想素质、业务能力等进行培养，从而确保新型职业农民培训的顺利实施。

④ 培训实施的差异性较大。随着农业经济体规模不断扩大，农业生产的地区分工、行业分工、岗位分工日益明显。在合理归类的基础上，区别对待，因材施教，有针对性地开展培训，以确保各个层面的农民都能接受有针对性的培训。

5.4 劳动力个体的障碍

5.4.1 农民“小富即安”

传统的以家庭为单位、以村落为单位的农业生产，已不能适应社会主义市场经济体制。以村、镇为地域范围的特色农业经济发展还未普遍形成规模，科技在农业一线生产中的含量低、创新少。

农村剩余劳动力的大部分受访者文化水平低，对事物的认识有限、短浅。群众普遍存在“不愿出去、不敢出去、不愿意干”的想法。以农民自主创业为例，农民自主创业“先天不足”，制约因素较多，如自主创业的意识较弱，获取的各类生产经营信息有限，农村基础设施较薄弱，农民自身的创业资金和技能匮乏，创业链零散、残缺、低端，生存发展的外围环境相对较差等。长期以来，农民自主创业规模过小，不成气候。农民虽然有强烈的创业意愿和冲动，但自主创业的经验较少，创业知识、信息及技能储备缺乏，创业人员的素质普遍偏低，创业规模较小。

此外，在大多数农民安于现状、小富即安、不思进取的情况下，一部分农村基层干部对自身素质状况也不能正确认识，缺乏创新精神和忧患意识，再加上新中国成立以来长期实施的以农补工的政策，使人们误以为“农村为城镇建设，农民为城镇服务是理所当然的”。

上述因素的共同作用制约着农民接受劳动力转移培训，无益于城镇化建设目标的实现。为此，应该因势利导，大力宣传科技致富，深入调查农民对生产技术的培训需求，按需施教，增强农民参加农村剩余劳动力转移培训的主动性。

5.4.2 劳动力个体“过早辍学”

农民的基本素质具体包括身体素质、文化素质、科学素质、思想道德素质、经济行为素质、政治素质。我国劳动力人口文化程度方面的变化趋势如图 5-1～图 5-5 所示[①]。

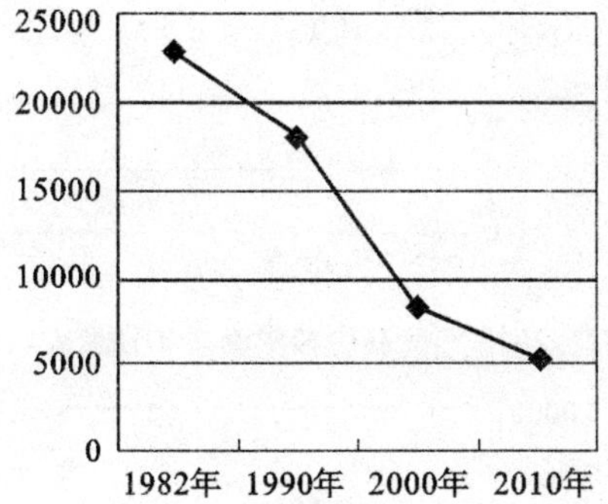

图 5-1 1982—2010 年间文盲人口变化趋势图

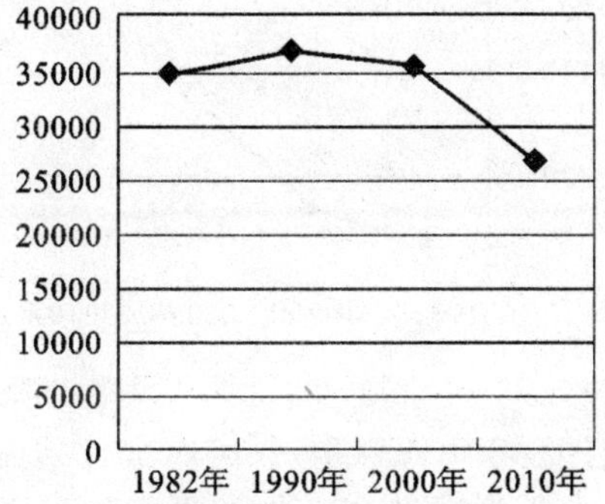

图 5-2 1982—2010 年间小学文化程度人口变化趋势图

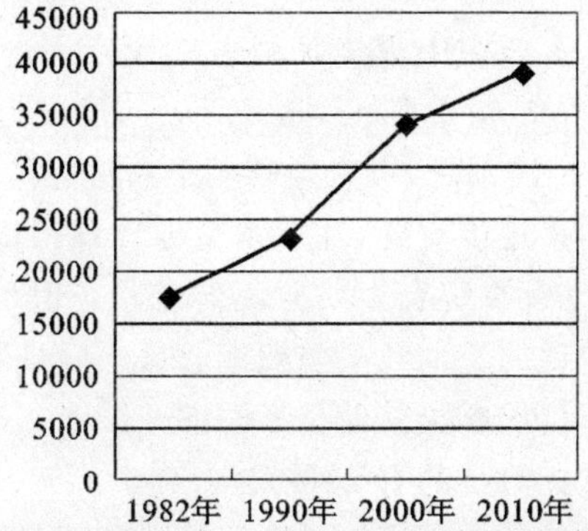

图 5-3 1982—2010 年间初中文化程度人口变化趋势图

① 数据来源:《中国统计年鉴(2012)》。

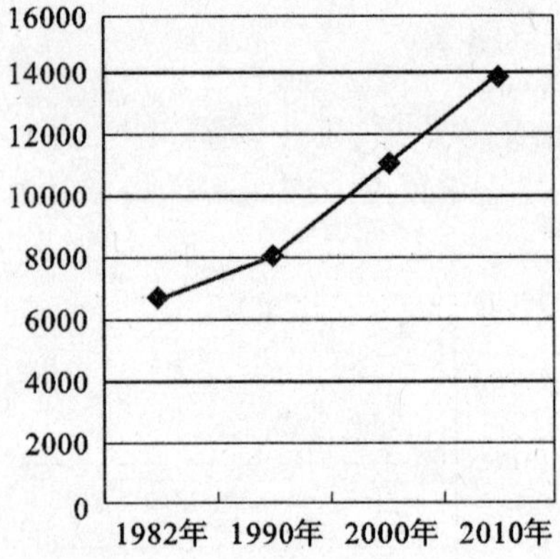

图 5-4　1982—2010 年间高中和中专文化程度人口变化趋势图

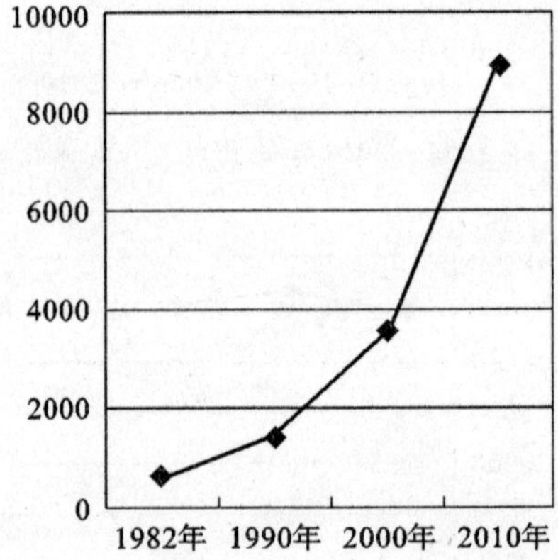

图 5-5　1982—2010 年间大专以上文化程度人口变化趋势图

以上趋势分析显示，20 世纪 80 年代以来，我国农村劳动力的文化程度有一定提高，但与发达国家相比差距还非常大。根据经济合作发展组织（OECD）最新发布的《教育概览2012》，在美国 25～64 岁年龄层的人口中，受过高等教育的比例为 42%，加拿大为 51%，以色列为 46%，日本为 45%，俄罗斯为 54%。

根据资料显示，我国农村人口初中辍学率高达 30%，还有一些农村教师反映，初中的辍学率超过 30%，偏远一点的学校，辍学率甚至达到 50%；离城近的为 20%～30%；平均辍学率达 40%。农民的基础教育比例不足，极大地减弱了农村剩余劳动力转移培训的效果。

近年来，我国农村教育体系逐步完善，九年制义务教育得以实施，使农村教育水平得到很大提升，但与城市相比，还是存在综合素质方面的差距。但目前，我国大多数农民对教育还持有消极态度，在教育与挣钱的长期效应与短期收益之间徘徊。许多人对提高素质、提升技能并不感兴趣，特别是对转移前参加就业指导与职业技能培训认识不够。调查问卷显示，在“是否愿意参加培训？”中选择“否”的有 119 人，占到全部调查对象的 60.1%。因此，我们要从主客观入手，在改变这些落后和不积极进取的观念的同时，要制定出合理的政策去正确引导农村剩余劳动力的转移[5]。

5.4.3 劳动力个体"特长缺失"

《全民科学素质行动计划纲要(2006—2010—2020 年)》将农民列为科学素质行动的重点对象,建立内容丰富、形式多样、适应需求的农村科学教育、宣传和培训体系,以开展农村劳动力转移培训为主要手段,提高农村劳动力的科技素质,逐步缩小城乡居民科学素质的差距,以带动全民科学素质的整体提高。项目调查结果显示,受训者虽具备一定文化基础,但普遍较低,绝大多数受训者对自身的文化程度不满意。再加上培训计划制订不科学,导致不合理的培训时间、不实用的培训内容、不能适应的授课方法等问题,使得农村剩余劳动力培训效果不明显,参加成员对知识、技能的掌握不系统,影响全民科学素质的整体提高。

农民对培训缺乏积极性还源于培训费用问题及缺乏培训信息和职业指导规划,以及农民对培训选择存在盲目性。绝大多数农民没有经过职业培训,没有经过系统、科学的职业培训,不具有相应职业资格,转移就业难度加大,就业竞争力下降。

课题组针对河南省商丘市夏邑县郭店乡孟集村的调查结果显示,通过培训,农村劳动力的农业生产技能素质得到提高,但仍与现代科技发展的要求存在较大差距。抽样调查结果显示,目前孟集村留在农业生产领域的大多是 45 岁以上、文化素质较低的传统农业劳动力;在孟集村所有农业人口中,约有 82 名农村劳动力接受过职业培训,参加过转移培训的人数只占转移总人数的 8% ,认为没必要参加培训的占 75%,认为通过培训能拥有了一技之长的占 60%,有 20 人获得了技术等级证书。

农村特别是山区,地处偏远,比较闭塞,教学条件有限,很多孩子基本上念到初中就不念了,上大学的更少。如今农村农活也不多,大都是机械作业,子女帮不上忙,于是形成了子女文化程度不高,种地又不行,还不到外面去闯荡、学本领,而且依赖父母的现象。因此,农民必须在转变观念,适应社会发展的同时教育好子女,增强他们的生存本领,以促进农村经济的持续发展。

同时,用工单位在激烈的市场竞争下对成本最小化的追求和劳动岗位性质所带来的临时性工作,以及劳动力对报酬的无止境追求,导致员工流动性过高,用工单位面临员工培训成本流失的风险。正因为如此,用工单位不愿通过劳动力转移培训机构实施农村劳动力培训工作,他们宁肯以高工资招聘经验丰富的技术工,也不提供培训[6]。

注释

[1] 张丽华.福建省农村劳动力转移培训研究[D].福州:福建农林大学,2011.

[2] 谢正勤,钟甫宁.农村劳动力的流动性与人力资本和社会资源的关系研究——基于江苏农户调查数据的实证分析[J]. 农业经济问题,2006(8) :17-18.

[3] 张桂春,张琳琳.我国农村转移劳动力教育与培训研究的反思与重构[J].辽宁师范大学学报:社会科学版,2008(3) :51-54.

[4] 庞飞.高校毕业生就业选择的博弈分析[J].中国集体经济,2008(19):53-54.

[5] 国务院研究室课题组.中国农民工调研报告[M].北京:中国言实出版社,2006.

[6] 张扬.农村劳动力转移培训中的障碍性因素分析[J].经济研究导刊,2012(34):124-125.

6　农村剩余劳动力转移培训有关要素的整合

农村剩余劳动力转移中的培训工作是提高劳动力就业质量、增加其收入的关键，但是在培训中存在各种问题，如前面提到的农民自身认识的问题；农民对国家、当地政府颁布的有关培训计划和政策文件不了解；培训委托人、培训机构不了解市场需求及农民工的实际文化程度、技能水平而进行的盲目培训；培训内容不适应市场的需求而造成的无效培训；用人企业因农民工流动性大而缺乏对农民工培训的热情等，这些因素都会影响到农民工培训的效果。因此，需要对各种农村剩余劳动力培训资源进行整合，以提高培训的效果。

6.1　培训政策的整合

6.1.1　培训政策整合的基础

农村剩余劳动力转移程度与社会的经济发展以及农村劳动力自身素质有着密切的关系。近年来，我国经济的增长主要是依靠投资、出口拉动。这使得外部因素的分量越来越重。受外需减弱的影响，我国经济增长自 2011 年第一季度开始逐渐回落，回落的幅度虽然不像起初那么大，但是影响却是长时间的，足足延续了 7 个季度，到 2012 年第三季度，GDP 增速甚至降至 7.4%，这不仅与前 10 年我国经济平均 10.7%的增速存在较大落差，即便与被称为新世纪以来经济发展最为困难的 2009 年 9.2%的增速相比，降幅也相当明显。2011 年，中央经济工作会议强调“牢牢把握扩大内需这一战略基点”“牢牢把握发展实体经济这一坚实基础”等四个“牢牢把握”，明确把发展实体经济作为坚实基础。中央突出强调要重视实体经济发展，并从金融、资金和人才培养等方面采取了一系列政策措施来支持实体经济发展。2013 年，李克强总理在全国“两会”结束后的记者招待会上提出“打造中国经济升级版”，其中科技创新是“中国经济升级版”的核心，这些经济实体的发展、科技的创新都要求人才的专业化、技术化水平越来越高。虽然 2011 年、2012 年我国超额完成全年城镇新增就业 900 万人的目标任务，但针对超过 2.3 亿的流动人口大军，如何有效地提高这些人的服务能力、专业水平、技术水平，使之更好地服务于社会，成为我国亟须解决的一个重要问题。社会经济发展中的第一产业——农业属于弱质产业，外部效益明显，比较效益较低。而我国的农业人口科技文化素质不高，对于新兴的现代农业科技运用能力较弱，导致农业生产中还存在粗放管理、先进技术推广较慢、资源消耗较大、环境污染严重等问题；同时，在市场机制的作用下出现社会资源向非农业、向城市转移加快，农村劳动力中男性的中青年劳动力向非农业、向城市转移比例进一步扩大，出现在农村中的农业劳动力总体年龄越来越大，女性越来越多，后备劳动力严重不足等现象。农民教育培训工作面临着重大的挑战。为确保“十二五”期间全面实现农民教育培训目标任务，农业部印发了关于《全国农民教育培训“十二五”发展规划》的通知。通知规定了国家要重点实施的五大工程：农村劳动力职业技能培训工程、农民创业培训工程、农民学历提升工程、农民教育培训条件建设工程、农民教育培训师资队伍建设工程。通过国家重点建设的这五大工程，加强农民教育培训工作，切实提高农民科技文化素质和技能，为发展现代农业和建设社会主义新农村提供强有力的人才支撑。

改革开放以来，工业化、信息化、城镇化、市场化、国际化的进程不断加快。我国经济体制深刻变革，社会活力显著增强，农村剩余劳动力的转移程度也不断增加。到2012年，我国城镇化率已达到52.6%，但是达到真正意义上的“城镇化”的只有34%左右，主要是由于大量的进城农业转移人口虽然在统计时被统计为城镇常住人口，但他们未能在教育、就业、医疗、养老、保障性住房等方面平等享受与城镇居民相同的基本公共服务和社会保障，并没有真正成为所在城镇的居民，而是成为城乡、地区间巨大的流动群体。要使这庞大的流动群体成为符合现代工业化变革进程中合格的劳务人员，推动农业劳动力向非农业转移，解决隐藏的社会矛盾，就业前的培训就变得越来越重要，劳动力转移的培训压力也变得越来越大。

我们需要通过调整转移就业培训政策，让更多的农村剩余劳动力进行培训，掌握更多、更精的专业技能和安全知识，了解农民工务工维权、城市生活常识，接受卫生健康教育，全面提高专业技能、经济收入和自身的综合素质，通过再就业的培训改善就业及生活环境。

6.1.2 培训政策整合的思路

为适应国际经济环境的变化，提高我国企业产品的竞争力，提高产品的技术含量和企业的科技创新能力及水平，提高产业工人的技术水平，成功有效地实现农村劳动力转移，推进新型城镇化建设，增强农村城镇的城市功能，实现我国从传统型的人口产业结构向现代型人口产业结构的转换，创建和谐社会，是我们国家发展中一项重要的、长期的、艰巨的任务。

2012年农业部印发《全国农民教育培训“十二五”发展规划》，要求各级政府围绕着“十二五”规划中农业和农村经济发展的总体目标和中心任务，充分利用现有的国家政策及政府，社会的各级、各类培训机构，针对在农业生产中的各种技术、经营上的问题，开展多层次、多形式的培训教育活动，提高农民对现代农业科学技术的应用能力，培养专门从事农业加工、销售的人才，培养符合我国国情、省情、区情的职业农民。农业生产的专业化、规模化、科学化、集约化程度的不断提高，产业链的不断延伸，农业生产、经营工作中岗位的不断细化，新岗位的不断出现，以及农业工作的职业化，进一步解决了农村剩余劳动力就地就业问题，同时也培育了一批扎根农村生产的实用型、应用型人才，为我国建设社会主义新农村、发展现代化农业提供了人才保障。

在建设好社会主义新农村的同时，国家也应高度重视对农村剩余劳动力的转移工作，因为这涉及我国城镇化建设及经济的发展。党的十八大报告指出“坚持走中国特色新型工业化、信息化、城镇化、农业现代化道路，推动信息化和工业化深度融合、工业化和城镇化良性互动、城镇化和农业现代化相互协调，促进工业化、信息化、城镇化、农业现代化同步发展”，同时强调把科技创新摆上国家发展全局的战略位置，逐步进行新农村建设，保障农村人口的义务教育、基本医疗和住房，同时介绍在全国城镇化建设、劳动力转移就业等工作中的先进典型经验，如河北省、天津华明镇等。从2011年开始，党中央制定了新十年农村扶贫开发纲要，对一些分布在边境、山区和少数民族地区，自然环境恶劣，人口素质低，社会发展程度不高的农村进行建设，对农村剩余劳动力的转移采取更加有力的措施，给予更加倾斜的政策支持。

随着城镇化进程的加快和农业生产力水平的提高，农村土地越来越少，这使得农村的富余劳动力越来越多。这些劳动力的再就业问题就成为当地政府最关切的问题。很多地方政府都会出台相关的政策来支持、指导农村剩余劳动力转移的培训工作。通过培训资源的整合，发挥大学在农业科研服务、职业技能培训中的积极作用，改善农村剩余劳动力普遍存在的专业技术缺乏、劳动技能不足、就业层次低等问题，使他们由单纯的体力型劳务提供者向智能型劳务提供者转变。例如，河北省在2010年发布的《关于进一步做好农村劳动力转移就业工作的意见》(冀政〔2010〕79号)就对农村剩余劳动力在转移过程中的组织、培训、保障进行了规定。

同时，在劳动就业培训上，一方面地方政府大力支持，大多数都设立专项的资金支持培训工作，并针对当地的劳动力现状进行分析，指导培训部门加大对实用技能、特色产业培训的投入；另一方面，用人单位为了提高本单位员工的技术能力水平，也愿意招收经过培训的员工，同时为了使他们能够更快适应企业、适应现代生产的要求，也会定期对他们进行培训。随着就地转移就业、户籍政策的变化、医疗保障的实施范围进一步扩大，以及人们对农民工看法的逐渐转变，农民工的就业观念发生了很大变化，对待就业再培训的态度也由被动转变为主动，这使很多的具有培训能力的机构或企业参与培训的积极性有所提高。

6.1.3 培训政策整合的方略

在农村剩余劳动力转移的培训上，要使培训后的农民工能够自主创业，还能适应现代企业的需求，使经过培训后的农民工人力资本水平得到综合、系统的提升，我们必须对现有的培训政策予以整合，具体表现在以下几个方面。

(1)逐步完善宏观政策和法律体系，使农民工的权益得到进一步保障，让其放心地进行培训

通过进一步改革户籍制度，放松对原有的户籍管制，允许城市中有固定住所、稳定职业或生活来源的农民工办理城镇户口，在购房、医疗保障、子女的教育上享有与城市市民一样的待遇。由政府引导舆论，使城市更加开放、包容、民主，使农民、农民工享有平等的在城市居住的权利，让他们没有后顾之忧，可以拿出更多的资金参加培训，进一步提高自己的专业技能及收入水平，改善工作、生活的环境，促进社会的进步与和谐。

国家还应进一步完善法律环境和政策环境，以支持培训教育工作。在行业中明确培训的地位、培训资金的投入量，规定各个单位在员工培训工作中的责任和义务；对培训机构进行设置及建设，对经费的来源、运作等方面也应作出法律规定。

(2)政府加强对农民工培训的组织、宏观调控及服务功能

政府加强对农民工培训的组织、宏观调控及服务功能表现在三个方面：一是充分发挥政府在农村剩余劳动力、农民工培训领域的主导作用，通过政府的宏观调控，综合运用行政手

段、财政手段、制度手段、法律手段推进培训工作，调整培训内容及规模，适应各自区域在第一产业、第二产业、第三产业之间的结构调整，为进城的农民提供更广泛的就业空间；二是强化政府的服务职能，加强审计监管力度，打破农民工培训市场的垄断，引入竞争激励机制，加大财政对农民工培训的投入力度，采用支教等形式，动员大学的教师、学生到乡镇对培训工作进行智力支援，并形成长效机制；三是引导就地创业，完善农村信贷市场，扩大就业机会。根据凯恩斯的有效需求不足理论，要想保持国家经济持续、稳定增长，解决好劳动力就业问题就是主要的突破口。随着2013年我国大学生就业形势日益严峻，加上我国大中城市对劳动力吸纳能力有限，农村剩余劳动力在城市劳动力市场上的就业成为一个严峻的问题，在城市劳动力市场中竞争力不断下降。城市生存的压力、乡土归属感和自身劳动力供给现状，使一部分劳动力宁愿回到家乡，融入当地农村社区生活。根据这一现状，引导、鼓励劳动力就地创业，完善农村信贷市场，并为这种创业提供部分资金的支持，成为政府的一项重要工作。这不仅能够实现一部分人的自我就业，还可以促进当地一部分劳动力的集体就业，实现农村剩余劳动力的自由配置。

(3)进一步发展当地经济，鼓励企业聘用农民工及对一线员工进行再培训

各地政府部门通过调控地方税种、增加补贴等多种手段，鼓励企业聘用农民工，特别是对贫困地区的农民工进行适当补贴，如在所得税的计算中，对于“职工教育基金”在不超过职工工资的1.5%时，可以计入当期的成本费用，在税前列支减少了税负，调动企业对员工培训的积极性；鼓励企业的产品创新及生产技术创新，让企业主动参与生产技术改造、产品创新。通过生产效率的提高、产品的更新，创造更多的价值，使企业更加重视对员工技术能力、职业能力的培养。同时，当地乡镇政府也应当采取措施发展乡村经济，鼓励和吸引农业剩余劳动力实现就地转移就业。

(4)实现政企分开，合理引导培训，促进市场的形成

坚决剥离政府下属部门举办社会事业培训的职能。在农民工培训过程中，政府只能起指导、引导、监管作用，做到“管办分离”，杜绝政府部门与培训机构利用职务之便以及培训之名获取不正当的财政补贴。政府不仅应根据市场需求，组织农民进行转移就业培训，还应引导培训市场合理、健康运行。政府应发挥其调控作用，完善培训机构的审批、审核制度，鼓励社会福利、社会慈善资本进入农民工培训行业，建立市场竞争机制，并进一步规范培训过程及培训内容，形成健康、有机的竞争环境，促进农民工培训市场的健康发展。

(5)整合教育培训资源，提高培训效率

政府以高等院校、科研院所为引领，各种农业培训机构、农业技术推广体系、多媒体教育机构为依托，整合现有的教育、培训资源，完善、改造一批教育培训机构。为满足市场需求，鼓励农业高校加强教学、实训以及实验基地的建设，进行新技术、新农业产品的开发，解决实际的农业生产问题，提高院校、科研机构的社会服务能力；农业广播电视学校，各级农业科技服务、推广站，各类农业培训机构完善教学培训的条件，建设一批在当地农村剩余劳动力转移培训工作中具有示范和带头作用的培训基地及示范基地，对高校研究出的新技术、新产品进行推广，提高培训的效果，使参加培训的农民在短期内能见到经济效益，从而形成愿教、愿学的良性循环，最终逐步形成新型的产、学、研相结合的农业培训及教育模式。

除此以外，各级政府还应加强各类培训机构与企业、劳务输出（派遣）机构的直接联系，根据企业的用人要求以及劳务输出机构的要求，对农民工进行知识、技术、能力上的培训，提高务工人员的综合素质；鼓励各类教育培训机构积极参加企业的内训工作，提高培训工作的质量和效益。国家通过税收、农民工就业鼓励、大学生顶岗实习实训基地企业补贴等手段及方式，促使企业积极进行员工的内训，不断进行人才的内部交流，提高员工的岗位技术能力及综合素质，为企业的发展奠定基础。同时，各级政府应规范双方应负的法律责任，制订鼓励措施，加强在业务上的指导与过程中的监督、管理。

同时，在中高等教育中，也要加强各类资源向农村、农民、农民工倾斜。一是加快中高职院校的专业建设工作，针对在现代化新农村建设中遇见的各种技术问题、操作问题，扩展专业范围和课程内容，解决新技术、新设备、新产品的推广应用问题；针对农业生产中所涉及的行业和职业的具体要求，分析必须掌握的知识与技能，调整专业的结构，重塑教学模式与教学方法，提高毕业生的实际运用能力及综合素质，提高就业质量。二是加大各类院校面向农民工子女及农村的招生、培训规模，通过扩大招生比例的方式，弥补教育资源不平衡而造成的教育质量的不平衡，使农村剩余劳动力转移有了新的途径，并通过这种途径提高了劳动力的素质。三是各类院校大力发展面向农村的分校，加大中职、高职、成人的招生力度，使之成为农村劳动力转移培训工作的重要阵地，同时应因地制宜地开展文化、技术、技能的培训，充实农村职业教育与就业培训，为农村的职业农民及进城务工的农民工提供有效的教育培训工作。

6.2 培训方式的整合

6.2.1 培训方式整合的基础

虽然教育部有关负责人表示，经过多年的努力到2012年全国农村学生录取人数占全国录取人数比例达到59.1%，农村学生与城市学生进入普通高校学习的机会基本相同，但很多人将上大学作为跳出农门的阶梯、跳板，这使得农村人口的文化程度提升较为缓慢。清华大学社会科学学院院长李强指出："向城市转移的农民类型，主要分为流动人口、失地农民和在地农民"。这些向城市转移的农村人口具有以下特点：男性占绝对多数；农民工主要是青壮年，平均年龄约为28岁[1]；农民工文化素质高于留守农民；在这些新生代农民工中，44%的人完全没有务农经历，44.1%的人偶尔务农，经常务农的比例只有11.9%[2]。这就使在农村剩余劳动力转移培训中针对原留守农民转移和农民工的再就业培训在培训方式及内容上会有所不同。

目前，我国针对农村剩余劳动力的培训以及农民培训的组织、实施主体多样化，具体涉及政府的多个部门、几十个单位，这样有利也有弊。从利的方面来看，我国各地方政府非常重视农民、农民工的教育培训工作，他们根据当地的经济社会发展的情况，城镇化率的目标以及城乡具体的经济、文化差异，制定了本地区的农民教育培训发展的规划，甚至推动了当地农民教育培训的立法工作，完善了农民教育培训的管理制度；多个部门、几十个单位参与农民教育培训工作，使各类企业更加重视农民工的培训，也使这些教育培训的分类更加完善，内容更加符合现代社会、企业的要求。从弊的方面来看，参与农村剩余劳动力培训的组织主体分散，各个部门、单位都有垂直管理单位，由于政府宏观调控力度不强、整体规划性不强，造成很多培训项目都以“条条为主”的方式运行，不可避免地形成各个培训组织、项目之间各自为政、相互隔绝的现象，造成农民盲目选择培训项目，农民培训低水平重复现象，产生农民培训这种稀缺资源的浪费现象，也使得培训市场出现在竞争中的无序及在资源配置上的不公平。

随着新农村建设的开展，电视、广播、互联网等硬件条件深入农村，为农村剩余劳动力转移培训提供了多条途径。这种组织、实施主体的多样化，培训手段、途径的多样化，使得需要对农村剩余劳动力转移培训的方式进行进一步整合。

6.2.2 培训方式整合的路径

解决农民培训问题，主要从农民培训和农村剩余劳动力培训两个方面进行。一般培训方式有个人技能培训和企业培训两种。现阶段，对培训方式的整合主要由国家、政府引导。

每年的年初，中央都会在一号文件中对农民的培训工作提出具体的要求。“十一五”期间，初步形成了以各级政府为主导，高等院校、科研院所为引领，各种农业培训机构、农业技术推广体系、多媒体教育机构为依托，企业和民间组织积极参与的农民教育培训体系。到2011年底，我国有4200多所县级以上的农村职业高中，339所农业职业技术学院和农业中专学校，2577所农业广播电视学校，2.2万个县级农业技术推广机构，8.15万个乡镇农技推广机构。通过这一系列农民教育培训体系的建设，初步完善了农民培训和农村剩余劳动力培训体系，形成了政府、企业、培训机构相互衔接的教育培训机制。同时，“十一五”期间，还加大了对农民教育培训经费的投入，仅农村劳动力转移培训阳光工程和新型农民科技培训工程资金投入就是“十五”期间的6.5倍，达到56亿元；培训的人员数量是“十五”期间的2.3倍，共计培训农民1900多万人。

通过完善农村培训体系，形成了多层次、多方式共存的局面。在农民培训和农村剩余劳动力培训中，先要去整合分属教育部门、劳动和社会保障部门等多个管理部门的相关职能，做到令发一家（或联合署名），加强行政部门之间的协调性、统一性；然后在多层次的培训、教育体系中，由政府引导各教育机构加强沟通。在农村人口的培训中，因为学员的起点较低，人才培养会出现较大的差异，所以，对培养目标、专业设置、衡量标准等具体的办学指标应进行规范与统一，使各教育、培训机构根据不同的培训内容及培训目的选择生源，选择不同的培训教育方式，进行良性竞争，以免出现各自为政、争抢生源等无序竞争现象。

在对农村剩余劳动力的培训工作中，针对初次务工、再次务工的农民工的不同特点，根据本地区的产业特点，从生产、经营、管理、服务等多个方面入手，开发适合农民工特点及需求的教育、培训工作。政府可以利用人才交流市场、就业指导部门反馈的信息进行分类，联合各类培训、教育机构开发合适的职业课程，制定统一的培训内容和毕业、结业标准，由各类培训教育机构开展多层次、多形式、多渠道的培训教育工作，提高农民工在就业市场的竞争力。政府还应加强对农民工的就业指导，地方政府、劳务中介为农民工提供就业信息、职业指导和职业介绍等服务，让农民工有目标地进行就业前的培训工作。同时，还可以利用企业用人的要求，鼓励企业进行内部培训，提高员工的基本素质与技能。这样加强了教育培训的针对性，确保了教育培训的实效性。

6.2.3 培训方式整合的措施

“十一五”期间，我国政府部门针对农民教育培训中发现的问题，积极对各部门在此项工作中的职责内容进行了整合，充分调动了高校、科研院所及农业技术培训机构和社会的培训力量，采用普及性培训与专项培训相结合、务农培训与务工培训相结合、技能培训与职业教育相结合、学历教育与非学历教育相结合等多种培训方式，为提高农村人口及农村剩余劳动转移人口的技能和综合素质奠定了基础。在进行多领域、多层次、多类型的教育培训中，对培训方式进行进一步整合，提高了教学、培训的质量，其具体方法如下。

(1)多媒体视听法

因农村人口的文化程度低于城镇人口，培训的内容需要更加直观，培训的操作性应该更强，应更符合职业教育的特色。在培训工作中，充分发挥农业广播电视学校、农业职业教育院校、农民教育培训机构的主渠道作用，利用高等院校、科研机构以及各类教学培训机构的师资资源，运用电视机、录像机、幻灯片、投影仪、计算机网络等多种手段，采用视觉、听觉的双重刺激，把先进的农业生产、加工技术介绍给农民，使农民及农民工能够快速地掌握农业生产技能及其他职业技能。

(2)主题式培训法

主题式培训法即按照当地农业环境现状、就业企业的需求，围绕着培训目的，紧密结合培训人员的实际情况，为某个区域、某个企业量身定制的个性化培训解决方案。这样可以更加充分地调动、利用各种资源，提供的培训更具有针对性、实效性，满足农民农业生产和农民工所在企业的需求。这种培训方式结合某一个(或某类)具体的问题，进行有针对性的实战培训，可以解决农民的具体问题或提升企业绩效，受到培训者的认可。

(3)现场操作示范法

利用农科院所、农业技术推广机构、职业院校等教育培训机构的师资力量，采用现场操作示范法，在现场向受训人员简单地讲授操作理论与技术规范，再进行标准化的操作示范演示。学员通过现场的观摩后，进行模仿练习操作，在培训教员的现场指导下，随时纠正操作中的错误或失误，直至符合规范的操作程序和要求。这种培训方式是最容易让人接受的，但是因为是现场教学，对教学准备的要求比较高，同时现场的人数也有限制，有点像师徒式的培训，所以在推广上有些慢。

(4)咨询式培训法

咨询式培训法即政府部门或农业服务机构设立专门的咨询部门及机构，让农民及农民工能够利用各种资源进行咨询培训，由受训者主动提出问题，专家进行针对性的解答，并在解答的过程中进行培训。例如，现在很多乡镇居民都安装了计算机网络，可以通过计算机网络在线进行该类培训。这种培训方式要求围绕着一个主题或方面，内容不一定十分明确，对培训师的要求十分高。培训师必须是在这一方面有丰富经验的专家，不仅精通理论，还有非常丰富的实际经验。这样的培训还要求事先对问题有比较好的把握，如果受训者提不出问题，或者对问题把握不准，那么培训效果就会大打折扣。

(5)宣传广告培训法

宣传广告培训法是在乡镇、企业内部区域的墙上或广告栏上张贴培训内容,提出当前最关注的或经常出现的问题,或需要村民、员工掌握的培训知识,供村民、员工在业余时间进行自我学习或观看。这是最为常用的培训方式之一,效果也不错,并被广泛采用。

6.3 培训内容的整合

6.3.1 培训内容整合的基础

自2008年以来,由于国际经济环境不景气,我国外向型经济受到很大的影响,造成大量农民工回流。截至2009年底,仅湖南就有近30万农民工返乡,但这些农民工大多掌握了一定的技能。针对大量的农民工回流现象及他们所具有的特点,政府把他们纳入当地的就业计划,统筹解决农民问题,编制农村剩余劳动力培训和就业规划,发动当地的农科院所、大学、职业院校、培训机构等,大规模地开展形式多样的农民技能培训。针对本地区的就业结构和行业、企业特点开展就业培训,实现农民就地就近就业的培训,让所有农民都能享受到均等的培训和就业机会;并开展了"离土不离乡""自主创业"等多种就业方式,鼓励剩余劳动力再就业。例如,湖南的返乡农民工建立了10万多个返乡创业型民营企业,吸纳110万返乡农民工就近就业。

随着农村基本经营制度的不断巩固和完善,强农、惠农政策体系逐步完善,种植大户、养殖大户、农业企业、农民的专业合作经济组织等新型农业生产经营主体不断涌现,农业生产、经营的专业化、集约化、规模化、标准化程度越来越高,不仅通过劳动致富,还通过农产品的生产、加工、经营初步形成农业生产的供应链,最终形成产业链,增加了大量的新的岗位和职业。这进一步扩大了农业人口培训对象的范围,也扩大了农民的就业空间和教育培训领域。

随着经济的进一步发展,国家提出"打造中国经济升级版"的目标,对农村剩余劳动力的利用及吸纳上有着更高的要求。在农业生产、经营中逐步形成专业化、职业化的进程,农业生产、生活中的分工越来越细化,不仅有具体从事农业生产的工作,还有从事农业生产加工、经营的工作,也有为建设新农村而从事社会管理与服务事业的工作,形成了越来越固定、专业的职业活动。在这些职业活动中,岗位越来越专业,对其岗位的职业能力要求也越来越高。这就要求在不同文化层次的农村人口培训中,针对不同地区特点、行业特点、产业特点、就业特点、具体的农民素质结构等因素,开发符合当地就业岗位特色的培训内容。随着农村人口文化素质的不断提高,收入水平的不断上升,这些培训的内容又要具有一定的综合性,也就是不仅要满足在农业生产、经营管理一个或多个岗位的需求,还要满足创业、增收致富和自身发展的各种需求。那么,这些培训内容就从专项技能培训变成综合技能培训,从短期的非学历培训变成长期的学历培训。这些都促使培训内容不断地进行优化整合。

6.3.2 培训内容整合的方法

针对培训内容进行整合时，我们考虑培训的目的和层次，将其归纳为两类培训与一个教育。

(1)引导性培训

引导性培训是对即将进城务工的人员进行必要的、综合的短期知识培训(一般在1个月以内)。它主要是针对农民工在城镇工作、生活中常遇见的一些工伤、养老、医疗、意外人身伤害、薪金、就业信息取得、合同的签订等方面的问题，进行有针对性的培训工作。引导性培训能够使农村剩余劳动力大胆走出家乡，摆脱贫困，是适应新环境的一项必不可少的工作。其效果有时远远好于某些形式上的所谓的“技能培训”。因为技能培训专业性强，培训目标明确，针对性强，培养出来的学员需要用人单位用得上，这就使技能培训不能大规模地开展。有时，到了企业还需要进行再次培训，造成培训资源的浪费。再者，因为培训时间一般都是短期的，如果进行技能培训，会使培养出来的学员不论在理论上还是在实际操作上都一知半解，所以在外出务工时，一般由各级政府，尤其是劳务输出地的政府相关部门统筹开展培训，消除外出务工人员的思想顾虑，增强务工人员的择业信心。其培训的内容有基本权益保护、法律知识、生活常识等。目的在于增强农民工依法维护自身权益的能力，充分调动外出务工人员的积极性，提高家庭人均纯收入水平。引导性培训要通过咨询服务、集中办班、印发资料以及广播、电视、互联网等手段灵活开展。

(2)职业技能培训

职业技能培训是按照国家职业分类和职业技能标准进行规范性的、长期的培训(一般在1个月以上)。通过此类培训，员工能够胜任新的工作岗位，具有该岗位所需要的职业技能。职业技能培训主要是在各级政府的引导和支持下，由各类培训机构、用人单位开展的培训工作。职业技能培训的内容是根据国家职业标准和不同行业、不同工种、不同岗位对从业人员基本技能和技术操作规程的要求，以工作岗位所具备的技能为基础，通过对岗位所需要的技能点、知识点进行分析，最终确定的。职业技能培训的目的在于提高农民工岗位工作能力，增强农民工就业竞争力。职业技能培训以定点和定向培训为主。当前的培训重点是家政服务、保健、餐饮、建筑、酒店、制造等行业的职业技能。近年来，为鼓励自主创业，由政府相关部门牵头对具备相应条件并有创业意向的农民工开展创业培训，提供创业指导，并提供一定的资金支持。

(3)扩大提高农民素质的学历教育

针对现代化、集团化、标准化的农业生产，以及党的十八大所强调的科技创新与“中国经济升级”的新要求，社会所需要的员工不仅要在技术上熟练，还要具有更高的综合素质和创新能力。这就要求从业者不断地学习，提高自己的学识水平，到工作中去创新、去变革。很多福利、工资水平较好的企业，入职的门槛也逐步提高，这将促使农民工主动去提高学历。

在“十二五”规划中，我们要达到的目标是：农民教育培训覆盖全国所有乡村；围绕农民生产生活实际开展实用技术培训5亿人次，要因地制宜地使每个受训农民掌握1～2项实用技术，结合区域优势产业布局和主导产业发展，开展现代农业产业技术培训1000万人；培养具有中高等学历的高素质新型农民100万人；开展农村实用人才带头人和农民职业技能培训2500万人、农民创业培训25万人。

6.3.3 培训内容整合的对策

根据农业、工业的产业升级需要，我们一般采用以下对策对培训内容进行整合。

(1)深入开展农业实用技术培训

2012年，中央一号文件就将主题锁定在"农业科技"上，这就需要高校、科研院所围绕着高产农作物培育、菜篮子工程、森林草原的保护与建设、农村生态能源、农业生产产业链规划以及新农村建设和现代农业公共服务能力建设等多方面进行创新和研究。由农业科技推广部门结合本地区的交通、气候、土壤等社会、环境因素，结合农时季节因地制宜，综合运用多种培训方式，通过现场培训、入户指导、集中办班等多种方式，利用电视、网络、广播等多种手段，开展优质高产新品种、高产高效种养技术、农机化新技术、节本增效技术、节水灌溉技术、防灾减灾技术、农作物病虫害防治技术、农产品产地初加工技术等多方面的培训，提高高校及科研院所的农业科技成果转化率，提高农民农业生产水平和产业链的发展能力，推动农业生产经营向专业化、标准化、规模化、集约化大生产转变，让广大农民掌握更多更实用的致富技能，获得更多的就业机会。

(2)系统开展农民职业技能培训

依托当地特色与企业需求特征，重点对农民工和为农村生产经营服务的农民进行系统的职业技能培训。一般利用农闲或者放假期间进行时间较长的培训。通过系统地开展农民职业技能的培训工作，使农民工具有在农业生产及农业生产延伸领域工作的能力，使农民增加了收入，进一步促进了农业产业链的发展，提高了农村剩余劳动力在非农业领域的职业技术能力和经营服务水平，增强了其就业的竞争力，推动其自主创业，使农村的第二产业、第三产业健康有序发展。同时，加强外出务工农民的职业技能培训，升级岗位技能水平，还可以使外出务工者提高就业竞争力、工资待遇水平、家庭人均纯收入水平。

(3)扎实开展农民创业培训

农民创业培训是通过培训，使学员树立并增强创业理念，掌握创业技巧，提高创业能力。农民创业培训一般由政府财政进行支持，时间较短。该类培训不同于SYB(创业)培训，它一般针对有一定创业基础的外出务工返乡人员、科技带头人、农村企业创办者和有志于农村创业的大中专毕业生，更有针对性、实用性、实效性。通过因地制宜的创业培训，促进其创办农业企业，提高经营水平，扩大经营规模，进行新技术、新品种、新模式的推广等，不仅实现自我的价值，还能带动周围的乡亲共同致富，促进农村劳动力就地创业或者转移就业。该类培训课程更具有实操性，如：特种养殖培训班，主要讲授特种养殖的现状与发展前景，主要品种、技术、模式的选择，具体的养殖方法，疾病防范，资金的筹措，成本和利润分析，养殖产品的市场营销，创业计划书的编制，相关产业的扶持政策等，易学易懂，操作性强。政府相关部门在组织农民的创业培训时，可以把培训建立在产业链上，按照当地农业生产链的特点，分层次、分产业进行培训，根据现有资源完善产业链。通过创业培训，可以培养和造就一批具有“较高专业技能、较大生产规模、较强创业能力”的高素质、创业型农民，为现代农业的发展和社会主义新农村建设提供有力的人才保证、智力支持和产业支撑。

(4)积极开展农民学历教育

针对我国存在农村人口平均学历水平较低的问题，由政府教育主管部门牵头，联合相关中高职院校开展具有针对性的职业教育与成人教育招生，在每年正常招生时扩大农村人口的招生比例，设立有关农业生产，农产品加工、经营、销售等专业，采取较为灵活的学制，提高这类院校的社会服务能力，不仅吸引农村劳动者就读，还可以通过人才的培养，使更多、更优秀的学生从事农业生产、加工、服务行业。通过此举措，改善农业劳动者学历结构，提高他们的综合素质。

也可以由政府提供补贴，围绕当地的农业生产特色，当地的农业产业布局和基础组织建设的需求，从新型职业农民中选拔突出的农民工人才，采用免试入学、免费培养(指不收取被培养者的学费，由政府补贴入学学费)的方式，将农民送到大中专院校进行学历教育和农业职业技能培训。大专的学历教育可以采用集中面授和函授自学的方式进行，中专的学历教育主要以现有的农业中等职业学校、农业广播电视学校为依托，采用送到县或乡镇的方式进行教学。在教学内容的设置上，把农民的需求放在首位，突出现代农业产业的运营、服务与发展，对英语、高等数学等课程进行删减，增加实用性课程(如信贷实务、劳动法规、计算机应用基础等)，进一步细化专业课程，按照农业生产特点、新技术运用重组课程，增加专项讲座的内容与次数。在教学方式上，可以采用更加灵活的方式，依据不同的农业产品的农时季节，合理地安排授课时间和授课地点，甚至可以采用网络教学的方式，让学员即时学习；建立交互平台，针对农业生产中遇见的实际问题，请学校的专家进行解答，这种方式对提高学员的学习兴趣与学习效果有很大的作用。

6.4 绩效评价体系的整合

6.4.1 绩效评价体系整合的基础

我国十分重视农民培训问题。2004 年，由农业部、财政部、人力资源和社会保障部(劳动和社会保障部)、教育部、科技部、住房和城乡建设部(原“建设部”)六部门共同启动了农村劳动力转移培训阳光工程。截至 2013 年，中央财政累计投入资金 55 亿元，安排各省示范性培训任务 1546 万人，从而有序促进了农村剩余劳动力向非农产业和城镇转移就业，在增加农民收入、提高农民素质等方面发挥了重要作用，并在提高务农农民生产技能、促进粮食增产、增加农民收入、引导农民创业兴业等方面发挥了重要作用。2009 年以前，重点对拟向非农产业和城镇转移的农民，由国家财政补贴在输出地开展就业前的职业技能培训。2009 年以后，为适应现代农业发展和新农村建设需求，阳光工程转向务农农民培训，由六部门共同实施调整为农业部和财政部两部门联合实施，项目名称改为“农村劳动力培训阳光工程”，明确了以服务现代农业发展、培育新型农业生产经营主体和新型职业农民为宗旨，以促进农业增产、农民增收为导向，以提升务农农民生产技能和经营管理能力为目标的工作思路。

2009—2013年，主要对种养大户、家庭农场、农民专业合作社组织和农业社会化服务体系的骨干农民，结合农业产业重大工程项目和农民培训需求，按照农业职业技能培训、农业创业培训和农业专项技术培训三个层次开展培训。

2012年8月，农业部印发了《农业部办公厅关于印发新型职业农民培育试点工作方案的通知》(农办科〔2012〕56号)，在全国100个县开始启动新型职业农民培育试点工作。截至2013年初，农业部依托农村劳动力培训阳光工程安排完成各试点县200名新型职业农民培训任务，并总结经验，印发了《农业部办公厅关于新型职业农民培育试点工作指导意见》(农办科〔2013〕36号)，进一步加强对试点工作的指导。

在国家、政府的大力支持下，针对农村劳动力的培训出现多样化、系统化的趋势，成为当地政府促进农民工就业和帮助低收入群体增加收入的主要切入点。农村剩余劳动力通过培训实现非农就业，不仅可以使自身的收入增加、生活改善，还可以促进新农村建设和现代化农业的发展，同时城镇企业也获得了有技能的劳动力，从而促进企业的发展和新技术的发展。在培训后，90%以上的参训学员进行了转移就业，为当地经济发展提供了有力的人才保障。而转移到外地就业的农民工，部分在积累了资金、学会了技术后返乡创业，又进一步促进了当地农民的转移就业水平和当地的新农村建设。特别是外出返乡的农民工，把城市中先进的生活观念和生活方式带回家乡，在改变农村生活面貌和农民精神面貌方面发挥了重要的示范带头作用。当然对于这些社会效益，也不能夸大其作用。一方面，因为在整体的2亿多的农民工面前，近年来受训的学员人数比例很低，对于减少整体的社会失业率、贫困率和政府社会福利性支出的作用是有限的；另一方面，受训的学员在参加培训后并没有像期望的那样进入更高的职业层次，职业纵向的流动目标还未达到。

6.4.2 绩效评价体系整合的方式

针对不同部门从不同的条块、不同角度对农村剩余劳动力培训、农民培训的绩效进行考核后出现不一致甚至是矛盾的考评结果的现象，在参考西方公共教育支出绩效考评制度和借鉴各种成熟培训管理制度的基础上，通过比较，课题组认为在培训绩效评价体系整合时，要从决策绩效、过程绩效和结果绩效三个阶段来分析，并且对绩效评价体系的数据样本空间、绩效评价制度的完善提出意见。

为保证各部门在统计、评价时基础数据的一致性，建议国家针对阳光工程等培训项目进行多部门的协调，在项目实施初期就要对相关数据进行详细、完整的统计，并且进行长期监控，因为考察教育投入的效益是一个长期的过程，数据的完整性影响到最终分析的完整性及正确性。搜集数据后，要进行完整性、准确性、逻辑性的审核，确保数据的正确性。

在对农村剩余劳动力和农民的培训中，绩效的评价制度也需要不断地完善，针对出现的新问题采用更完善的评价制度。表6-1中“起薪水平的提升率”指标就需要考虑经济发展的程度，如经济发达地区起薪增长率与落后地区的起薪增长率可比性就不高，新疆库车地区因发现石油而招收的临时工起薪就比当地其他企业起薪高很多。因此，在进行绩效分析时，不仅要横向比较，还要纵向比较，要分析变化的具体原因，只有这样，最终的结论才能公正。

表 6-1　　**农村劳动力转移培训项目绩效评价指标表**

一级指标	二级指标	三级指标	四级指标
转移培训绩效	决策绩效	目标论证	目标设定的科学、合理性
		审批流程论证	审批流程的完善性
	过程绩效	资金预算支出情况	中央、省预算资金到位率
			市级配套资金到位率
			工作经费金额
			预算资金使用率
			工作经费占资金支出的比例
		培训组织绩效	人均培训课时
			核心课程课时占总课时的比例
			培训教师人数
		培训补贴绩效	培训任务完成率
			享受培训补贴人数
			人均培训补贴金额
			培训合格率
			培训满意度
	结果绩效	增收绩效	家庭总收入增长率
			非农收入增长率
			起薪水平提升率
		转移就业绩效	就业选择机会提升率
			转移就业人数比率
			自主创业人数比率
			就业稳定时间提升率

6.4.3　绩效评价体系整合的战略

农民增收以及教育效果的呈现都是一个长期的过程。通过对绩效评价体系的整合，建立三个阶段的不同评价体系，使得每个培训项目经过实施达到预定的目标。经过国家的长期投资，用工业反哺农业，积少成多，逐步解决我国农村剩余劳动力转移及农民培训的问题。国家对农业项目政策倾斜后，再通过绩效的评价体系整合，激励和引导相关人员及地方政府在农村劳动力培训上发挥积极作用，用更高的指标解决“三农问题”，让广大农民更多地享受改革红利和经济发展成果。在未来的 10～20 年，使农民收入大幅提高，通过各项保障政策的完善，激发广大农民潜在的巨大消费需求，并以此拉动内需，保证我国经济可持续增长，完成国家在此方面的战略部署。

注释

[1] 国家卫生和计划生育委员会流动人口司.中国流动人口发展报告2013[M].北京:中国人口出版社,2013.

[2] 向楠.亟须赋予新生代农民工企业公民和社区公民身份[N].中国青年报,2012-8-21.

7 农村剩余劳动力转移培训增效的特色模式

7.1 农村剩余劳动力转移培训增效的瓶颈

近年来，在政府部门、培训机构和被培训者三方的共同努力下，农村劳动力转移培训工作取得了阶段性成果。但随着经济社会的发展，农村剩余劳动力转移培训不断出现一些新情况。及时分析这些新情况，加强对制约劳动力转移培训实效提升瓶颈的研究，提出破解制约瓶颈的应对策略，将有利于适应时代新需求，从而提升劳动力转移培训的绩效。

7.1.1 农村剩余劳动力转移培训的新情况

(1)培训工种呈结构性短缺

长期以来，我国农村剩余劳动力一直处于供过于求的状态。近几年，随着国内外经济形势的变化、产业结构的调整及农民工群体外出务工新诉求的产生，"就业难"与"招工难"在全国各地并存。这说明不是劳动力总量上供给不足，而是劳动力结构性短缺与技术性短缺的表现。有一技之长的农民工成为企业争夺和青睐的对象。劳动力的结构性短缺反映在转移培训上就是培训工种和培训内容的结构性短缺。2010 年国民经济运行综合报告显示，我国外出劳动力接受转移培训的比重只占到 28%，未来 10～30 年，有技能的农村劳动力将长期处于紧缺状态。培训工种、培训项目的结构性短缺是劳动力转移培训工作面临的重要问题，但同时也为转移培训工作提供了新机遇。

(2)转移培训需求总量较大

第一批农村剩余劳动力从 20 世纪 80 年代中期开始大规模进城务工，经过 30 多年的时间，他们中大部分人已步入中老年，并开始退出城市，他们的子女逐步成为农民工的构成主体，在经济社会中发挥着越来越重要的作用。2011 年中华全国总工会发布的调查报告表明，20 世纪 80 年代后出生的、年满 16 周岁的新生代农民工数量已经达到 8487 万人，占外出农民工总数的 58.4%。新生代农民工比老一代具有更好的教育基础，特别是随着越来越多的农民工子女随父母在流入地生长，他们大部分缺乏务农经历，对农村的土地情结较弱，对流入地的认同感和归属感比原籍地更强。他们不愿意返回农村，而更渴望融入城市，成为真正的城市市民。新生代农民工庞大的数量与强烈的转移愿望构成了对劳动力转移培训总量上的巨大需求。

(3)转移培训需求趋向多元化

一是转移方向除了以东部地区为主外，中西部地区接受转移的数量正在迅速增加。随着东部地区的经济结构转型，一些低端产业向中西部转移，东部崛起的新兴产业与服务业对劳动者的素质提出了更高的要求，而中西部用工需求的扩大、工资水平的提升、生活消费的低成本等因素则吸引了更多的农民工向其转移。二是第三产业成为农村劳动力转移的主要就业方向。农村剩余劳动力从传统的制造业和建筑业逐步流向餐饮住宿、批发零售、物流配送等现代服务业。三是农民工创业逐渐兴起。一些农民工在进城务工期间积累了一定的技术、资本和管理经验之后，凭借他们在城市打工发掘的商机或者对家乡的了解，选择在打工地创业或者回乡创业。这些劳动力转移的新趋势构成了转移培训的多元化发展，这也要求转移培训能够结合新的转移区域、新的转移产业，以及新的转移需求有效地开展工作。

7.1.2 农村剩余劳动力转移培训绩效提升的制约瓶颈

面对农村剩余劳动力转移培训的新情况，在提升其转移培训绩效的过程中，遇到了一系列制约瓶颈。其制约瓶颈主要来自培训资源整合能力、培训体系完备性、培训师资稳定性、培训组织市场化程度与培训转移的外部环境5个方面，如图7-1所示。

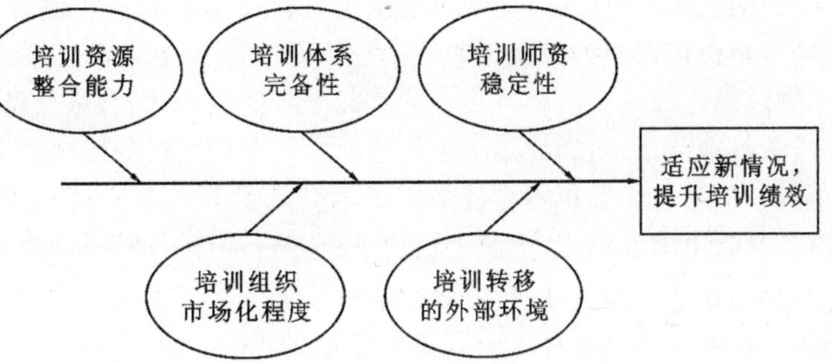

图7-1 农村劳动力转移培训绩效提升的制约瓶颈

(1)培训资源整合能力薄弱

一是培训需求大、种类多。随着农村劳动力自身的转移意愿越来越强烈，农村劳动力对转移培训的需求越来越大，所需培训的工种也越来越多。目前对于这些需求的整合、挖掘、利用并开发出合适培训课程的能力十分缺乏。二是培训资源短缺、分散。劳动力转移培训所需的师资、资金、场地、设施、设备、供求信息等资源普遍短缺，培训学校得到的补贴有限，各类培训机构缺乏统一的部署安排，有限而分散的资源很难得到有效的利用。三是培训资源整合机制不完善，转移培训涉及的部门主要有：农业部、科技部、人力资源和社会保障部门、民政部、教育部等，这些部门都举办不同形式的劳动力转移培训，体现了国家和各级政府、各部门对劳动力转移培训工作的关注和重视。但是缺乏整体规划与管理，又导致培训资源分配条块分割、资源分布散乱、资源利用低效。例如，经常出现这样的情况，教育行政部门负责培训的审批与业务管理，人力资源和社会保障部门负责技术等级的考核与认定，管理与教学体制的分割不利于调动行业与部门的积极性，在转移培训的教、学、用之间不能有效衔接，造成了培训流于形式、学非所用。

(2)培训体系完备性不足

一是专业化的转移培训体系不完善,培训内容与市场脱节,不适应农民转移培训需求。目前,开展转移培训的机构主要有中等专业技术学校、高级技术学校、技工学校、民办职业培训班、就业训练中心、企业职工培训中心等。这些培训机构沿袭了大中专院校的培训体系,与农民培训的实际情况有一定的脱节,农民工往往出现听不懂、学不会、用不上的情况。二是差异化的转移培训体系未建立,培训定位不够明确,培训特色不够鲜明。劳动力转移培训机构普遍存在着在培训内容上盲目跟风、培训专业上设置雷同等情况。有的转移培训大多是常识性的培训项目或者是时下的热点项目,忽视了培训机构的长远发展与培训的核心竞争力。在实际运作中不同地域劳动者素质不同、需求层次不同,有的需要基本技能,有的需要高级技能甚至创业培训。另外,不同地域的产业不同,培训的项目也有差异。目前,转移培训的项目与农民工实际情况、产业具体需求结合不够紧密。

(3)培训师资稳定性不强

培训教师是课程开发的主体,也是课程教学的主要实施者。培训教师的素质、能力与态度直接决定了培训的效果。稳定、专业的师资队伍是转移培训顺利实施与可持续发展的保证。目前的劳动力转移培训教师大多是职业学校的专业课与文化课教师,教学偏重于专业理论知识,缺乏实践操作训练。教师对企业的实际生产情况不熟悉,难以根据用工单位的实际需要制订合理的教学计划,培训效果得不到保证。很多培训机构教师都是兼职的,有的同时在几个学校兼职,也有的培训机构在教师队伍中引入了志愿者模式。这些方法虽然降低了培训成本,但师资队伍不够稳定,不利于培训机构开拓新的培训项目与发展壮大。劳动力转移培训仍然未建立起专业性与针对性强,能够持续推动培训事业发展的师资队伍。

(4)培训组织市场化程度较低

政府在农村劳动力转移培训过程中投入了巨大的资源和精力,已经奠定了坚实的基础。但劳动力转移是一项庞大的系统工程,政府大包大揽的转移培训面临很多问题,造成目前劳动力组织的市场化程度处于较低水平。农民工的就业培训虽然受到政府和社会各界的重视,但管理机制与管理方法仍然比较陈旧与滞后,没有实现就业与培训的无缝对接。培训机构的培训产出不能满足市场需求,培训效益不高。相关政府职能部门缺乏对劳动力市场需求信息的准确了解,培训工作与市场需求脱节。培训机构又必须按照政府职能部门的要求进行培训,缺乏自主性与积极性,限制了培训机构及中介组织市场化的发展。同时,在农民工转移培训过程中,由于监督机制的不完善,相关监督职能部门、行政人员考核缺位,问责制度缺乏等,转移培训的投入和产出严重失衡,培训实效低下。有些地方甚至出现截留、挪用、贪污培训费的犯罪现象。此外,由于对培训机构引导、管理和监督职能的不完善,导致一些培训机构谎报名目、非法骗取和盗用国家劳动力转移培训经费的现象时有发生。

(5)培训转移的外部环境不完善

当前的农村剩余劳动力转移具有明显的兼业性,外出打工的农村劳动力在城市找到工作容易,但要脱离农村,实现实质性城镇化转移却很困难。他们外出打工的目的往往是养家糊口,提高家庭生活水平。只要用工单位不景气或者用工政策发生变化,他们可以随时回家务农,一般呈现出忙时务农、闲时打工的兼业状态。2010 年第六次全国人口普查数据表明,计入城镇人口但不作为城镇居民的达2亿人，其中大部分是农民工。农村劳动力要成功转移并顺利在城市工作生活，除了要掌握一定的职业技能，还要在劳动报酬、社会保障、子女教育、住房保障等方面与城镇居民享有同等待遇，在选举权与被选举权方面与城镇居民享有同等权利。当前农村剩余劳动力转移的外部环境不完善，难以解决农民转移过程中的重重矛盾与转移的后顾之忧[1]，抑制了农民参加劳动力转移培训的积极性。

7.1.3 破解剩余劳动力转移培训绩效提升制约瓶颈的应对策略

(1)提升培训资源的整合能力

一是加强政府的宏观规划与指导。基层政府部门需要树立人力资源观念，把农民素质与技能的提升作为区域经济发展的重要任务，以转移培训为契机，根据本地区的特点制定最适宜的培训推进政策，带动转移培训的发展。二是优化转移培训资源的整合机制。建立专门的职能部门，加强政府与用工单位、培训机构、外地政府、本外地劳动力市场间的密切合作，协调企业、劳动者、职业培训机构间的沟通联系，推动招工、培训、转移三者的无缝链接，顺利实现培训劳动力的成功转移。建设劳动力转移信息服务平台，对培训转移农民工进行详细的信息记录，对培训资源与用工信息进行及时准确的更新。一旦用工单位产生适宜的用工需求，劳动力转移部门与培训机构能够积极组织农民进行转移培训。

(2)建设完备的培训体系

一是建立层次性的培训机构。农民对培训的需求是多元化的，有的需要最基本的技能，有的需要培训时间较长的高级别技能，有的需要后续的支持与学习，还有的需要创业辅导。因此，应根据本地情况，充分调查农民工的实际需要，建立能够满足农民工培训需求的多层次培训教育体系。二是建立有特色的培训内容。要根据输入地对劳动力的需求，结合输出地劳动力的特点，制订适合的培训目标、培训项目与培训内容，增强培训的实用性与受训农民转移过程中的就业竞争力。三是加强对各类培训机构的业务管理与绩效考核。要严格审查资质，重点检查师资力量、培训场地、教学设备、培训工种、培训规模是否与培训目标相适应。按照公开、公平、公正原则，运用招投标方式，通过市场选择农民工培训机构，明确承担的培训项目和工种，建立动态的管理和退出机制。

(3)打造稳定可持续的师资队伍

第一，培训机构要打造内部稳定的师资队伍。培训机构必须及时掌握劳动力转移培训的具体情况，努力优化培训师资队伍建设的环境，积极适应外部环境的变化。以“双师型”教师队伍建设为核心，有计划地组织培训教师到企业参观考察、挂职锻炼，组织学员深入工厂学习和实践，使培训教师熟悉所从事专业的最新生产技术、工艺流程、技术装备、科技动态等信息，把新技术、新方法传授给农民工学员。不断加强专业培训教师的考核与评价工作，鼓励教师钻研业务、参加专业技能等级考试，不断提高自身业务水平。第二，聘请企业的专业技术人员做校外导师。这些经验丰富的技师、技术人员、工程师可以在短时间内将最有效、最实用的生产技能与工作技巧传授给接受培训的农民工学员，将生产一线的新工艺、新实践、新要求传递给学员，增进农民工与企业的相互沟通与了解。第三，聘请相关方面的知名专家做公益性讲座。一些社会知名专家十分乐意参与劳动力转移培训，他们的讲授，对农民工的思维观念会产生巨大的影响，能为农民工指明发展的方向，帮助农民工解决转移过程中遇到的困惑，对提升培训绩效起到事半功倍的作用。

(4)提高培训组织的市场化程度

一是转变投入方式，引导社会投入。单靠政府的财政投入远远不能满足庞大的劳动力转移培训需求，政府通过把直接性的投入转化为培训产业发展基金、税收优惠、财政补贴等形式，引导个人和企业投资劳动力转移培训，鼓励社会资本进入劳动力转移培训领域，按照市场化的方式运作转移培训业务。大力发展多种形式的劳动力就业培训中介组织，形成涵盖就业信息发布，职业介绍、咨询、培训等完善的转移培训体系与产业链。二是制定和实施有效的培训产业政策。探索能够平衡劳动力培训需求结构与供给结构的转移培训产业结构政策，分析能够合理配置培训资源、有效组织培训机构运作的产业组织政策，研究培训的空间需求与产业集聚，制定能够缩小区域间培训需求与产业机构间差距的产业布局政策。三是打造“培训-转移”一体化的龙头企业。转移培训与劳动力转移密不可分，有条件的地区通过组建、引进、合并等多途径打造“培训-转移”一体化的人力资源公司。这些公司通过为用工企业输送合格的劳动力盈利，同时也培训了农民工的技能，保障了农民工的权益，能够良好地实现人力资源公司、用工企业、农民工与政府间的多赢。

(5)优化培训转移的外部环境

良好的外部环境是实现农村劳动力转移培训持续发展的坚实保障。一是完善农民工的社会保障，如工伤保险、医疗保险、养老保险、社会救济等，保证他们能够长期在城市居住，实现转移就业的稳定性[2]。二是推进户籍制度改革，取消城乡二元制户籍结构，取消各种限制和歧视性的规定，使农民工有机会共享城市发展成果，真正实现培训转移。三是深化土地制度改革，明确国家、集体、农民在土地上的各项权利，促进土地的有序合理流转，保障转移农民的长期收益，形成有利于农民转移和农业发展的土地经营制度。

7.2 农村剩余劳动力转移培训的内在机理

我国是农业人口大国，农村劳动力资源从数量上看比较丰富，但从质量上看还比较落后。这种状况成为制约工业化、城镇化、农业现代化以及国家经济社会持续发展的主要因素。因此，农村劳动力转移成为推动社会与经济健康稳定发展的战略性任务，劳动力转移培训是实现该转移的核心保障。劳动力转移培训一方面可以提升劳动力自身素质，改善劳动力资源质量，增加和积累人力资本；另一方面还可以帮助农民学习知识与技能，增加农民收入，增进雇工企业绩效；同时也为顺利实现农村剩余劳动力转移提供了坚实基础。

7.2.1 个体层面的作用

在农村剩余劳动力转移培训过程中，作为个体层面的农民，直接影响着培训的进程。第一，农民接受培训的基础较差，文化程度较低(初中以上文化程度的农民就占到劳动力总数的25%)，具备的劳动技能少，就业和法制观念落后，自我保护意识弱。特别是80后、90后的新一代农民，他们往往缺乏进取意识和吃苦精神，还有一些不习惯企业严格的时间安排和规章制度，自身的选择能力和学习能力不强，转移培训实施的难度较大。第二，农民对培训的意义、作用、国家政策等的认识不到位，缺乏积极主动地选择与参与培训的意识。第三，农村劳动力转移培训成本高，农民培训成本除了国家或企业的直接投入，还包括个人承担的培训学费、交通费、食宿费、中介费等费用以及培训中因误工产生的机会成本，他们还会考虑后续转移的迁移费用、求职费用和生活费用等成本。巨大的成本和预期收益的对比，再加上家庭照顾、城市户籍、社会保障等融入城市面临的问题，大大降低了农民接受培训的意愿。

基于个体层面的作用机制（图 7-2 的上部），表现在通过对农村剩余劳动力进行培训，提高劳动力的综合素质，促进个体人力资本存量的增加。其内在的作用机理就是"农村剩余劳动力培训—劳动力素质—个体人力资本"的路径。西奥多·W. 舒尔茨[3]认为，人力资本的增长是现代经济发展的重要推动力，人力资本投资相对于物力资本投资，具有更大作用与更长远的意义。Becker G S[4]、Schultz[5]把培训看作是人力资本投资最重要的形式，农村劳动力人力资本表现为农村劳动力所具备的技能与知识存量，农村劳动力人力资本存量大小与劳动力受教育和培训的情况紧密联系在一起。通过培训，一方面提高了农村劳动力自身的生产效率，另一方面加速提高了其他相关生产要素的生产效率。

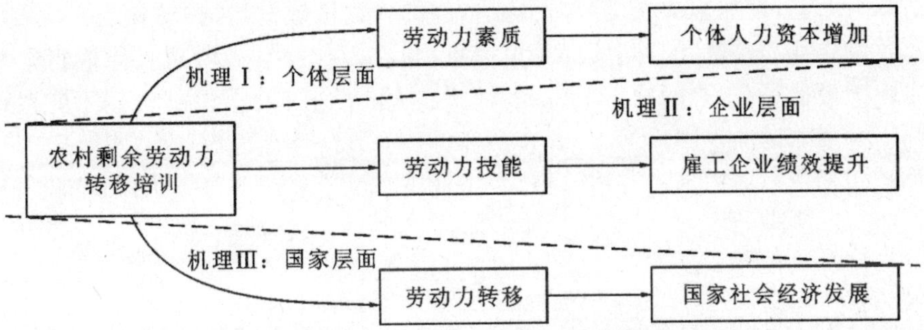

图 7-2　农村剩余劳动力转移培训的内在机理

7.2.2　企业层面的作用

关于农村剩余劳动力的转移培训，企业既是培训后转移就业的载体，也可作为培训的平台。从培训的提供者方面来看，由企业开展培训是最为合适的。企业最了解自身的需求，也能最有效地把投入转化为生产力，同时能够在培训中融入企业自身文化。具有认同度的企业文化不仅能够激发员工自发自觉地去学习和掌握知识与技能，还会增强员工的主人翁意识、创新意识与质量意识，有助于培养其敬业精神与革新精神，能够营造良好的团队氛围，促进劳动力转移的良性运行。

基于企业层面的作用机制（图 7-2 的中部），表现为通过对农村剩余劳动力进行培训，增进劳动力的工作技能，促进雇工企业绩效的提升。其内在的作用机理就是"农村剩余劳动力培训—劳动力技能—雇工企业绩效"的路径。雇工企业从自身的实际需求出发，结合员工特点制订合理的培训计划，自行或者委托其他机构展开培训。通过培训，使劳动力获取培训知识和相关技能，激发劳动力的工作积极性，提高劳动力的实践能力与工作效率；通过培训，吸引人才、培养人才、留住人才，最终带动企业绩效的增加与核心竞争力的提升。企业为了获取最大的培训投入产出比，会不断增加培训投入并推动培训效益的提升，形成良性的培训机制与管理机制。

7.2.3 政府层面的作用

在全国范围内实施的农村剩余劳动力转移培训过程中，各地区培训计划的制订、培训经费的投入、劳动力转移的保障除了需要结合本地的特点与情况，还需要宏观上的协调与整合。农村劳动力转移培训在国家的大力倡导下积极推进，各相关部委、各地政府作为培训工程的规划推动者，管理调控者以及制度、政策、资金的提供者，需要具备较强的协调与整合能力，避免出现政策不衔接、项目重复、计划落后，造成农民不认可、学校不配合、企业不买账的现象。在转移培训的实施中，很多时候政府部门同时扮演项目的规划者、监督者、实施者、评价者角色，集四种身份于一体，造成了管理效率低下、培训实效评价困难、形象工程泛滥，甚至给贪污腐败制造了机会。培训是农村劳动力转移的有效手段，但是要实现农村劳动力的成功转移，辅助与配套政策是必不可少的。目前的户籍制度、土地制度和社会保障制度都在一定程度上限制了农村劳动力的顺利转移。

基于国家层面的作用机制(图 7-2 的下部)，表现为通过对农村剩余劳动力进行培训，促进农村劳动力转移，发展国家社会经济。其内在的作用机理就是“农村剩余劳动力培训—劳动力转移—国家社会经济”的路径。Gibbs[6] 指出，在现代社会中阻碍人们取得平等社会地位的因素将被取消，而平等的社会地位和社会权利正是通过社会流动机制来完成的。农村剩余劳动力转移能够缩小城乡差距，有效地促进社会经济全面发展。

这里应用托达罗模型进行分析，转移的预期收入是农村剩余劳动力转移的关键因素，可以表示为：

$$M = f(d), \quad f' > 0 \tag{7-1}$$

式中 M——农村剩余劳动力转移的数量；

d——转移前后预期收入差异；

$f'>0$——农村剩余劳动力转移是预期收入差异的增函数。

这个预期收入差异可以表示为：

$$d = w\pi - r \tag{7-2}$$

式中 w——转移以后的实际工资率；

π——就业概率；

r——转移前农村剩余劳动力的平均实际收入。

通过农村剩余劳动力转移培训，一方面可以提高就业概率 π，另一方面培训后可以增加转移以后的实际工资率 w，极大地促进了农村剩余劳动力的转移。从公共产品理论来看，农村剩余劳动力转移培训实质上是一种准公共产品。这种培训除了能够提高农民的个人技能和私人收益，也能够带动全社会人力资本存量的增加，对我国经济结构的转型升级以及社会繁荣、稳定发展都具有重要的战略意义。在这一方面，政府需要承担农村剩余劳动力培训产品的供给，在规划、投入、监督、引导等方面承担职责。

7.3 农村剩余劳动力转移培训实效评估模型

7.3.1 既有模型原理

在国际产业演进的实践中，人们一直在对提升农村剩余劳动力转移培训的绩效进行积极探索，从不同的视角构建出了相应模型，并取得了一系列成果。

(1)柯克帕特里克评估模型

柯克帕特里克(Kirkpatrick D L)[7]从反应、学习、行为、结果四个层面评估培训的实效，在提高劳动力转移培训的效果和论证劳动力转移培训活动的有效性方面具有重要的应用价值。在劳动力转移培训的反应评估层面，主要分析农民对培训课程的授课方法、授课手段、培训程序的接受情况和满意程度，具体包括培训内容、培训教材、培训教师、培训时间等评估内容；在培训的学习评估层面，主要分析农民对培训课程的掌握和理解程度，具体包括"培训中学到了什么"和"培训技能怎样使用"等评估内容；培训的行为评估侧重分析农民接受培训后的技能应用情况，具体包括"新技能能否得到应用""工作行为是否得到改善""工作效率是否获得提升"等评估内容；结果评估注重对劳动力培训后所获得成果的评价，包括"劳动力个人能力与素质的提升""劳动力收入提高""雇工企业绩效提升"等方面的评估内容。

(2)考夫曼评估模型

考夫曼(Kaufman P)[8]对柯克帕特里克评估模型做了两处改进，一是拓展了反应评估的内涵，认为评估的第一层级除了要了解学员对课程的满意度与兴趣度，还需要对培训的可能性进行深入考察，特别是对培训中所需的各种资源的可用性、可靠性和有效性作出详细的评估与分析；二是增添了社会效益评估这一新的层级，认为培训评估不仅要考虑培训中个人与组织的效益，还应该包括培训的社会效益，了解社会及客户对组织的反应情况，如表 7-1 所示。

表 7-1 考夫曼评估模型

级别		内容
1. 反应评估	反应性	学员对课程的方法、手段、程序的接受情况和满意度
	可行性	人力、财力、物力的可用性，可靠性和有效性
2. 学习评估		学员对课程的理解和掌握
3. 行为评估		学员培训后的应用情况
4. 组织效益评估		培训后获得的结果，对组织的贡献情况
5. 社会效益评估		社会与客户的反映，对社会的贡献情况

考夫曼评估模型在农村剩余劳动力转移培训实效评估的应用中，一方面要求在培训实施前有效地分析培训的可行性，合理地组织资源，保障培训的顺利开展；另一方面要分析劳动力转移培训给社会环境带来的影响，比如对当地经济发展、社会稳定的影响。

(3)菲利普斯投资回报率模型

菲利普斯(Phillips J J)[9]认可柯克帕特里克评估模型的四个层面。他将全部要素转化为培训的成本与收益来分析培训的投资回报率,具有更高的经济分析价值。菲利普斯投资回报率模型首先分析评估目的,评估目的直接决定了评估的范围;然后按照评估手册,为各级别评估层次选择合适的评估时间,按照计划完成培训数据的搜集;接下来将培训的影响因素分为成本类与收益类两大类,并把这些因素转化为货币表示。培训收益包括劳动力转移培训中明确获得的有形收益与分析估计得到的无形收益两部分。这两部分加和后减去培训所消耗的成本,就是劳动力转移培训的投资回报,如图 7-3 所示。投资回报率分析方法主要是比较劳动力转移培训的成本和收益,对数据的全面性、分析的透彻性有着较高的要求,能否准确运用该模型,取决于对劳动力转移培训的熟悉与把握程度。

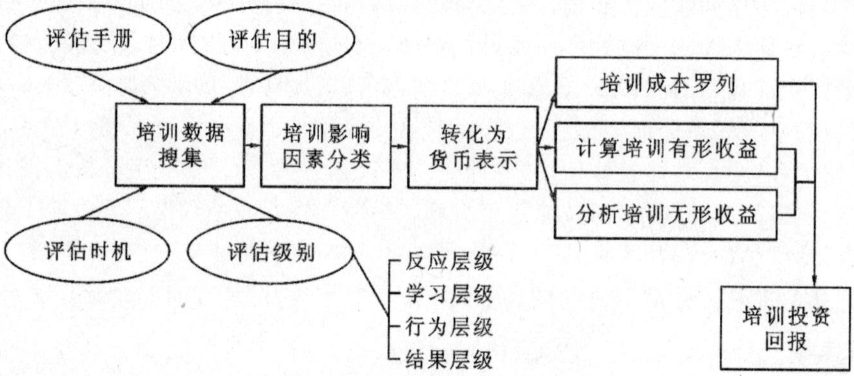

图 7-3 菲利普斯投资回报率模型

(4)CIPP 培训评估模型

CIPP 模型由背景评估(context evaluation)、投入评估(input evaluation)、过程评估(process evaluation)、成果评估(product evaluation)组成。背景评估主要考察培训项目运行所需要的基本条件,研究培训开展面临的问题,分析培训需求,确定培训目标;投入评估分析可利用的资源,确定最优开发与合理利用这些资源的方案;过程评估则选用合适的方法,准确及时地搜集培训过程中学员的反馈信息,分析深层原因,改进培训工作;成果评估通过搜集与分析培训成果与绩效方面的信息,针对预期目标寻找差距,不断提高培训效果。CIPP 评估模型具有更强的系统性。它不是把实效评估活动看作培训的最后一个步骤,而是将其融入整个劳动力转移培训的过程中,成为转移培训的一个环节,扩大了培训实效评估的内涵与外延,更加突出了培训实效评估的全程意义、过程意义和反馈意义。

(5)"培训圈"评估模型

"培训圈"评估模型[10]是一种培训新思想。该模型认为培训是一项由培训需求分析、培训设计、培训实施、培训实效评估四个环节组成的系统工程。这四个环节紧密结合、协同运作,形成螺旋式上升形状的循环体系。模型涵盖培训前、培训中、培训后三个方面,同时研究培训接受者的个人态度、培训组织和培训环境对培训动力和培训技能转化力的影响。培训前评估是培训实效形成的基础,培训中评估是培训实效形成的过程,培训后评估是培训实效的最终表现形式，三者密切联系。利用"培训圈"模型能够从培训前、培训中、培训后全过程构建农村劳动力转移培训实效评估体系，体现培训实效评估是整个培训系统中的重要一环。它既是上一轮培训圈的终点，又是下一轮培训圈的起点。"培训圈"模型能够促进培训实效评估不断升级与改进，使整个劳动力转移培训更加系统化、集成化和一体化。

(6)培训的平衡计分卡评估模型

仅仅分析培训的财务收益是远远不够的，还需要关注非财务指标，需要把培训行为与培训结果统一起来，实现它们之间的平衡与协调。Kaplan 等[11]建立的平衡计分卡评价模式值得借鉴。他们认为传统的财务评价指标只关注运作绩效的过去与结果，而忽视了组织运作的过程与未来。围绕国家的农村剩余劳动力转移培训战略，从财务、客户、员工学习与成长、流程四个方面来评估培训实效，平衡地设计评价指标体系，才能使农村剩余劳动力培训实效评估更加合理。在具体应用中，首先要以国家农村劳动力转移培训战略为内核，综合与平衡考虑转移培训的具体情况，将劳动力转移培训战略转化为下属各相关部门、机构在财务、客户、学习与成长、流程四个方面的具体目标，并建立对应的实效评估体系，实现转移培训的长期目标和短期目标统一、各方面利益的协调与平衡，综合反映培训管理实效的财务信息与非财务信息。

7.3.2 应用优劣分析

(1)当前培训实效评估模型的应用

在具体的研究中，张景林[12]应用柯克帕特里克模型对 4 县 704 户农民进行了问卷调研，选取了影响农民科技培训组织与实施的几个重要因素来分析不同地区、不同产业农村劳动力转移培训的实际效果，然后针对关键影响因素提出了培训改进的对策和建议。李玉高、邵长芹[13]用考夫曼评估模型从培训内容、培训方式、受训农民情况、环境四个方面，量化分析了农业生产技术培训效果，对各个方面的相关性也进行了探究，突破了仅仅选取关键因素考察的局限，从更大的范围展开分析。李丛蕾[14]用菲利普斯投资回报率模型从决策绩效、过程绩效、结果绩效三个方面构筑河南省农村劳动力转移"阳光工程"项目绩效评价指标体系，这一指标体系能够用成本-收益方法全面、客观地评估培训实效。宫静静[15]基于 CIPP 模型，以开阔的社会协同与集成视角，从培训管理机构、培训机构与受训者三个主体构建了农村劳动力培训实效评估体系。

(2)当前培训实效评估模型的不足

当前的评估模型在应用中取得了一定的成果，但在农村劳动力转移培训实效评估中仍然存在两个突出的问题：一是评估对象不够全面，二是评估指标针对性不强。从评估对象来看，劳动力转移培训的主体包括接受培训的农民、培训管理部门、培训机构和培训相关组织。这些参与者都是接受评估的对象。如果仅仅针对单一的或者少数的几个培训参与者或培训参与组织开展实效评估，往往不利于从宏观上对评估系统进行整体推进，难以有效地指导劳动力转移培训工程的长远发展。从评估指标设计来看，培训涉及不同的参与者、组织机构和部门，比如有的是农村劳动力群体，有的是政府行政部门，有的是培训企业，有的是从事培训的事业单位，还有盈利的中介机构和非营利的行业协会等。他们的属性、职责、分工、流程存在很大的差异。如果用相似的指标体系去评估各种机构，针对性和实用性就很难保证，得出的实效评估结果可信度就不高。

7.3.3 特色模式构建

根据当前我国经济社会发展的背景，为科学准确地评估农村剩余劳动力转移培训的绩效，特建立整合性较强的四维联合评估模型。模型中以接受培训的农民、培训管理部门（政府相关部门）、培训机构、培训相关组织（劳务中介、行业协会等）这四维主体作为评估对象，针对不同主体的特点，制定不同的实效评价方法，如图7-4所示。

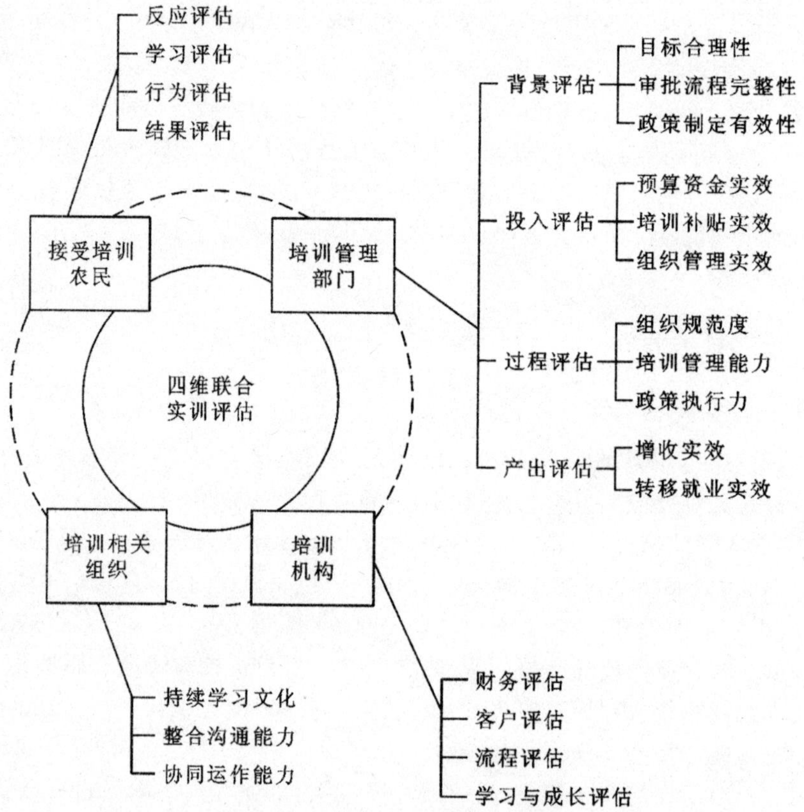

图7-4 整合的四维联合评估模型

（1）培训农民实效分析

针对接受培训的农民，通过柯克帕特里克评估模型的反应、学习、行为与结果评估较为合理，在培训农民的反应层面，由接受培训的农民对培训内容、教师、方法、时间等进行打分；在学习层面，要考核培训农民对培训技能的掌握程度；在行为层面，要分析劳动力是否能找到对口的工作，是否能胜任工作，是否能发挥出培训的价值；在结果层面，要研究农民培训后是否获得了适当的回报，这种培训是否有助于实现农村剩余劳动力转移，培训是否具有可持续性。从这四个方面调研培训的实际情况，对农民培训情况进行动态的综合分析评估。这四个层面对分析接受培训农民的培训实效非常合适，能够更容易、更方便、更准确地获取评估数据，得出准确的实效评估结果。

(2)培训管理部门实效分析

作为培训管理部门,使用CIPP法从背景评估、投入评估、过程评估、产出评估四方面分析更为合适。背景评估主要分析培训管理部门目标制订的合理性、审批流程的完整性和政策制定的有效性,通过背景评估,能够不断修正培训目标与计划、优化培训管理流程、完善培训支持政策;投入评估主要分析培训管理部门的预算资金实效、培训补贴实效和组织管理实效,通过投入评估分析,可以准确衡量培训管理部门资金的使用效率,对下一步资金、补贴的安排和使用也起到反馈作用,同时也能准确评价和掌握培训组织的管理水平与运行效率;过程评估主要分析培训管理部门组织的规范程度、培训管理能力和政策的执行力,对于规范管理、约束权力、提高效率十分有益;产出评估主要分析劳动力转移培训整体上的农民增收实效与转移就业实效,考核培训管理部门最终的成果。

(3)培训机构实效分析

作为市场主体的培训机构,则按照平衡计分卡的财务、流程、客户、学习与成长这四个指标考核绩效更为妥当,像其他企业一样从平衡计分卡的四个方面提升培训质量与竞争力。从财务方面来看,培训机构要有合适的利润,才能保证培训机构的长期、稳定发展,这种获利能力是考核培训机构实效的一个重要方面;从流程方面来看,要考核培训机构的培训与运营流程能否满足农民的需求,能否以高效率的流程服务培训农民;从客户方面来看,要评价企业的客户满意度,农民是否满意培训机构提供的服务,培训机构要把农民作为客户,仔细研究他们的需求,以市场为导向,不断提升自身的培训水平与转移服务能力;从培训机构员工的学习与成长方面来看,主要考核培训师资的不断提升的能力与学习的能力,培训机构需要吸收与培养具有优秀技能与传授能力的教师,也要让师资队伍不断学习进步,保证师资队伍的稳定性与先进性。

(4)培训相关组织机构实效分析

培训相关组织机构(如劳务中介、行业协会、第三方评估机构等)对农村劳动力转移培训同样起到重要的作用,但在目前的评估研究中常常被忽视。培训相关组织机构是实现农村劳动力顺利转移的桥梁。失去了这些中介机构的协同与支持,劳动力转移培训的实效就大打折扣。劳动力转移培训的衔接、集成与整合,需要从持续学习文化、整合沟通能力、协同运作能力三个方面评价培训相关组织机构。实现农村劳动力顺利转移是这些组织机构的存在价值。对于他们来说,特别要发扬持续学习的精神,使这些劳务中介、行业协会、第三方评估机构能及时了解最新的用工需求、培训农民情况、培训机构特色及国家培训政策;还要考核相关组织的整合沟通能力与协同运作能力,分析其能否有效实现用工输出地与输入地政府间的沟通与对接、能否有效实现用工企业、转移培训农民、转移培训机构间的沟通与对接。

这种四维联合评估模型既考虑当前利益,又结合长远利益;既有定性描述,又有定量分析;既重显性成果,又重隐性效益;既重经济效益,又重社会效益;既考虑多方主体,又有较强的针对性,对指导培训实效评估工作将具有重要的理论意义与实践价值。

7.4 农村剩余劳动力转移培训利益最大化的路径

7.4.1 放大剩余劳动力转移培训获利的动力源

农村剩余劳动力转移培训获利的动力源主要来自国家阳光培训工程产生的推力，市场升级而引起的转移载体企业间博弈产生的拉力以及利益相关者个性博弈产生的聚力。

(1)国家阳光工程下的推力模型

早在1998年，中央政府就开始关注劳动力转移培训。2000年，《中共中央、国务院关于作好农业和农村工作的意见》明确要求各地政府要加强对农民的职业技能培训，提升农民的素质和就业能力，随后陆续发布了《“十五”星火计划发展纲要》《2003—2010年全国农民工培训规划》《全国新型农民科技培训规划(2003—2010)》，不断加大对剩余劳动力转移培训的支持力度。2004年，在全国范围内推行了“农村劳动力转移培训阳光工程”，制定了一系列切实可行的工作计划，标志着农村劳动力转移培训工作进入一个新阶段。2004—2008年，中央财政对阳光培训工程的投入逐年加大，其中，2004年投入2.5亿元，2005年投入4亿元，2006年投入6亿元，2007年投入9亿元，2008年投入11亿元[16]。2010年发布了《国务院办公厅关于进一步做好农民工培训工作的指导意见》，2012年推出了《2012年农村劳动力培训阳光工程项目实施指导意见》。国家对农村劳动力转移阳光培训工程高度重视，将其作为一项长期的战略任务来实施。各地基层政府在国家阳光工程的推动下，结合本地的特点与情况制订培训计划、安排培训经费投入，完成上级部署的转移培训任务，形成了国家阳光工程下的推力模型(图7-5)。在该模型中，基层政府处于培训的主导地位，一方面要主动展开与企业家的沟通和联系，调研企业的劳动力需求，为企业输送合适的人力资源；另一方面负责农民转移培训的组织工作，选择合适的培训机构，制订高效的培训计划，并密切监控培训效果。企业家处于培训的载体地位，是农民就业需求的源头，为农民转移提供就业岗位；农民是培训的主体，政府所组织的培训要在内容、形式、时间、价格、方法等方面适应农民的特点与需要。

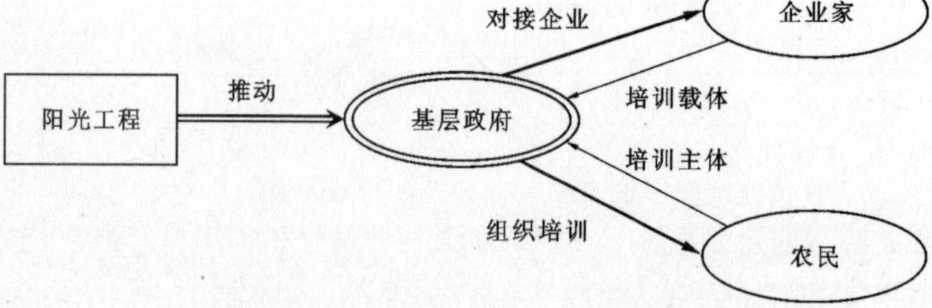

图7-5 国家阳光工程下的推力模型

(2)市场升级博弈的拉力模型

随着竞争的加剧和产业升级的拉动,企业家必须改变传统的、粗放式的生产运作方式,向高附加值、精细化方向发展,通过提高技术水平、提高知识含量来取代依靠大量廉价劳动力获取利润的模式,不断推进企业转型升级、优化产业结构,促进经济整体素质和竞争力的提高,形成了市场升级博弈的拉力模型,如图 7-6 所示。企业家希望通过培训增进劳动力的业务知识和相关技能,激发劳动力工作的积极性,提升劳动力的实践能力与工作效率,通过培训吸引劳动力、培养劳动力、发展劳动力,最终带动企业绩效的增加与核心竞争力的提升[17]。企业家认识到企业转型升级的关键与核心是提升员工素质,需要认真规划劳动力资源的引进、培训、培养、发展等问题。企业家处于模型的核心地位,一方面积极需求政府的支持,希望获得劳动力素质提升方面的支持;另一方面期望深入开发劳动力资源,提升劳动力质量,扩大高技能劳动力的数量。在该模型中,基层政府处于平台地位,为企业家提供了良好的转移培训平台,为劳动力转移制定合理的政策支持;农民处在资源地位,为企业提供了被开发资源,特别是目前在沿海地区面临的用工荒问题背景下,越来越多的企业加大了对农村剩余劳动力的开发力度。

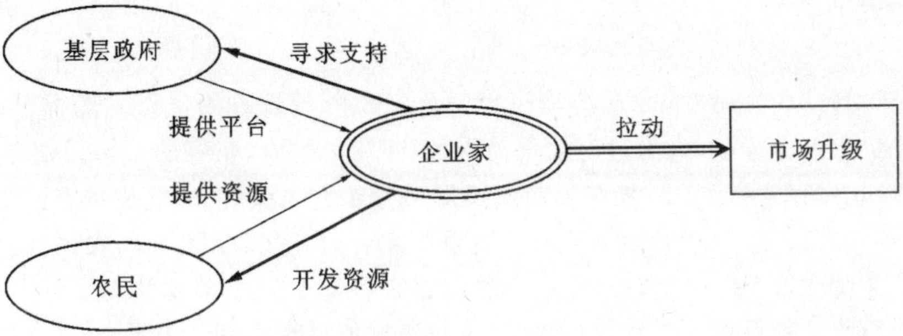

图 7-6 市场升级博弈的拉力模型

(3)利益相关者个性博弈的聚力模型

农民本身希望通过培训提高自身的知识技能与生产效率。企业家为了获取最大收益,也会不断增加培训投入,促进劳动力素质的提升。基层政府也希望通过转移培训带动本地区人力资本存量的增加,加速经济结构的转型升级,促进地区社会的繁荣、稳定发展[6]。在提升农民自身发展的内在需求方面,农民、基层政府和企业的动机与愿望是一致的,都有极大的热情推动农民素质与技能的提高,这三方的力量一起构成了利益相关者个性博弈的聚力模型,如图 7-7 所示。在该模型中,农民处于主人地位,一方面迫切需要提升自身素质,希望能够接受到更多、更好的专业技能培训;另一方面期望改善自身处境,增加劳动收入,提高生活水平和生活质量[18],尤其是对于新生代的农民来说,这种提升素质和改善处境的愿望更加强烈。在这一过程中,基层政府处于媒介地位,正好提供这种培训服务[5];而企业作为劳动力的买方,也需要招收优质的劳动力。

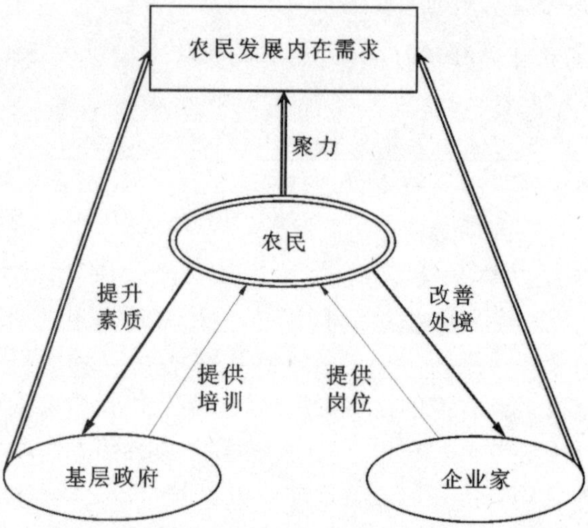

图 7-7 利益相关者个性博弈的聚力模型

7.4.2 抑制剩余劳动力转移培训博弈的失策点

(1)传统体制运行的惯性思维组合

一是基层政府“为民做主”的统治视野。基层政府沿袭着为民做主的惯性思维,“父母官”理念根植决策过程中,认为政府比农民更“聪明”、更高效,政府的一切行动都是为了农民好,包办一切的理念盛行[19]。甚至强制农民加入劳动力转移培训,造成了农民敷衍了事,培训资源浪费,培训实效不佳的结果。从农民角度来看,由于接受培训的农民自身素质偏低,自主择业、就业、维权等意识淡薄,在转移培训过程中完全处于被动状态。从企业家角度来看,目前企业还未建立有效的培训机制,对于指导培训工作的开展力不从心。基层政府要想在短时间内在劳动力转移培训方面取得较大进展,利用行政手段大力推进农村劳动力培训过程也就被基层政府部门顺理成章地采纳了,基层政府大包大揽了整个的培训工作[20]。二是企业家“大树底下好乘凉”的依赖心理。一些企业家缺乏对人力资源重要性的充分认识,缺乏人力资源管理的战略眼光,没有意识到人力资源的开发是企业核心竞争力的来源,在劳动力转移培训中表现被动。他们认为劳动力转移培训是政府和农民的事情,企业家自身是雇主,处于高高在上的优越地位,“等”“靠”政府建立和输送满足自己的劳动力平台。这在一定程度上限制了企业在劳动力转移中积极作用的发挥。一部分企业家已经认识到劳动力培训的重要性,但由于企业存在规模小,实力不足的情况,没有更多的资源支持劳动力培训;还有的企业的业务不稳定,无论是季节上的分布还是业务上的变化,也导致企业不能进行持续平稳的培训;由于各种现实原因,农民工具有较强的流动性,企业不愿意为忠诚度较低的劳动力培训买单。三是劳动者“随众顺从”的心态。由于传统的习惯和资源的限制,作为剩余劳动力的农民在自主选择、自主思考方面能力较低,“随众顺从”的心态比较严重[21],在培训中,别人学什么就跟着学什么,基层政府让怎么做就怎么做,对于自身在培训中想要获得什么,能够获得什么,自身的发展需要、发展定位等考虑得较少,结果事倍功半。

(2)旧文化习俗的陈旧观念组合

一是表现为基层政府的“秩序至上”观念。劳动力的转移对象首先是农村中素质较高的农民，随着劳动力的转移，一部分县乡基层政府开始担心县乡主要劳动力流失，留下了孤寡老弱等能力比较薄弱的劳动力，很难支持县乡的进一步发展。地区经济的发展、农村人口的大量流失、土地的荒废、留守人员的照顾与安抚都是基层政府担心的问题[22]，这种转移与流动打破了乡镇原有的稳定秩序，基层政府的“秩序至上”观念极大地影响了转移培训的高效开展。二是企业家的“家族企业”观念。接纳劳动力数量最大的企业集群是中小企业，这些企业绝大多数是“家族企业”的组织模式。企业家的“家族管理”观念突出，他们不愿意让外来劳动力，特别是优秀人才占据企业的主要位置，制约了转移劳动力的发展空间，转移农民意识到自己再怎么努力也不可能突破限定的“天花板”，他们没有企业的主人翁意识，也没有深入学习、持续促进企业发展的动力。三是劳动者的“小富即安”观念。劳动者的“小富即安”观念也极大地影响劳动力转移培训的深入开展。一些农民认为生活过得去就可以了，对培训的积极性不足；还有一些农民学到了一些技能，也获得了较好的收入，安于现状，对进一步的培训与深造缺乏热情。最近的一项调查表明[23]，在对农民转移培训的调查问题“您的村里人和周围同龄人是否愿意参加培训?”一题中，选择“不愿意”的占到全部调查对象的60.1%；在“您家人和朋友对您参加就业培训班是否赞同?”一题中，选择“不同意”及“非常不同意”的有123人，占到全部调查对象的62.12%。

(3)利益相关者的劣根意识组合

一是基层政府的“升迁发财”意识。一些基层政府和领导在阳光培训工程中仍时有“升迁发财”意识。一方面，制造形象工程，为了体现政府培训绩效，为了培训而培训，缺少前期调研准备，未能从当前就业市场的用工需求、农民自身素质基础和现实需求出发，强制推行劳动力转移培训，背离了转移培训的本意，培训的价值变为了升迁路上的形象工程[24]。另一方面，利用培训“鼓足腰包”，在培训各环节抽取费用，真正落实到培训的资本所剩无几，这种低廉成本的培训必然带来劣质的培训服务。除此之外，虽然政府在农村劳动力转移培训中制定了许多相关政策和培训制度，但在真正的实施过程中，由于管理措施不到位，培训制度不能落实到位，出现了个别培训机构的认定不规范，对学员身份把关不严，压缩培训时间和培训内容，在资金支付上没有严格实行报账制度，甚至还弄虚作假，套取、挪用培训补助资金等诸多问题，造成培训效果不明显。二是企业家的“剥削有理”意识。中小企业普遍升级改造缓慢，主要的利润依靠廉价的劳动力创造。劳动力成本一提高，企业便难以生存。面对这样的现状，一些企业家认为不“剥削”劳动力，企业就难以为继，劳动力就无法就业，“剥削”是为了更好的发展。这种“剥削有理”意识十分浓厚。企业家不考虑长远发展，只看重眼前短期利益的思想较为严重，有的甚至不能保障劳动者应该享有的诸如医疗、工伤、社会保险的基本权利。接受培训的农民在培训中获得了技能，在实际工作中发现并没有培训前想象得那么美好，并没有获得期望的收入，得出“培训不培训一个样，培训意义不大”的结论。三是劳动者的“斤斤计较”意识。由于目前政府培训投入相对较少，特别是对于一些技术性强的项目，短期内是无法掌握的，必须付出一定的时间和成本来专门学习。对农民来说，一些免费培训尚能参与，一旦需要自己支出一部分时间和成本时，就开始“斤斤计较”，舍不得投入，担心未来的风险和收益，造成了一部分培训无法开展，已进行的培训没有足够的教学资源和时间保证，未能达到预定的技能培训目标[25]。农村劳动力综合素质普遍较低，不能用发展的眼光看待问题，不能正确认识培训的作用，也制约了劳动力对转移培训的需求。

上述失策点，其失策方案可用表 7-2 表示。

表 7-2　　剩余劳动力转移培训博弈的失策方案

利益相关方 / 失策表现	基层政府	企业家	农民
传统体制	为民做主	大树底下好乘凉	随众顺从
陈旧观念	秩序至上	家族企业	小富即安
劣根意识	升迁发财	剥削有理	斤斤计较

7.4.3　拓展剩余劳动力转移培训增效的协同圈

(1)张扬角色主责

在农村剩余劳动力转移培训进程中，由于基层政府、企业家和劳动者三者之间均具有多重身份，在利益博弈过程中，要在总体利益最大化前提下实现均衡，其主要路径必然是张扬三者的角色职责。

第一，基层政府应履行好掌舵责任。政府对剩余劳动力转移培训的投入属于公共财政的范畴。对公共财政的支出，美国学者蒂博特(Tiebout C M，1956)[26]曾提出过“用脚投票”理论，指出居民的自由迁徙和居住选择对基层政府效率的提高具有重要促进作用。对培训工作，政府应“掌舵”而不“划桨”，主要履行项目论证、方案审查、平台建设、财政支付、过程监督、培训绩效考核等方面的管理，将其他工作下放给市场。第二，企业家应承担起“划桨”责任。企业是接受剩余劳动力转移的载体，企业家是企业的经营管理者，市场需要什么规格的人才他们最了解，就业岗位需要他们提供。企业家参与培训的全过程有利于转移培训工作的有的放矢。因此，在培训进程中只有充分发挥企业家的划桨作用，这艘剩余劳动力转移的“巨轮”才会快速前行。第三，劳动者应肩负起创造责任。作为剩余劳动力转移培训的主体，劳动者面对政府的投入，企业家的资助，应该以积极的心态投入培训。我国经济社会的转型升级，关键在于劳动者的素质，以及劳动者在生产管理过程中是否具有创造性开展工作的能力。如果劳动者在培训过程中时刻具备创造意识，抢抓机遇，必定能提升转移培训的效益。

(2)去除消极行为

因为剩余劳动力的转移培训攸关转移后能否持续的问题，甚至影响着城乡一体化发展、农村空间的整合和重构、农村产业发展模式等重大问题，所以在转移培训工作中应引入多元化的评价方式，不断克服消极心态，以使转移培训工作始终保持在正确的航道上。

一是要建立科学的业绩考核体系。对培训业绩的考评，可采用多种方法进行。其中，360 度绩效评估方法[27]已被多个单位在人力资源培训中采用。它是从多个角度对培训工作进行 360 度的全方位考查，再通过沟通与反馈程序，达到提高培训绩效的目的。二是要构建多元化的责任评价体系。通过第三方评价的介入，对剩余劳动力转移培训中责任履行的程度给出公正的评价。对严重失职者，上级有关部门可给予适度的问责处罚。三是要形成严格的市场准入制度。“先培训，后就业”已喊了多年，关键在于落实。产品质量的提高、材料浪费的减少、管理绩效的提升、市场竞争力的扩大，均与企业员工的素质密切相关。如果企业对新员工的招聘坚持在知识和技能方面设置一定的门槛，其核心竞争力就会越来越强大。众多企业均设置门槛之后，市场准入制度自然形成。随着劳动力市场准入制度的全面建立，剩余劳动力转移培训中的消极因素就会随之减少。

(3)共筑多赢平台

农村剩余劳动力转移培训是一项加速实现“中国梦”的重要工程。它功在当代，利在千秋。因此，要尽力构筑基层政府、企业家和劳动者三方共赢的平台，承载起建设现代化伟业的浩大工程。

为此，第一，要建立良治基层政府。政府的良治需要法治性、透明性、责任性、有效性、参与性、稳定性、廉洁性和公正性[28]。特别是在“信任缺失”的今天，打造良治基层政府对构筑高效的培训平台尤为重要。良治政府具有号召力、凝聚力，易于产生依托感，形成巨大的组织力。第二，要培育优秀企业家队伍。优秀企业家善于以战略的眼光从全局看问题，在培训工程中，不会因蝇头小利而改变初衷，而是以社会责任的履行为荣，加大转移培训的市场拉力。第三，要营造温馨创业者乐园。农村剩余劳动力转移培训结束后，能否长期脱离农业岗位，甚至在城镇安家，为农业现代化和城乡空间的整合增加动力，关键在于通过转移培训能否形成一批创业者。通过转移培训培育的创业者，具有示范作用，使后来者看到转移培训的作用和未来。

注释

[1] 方运战.新时期我国农村剩余劳动力转移存在的问题与对策[J].农业现代化研究，2012，33(1)：41-45.

[2] 张新生.我国二元经济与农村多元过渡社会保障研究[M].北京：经济科学出版社，2009.

[3] 【美】西奥多·W.舒尔茨.论人力资本投资[M].北京：北京经济学院出版社，1990.

[4] Becker G S. Human Capital：A Theoretical and Empirical Analysis with Special Reference to Education[M]. New York：Columbia University Press，1964.

[5] Theodore W Schultz. Transforming Traditional Agriculture[M]. New Haven：Yale University Press，1964.

[6] Gibbs，Robert M，Swaim，et al. Rural Education and Training in the New Economy：The Myth of Rural Skills Gap[M]. Ames：Iowa State University Press，1998.

[7] Kirkpatrick D Y L. Evaluation of Training[M]. New York：McGraw-Hill，1987.

[8] Kaufman R，Keller J，Watkins R. What Works and What doesn't：Evaluation Beyond Kirkpatrick[J]. Performance and Instruction，1996，35(2)：8-12.

[9] Philips J J. ROI:The Search for Best Practices[J]. Training and Development,1996,50(1):54-57.

[10] 【美】杰克·J. 菲利普斯. 培训评估与衡量方法手册[M]. 3版. 李元明,林佳澍,译. 天津:南开大学出版社,2001.

[11] Kaplan R,Norton D. The Balanced Scorecard Measures:That Drive Performance[J]. Harvard Business Review,1992,70(1):71-79.

[12] 张景林. 农民培训效果及其影响因素研究[D]. 北京:中国农业大学,2005.

[13] 李玉高,邵长芹. 关于农业生产技术培训效果评估的探究[J]. 中国农业教育,2006(4):56-57.

[14] 李丛蕾. 河南省农村劳动力转移培训与绩效研究[D]. 天津:天津大学,2008.

[15] 宫静静. 农村劳动力培训实效问题研究[D]. 郑州:河南大学,2012.

[16] 赵乐东,李军峰. 农村劳动力转移培训"阳光工程"存在的问题及对策[J]. 郑州航空工业管理学院学报,2010,28(3):116-120.

[17] 侣传振,崔琳琳. 国外如何转移农村剩余劳动力[J]. 党政论坛,2012(4):58-61.

[18] 杨宇. 劳动力转移、技术诱导及其实现条件:477个样本[J]. 改革,2012(7):88-95.

[19] 威廉姆·A. 尼斯坎南. 官僚制与公共经济学[M]. 王浦劬,译. 北京:中国青年出版社,2004.

[20] 赵万一,黄忠. 构建农村劳动力转移就业长效机制[N]. 人民日报,2012-3-22(7).

[21] 苏燕平,杨学军,谷小勇. 农民工就业与生存权维护的分析[J]. 大连理工大学学报:社会科学版,2010,31(1):92-95.

[22] 张俊霞,索志林. 发达国家农村劳动力转移模式比较及经验借鉴[J]. 世界农业,2012(7):36-39.

[23] 张雪聪. 山西省农村劳动力转移培训研究[D]. 太原:山西财经大学,2012.

[24] 贺宇. 农村劳动力转移中的利益冲突:一个社会博弈的视角[J]. 学术研究,2008(4):71-75.

[25] 刘渝琳,蒲勇健. 劳动力价格与劳动力素质的博弈分析[J]. 中国软科学,2004(2):51-55.

[26] Tiebout C M. A Pure Theory of Local Expenditures[J]. Journal of Political Economy,1956,64(5):416-424.

[27] Edwards M R,Ewen A J. 360 Feedback:The Powerful New Model for Employee & Performance Improvement[M]. New York:AMACOM,1996.

[28] 俞可平. 全球治理引论[J]. 马克思主义与现实,2002(1),20-32.

8　农村剩余劳动力转移培训增效的政策性建议

8.1　剩余劳动力转移培训的法制化

8.1.1　转移培训主体的法制化

一是要加强政府规制建设。在社会主义法制框架下，政府要以矫正市场失灵和维护社会多元利益平衡为使命，对农村剩余劳动力转移培训过程中出现的问题进行适度干预。政府规制可分为经济性规制和社会性规制两大类别。经济性规制在以市场机制为核心，充分发挥市场对劳动力及其培训资源的调配作用，以发挥农村剩余劳动力转移培训的经济效益。社会性规制是保障农村剩余劳动力转移培训的各培训主体和客体能够在相关法律、法规的约束下享有自身应有的权利，达到整个过程的公平、公正。

二是要强化企业家责任。要明晰企业家在农村剩余劳动力转移进程中应履行的社会责任，尽快建立、健全企业内部社会责任管理体系，使社会责任融入企业经营的全过程。企业家是市场的主导者，他们时刻预测市场的走向以及人才需求的未来。因此，在培训过程中，只有充分发挥企业家的聪明才智，才能使劳动力转移培训工作得到持续改善。

三是要完善就业准入制度。随着社会的发展和经济的转型，有必要对用工岗位设立技术或人文素养门槛，以督促农村剩余劳动力提高参与培训的主动性和自觉性。事实上，我国的经济经过三十多年的高速发展之后，确实应该在发展质量上下功夫。经济社会的发展质量取决于每一个经济单元的产品质量程度，而产品质量的提升又依赖于生产者的素能。因此，尽快完善就业准入制度势在必行。

四是要壮大培训中介机构。大部分县（市、区）"阳光培训办"没有配置专职的项目管理人员，造成整个培训过程中的"管""培"不分的现象，严重影响了培训的质量和培训专项资金的安全使用。需要培育有效的第三方评估机构，以市场机制独立运作，对农村剩余劳动力转移培训进行评价与评估。政府部门剥离管理和培训职责，逐步建立高效的农村剩余劳动力培训转移和就业服务新机制。大力发展现代人才服务业，大力开展中低端人才服务，引导与支持劳务公司的成长与发展，在农村剩余劳动力和就业岗位间建立通道，形成完善的信息提供、就业服务、咨询指导、培训转移、就业介绍等一体化劳务中介。通过劳动力转移企业的建设，带动劳动力转移培训的发展，促进农村剩余劳动力的转移。

8.1.2 转移培训客体的法制化

第一，转变农民工的思想观念。继续加大宣传力度，让农村劳动力和雇工企业了解培训的作用和意义，认识到自主选择与开展的优势。由于我国长期处于农业经济时代，农耕文化在人们心目中留下了深深的烙印。日出而作，日落而归，人们滋生了“随波逐流”的心态。这就容易一切听从基层政府的安排，缺乏独立的思考和对人生的通盘规划，形成被动接受培训的局面，因此很难达到一流的培训绩效。为此，要转变农民工对培训作用的认识，变“要我参加培训”为“我要参加培训”，使农民工转移培训成为进城务工的一道必要程序，逐步营造成一种“培训文化”，这就会在培训工作中达到事半功倍的效果。

第二，满足农民工需求。要着力解决农村劳动力培训以及转移过程中存在的问题，降低培训与转移成本。当前我国农村剩余劳动力转移培训的经费主要来自三个方面：一是国家财政和地方财政的投入，二是用工企业的投入，三是劳动力个体的投入。由于农民工的“小农意识”往往舍不得在“间接受益”环节花钱，所以在目前三方投入体制下，要进一步加大财政和企业的投入力度，同时在培训费用的构成上要体现劳动力个体的分摊。随着该环节投入产出收益的提升，对受训者的相关费用也要明晰化、制度化、法制化。

第三，减除农民工顾虑。规范企业用工制度与培训制度，保障劳动力的权益，实现工人的有序流动。由于我国人口基数巨大，尤其是农民工这个庞大的群体，所以在由第一产业向第二产业、第三产业转移的进程中，常常是自发形成的，缺少有的放矢的管理。随着经济社会的转型升级，市场体制逐步走向规范化。在这种背景下，城乡居民的平等地位应尽快确立。一方面，要求农村居民和城镇居民应待遇公平，吸引农民工完全放弃农村的资产，彻底融入城镇。另一方面，要使农民认识到，不论是从第一产业转移到第二产业、第三产业，还是从农村转移到城市，均需要自身素质的提升。而素质提升的捷径就是积极参与培训。

8.1.3 转移培训过程的法制化

一是依法营造全民终身学习的环境。不论是城市居民还是农村居民，应依法规定每年学习的时间。在当前基于网络的新经济业态的冲击下，农民工群体如果再缺少培训环节，其弱势地位在知识经济时代将更加凸显。因此，为了整个社会的稳定、发展和繁荣，需要融合政府、企业和劳动力个体三方的力量，尊重市场规律，开发人力资源潜力，尽快形成岗前、岗中和岗后三个阶段培训的有机体。使全社会关注培训、关心培训、支持培训。

二是打造“培训-转移”一体化的人力资源综合公司，使培训过程全程接受政府相关部门的监督和管理。产业能否成功升级关键取决于劳动者的技能和素养，培训过程的透明化将有利于培训绩效的提升。可监控的过程不仅可以增加政府投入的信心，更重要的在于企业能够方便地了解到它所真正需要的人才。

三是强化全程服务与合法维权。促进全国劳动力转移的联动协作与快捷办理，简化转移手续，对转移劳动力的政审、健康证明、务工证明、婚育证明等实现一条龙办理，降低各项办理的时间与手续费用。规范培训机构与劳动力转移中介机构的运作，保障农民工的利益不受损失。对于劳动力转移比较大的单位与地区，可以由劳动部门介入，签订“用工单位-劳动部门-农民工”的集体协议。在社会保障与纠纷解决中，建设完善的法律规范，帮助农民工合理维护自身的权益。通过劳动力转移全过程的法制化建设，提高对劳动力转移的服务能力，维护农民工的正当权益。

8.2 剩余劳动力转移培训的常态化

8.2.1 转移培训任务的常态化

一是制定新一轮培训规划。国家在“十五”和“十一五”时期，对农村剩余劳动力转移培训工作目标明晰、经费到位，极大地促进了农村剩余劳动力转移培训工作。进入“十二五”甚至“十三五”期间，要进一步完善有关农民工转移培训的方案，滚动制动国家层面的专项培训规划，使农村剩余劳动力的转移培训工作步入常态化。事实上，在2006—2012年，培训了7000万名需要向非农产业和城镇转移的劳动力，取得了巨大的成就。政府部门在农村剩余劳动力培训中要不断创新组织管理模式、提升宏观的协调与整合能力，把农村剩余劳动力培训工作与农村剩余劳动力转移工作紧密结合在一起，进一步加大投入力度，提高投资效益。

二是保证稳定的经费投入。人力资本投资是效益和回报最大的投资，是一项重大的惠民工程。各级政府都要把所需的劳动力转移培训经费列入具体财政预算中，保证政府经费投入的稳定性。多渠道筹集用于转移培训的基金，突出培训的实效性，合理用好每一笔经费。联合金融机构为受培训农民提供小额资金贷款，保障培训经费的稳定性。

三是配套有效的培训政策。制定政府培训工作考核政策，明确各级政府、各部门在农村剩余劳动力培训中的具体任务与职责，把详细的量化指标作为考核相关领导干部的准则，出台相配套的工作奖惩文件，激励各部门领导干部积极做好农村剩余劳动力培训工作；制定促进社会力量参与培训的政策，出台有效的政策文件，对积极参与农村剩余劳动力转移培训的企业、学校、中介机构给予相应的优惠与补贴；制定鼓励农民工参加培训的政策，多种形式激励农村剩余劳动力多参加转移培训，多掌握技术技能，对完成培训、取得资格证书的农民给予奖励与补助，为通过培训的农民联系就业单位。

8.2.2 转移培训管理的常态化

一是整合培训资源。通过整合农村各类教育教学资源，逐步形成一个管理规范、手段先进、功能齐备、优势互补、灵活高效的农村成人职业教育体系，建设一批劳动力转移培训企业与基地。提高劳动力培训资源的配置效率，减少劳动力转移培训的盲目性。由政府相关部门、培训机构、雇工企业、行业协会、工会等协同解决诸如培训定位、培训管理、培训专业、培训课程、培训方法、培训教材、培训考试、证书发放、培训转移衔接、培训评估等方面的问题。转移培训工程是政府的责任，但政府不能直接操作，而是要在法律、政策方面起到规范与引导作用，充分发挥市场机制的作用，优化农村剩余劳动力转移培训资源，调动培训各方的积极性。

二是创新培训模式。构建七方联动的劳动力转移培训模式，有效整合政府部门、用工企业、培训机构、劳动力、产业状况和劳务中介等方面的资源，建立起紧密联系与协调配合的运作机制，建设招生、培训、就业、转移一体化服务模式，支持能与相关部门相互连接、上下贯通的全国性、国际性的集团化培训企业发展，既能增强培训的实用性与有效性，又能满足企业的用工需求，还能调动农民参加培训实现转移的积极性。鼓励多方主体联合办学，制订灵活的、有针对性的培训方案，因地制宜地推进培训学校之间、校企之间、企业之间、地区之间、城乡之间的一体化办学程度，形成极具特色的创新培训模式及完善的劳动力转移培训机制。在培训、转移、政策保障方面，实现有机联系与良性互动，确保农村剩余劳动力的有序流动与转移。

8.2.3 转移培训评估的常态化

一是要建立科学的业绩考核体系。农村剩余劳动力转移培训实效评估比一般培训项目的评估更加复杂。它涉及人数多、部门多、范围广、时间长。各地区管理部门、培训机构、企业需求、产业发展、劳动力的数量与质量差异巨大，特别需要建立系统科学的培训实效评估方法与体系。本课题建立了整合性较强的四维联合评估模型，模型中包括接受培训的农民、培训管理部门（政府相关部门）、培训机构、培训相关组织（劳务中介、行业协会等）四维主体。针对接受培训的农民，通过柯克帕特里克评估模型的反应、学习、行为与结果评估较为合理；作为培训管理部门，使用背景评估、投入评估、过程评估、产出评估更为切合；作为市场主体的培训机构，则按照平衡计分卡的财务、流程、客户、学习与成长这四个指标考核绩效更为妥当；相关组织机构对农村剩余劳动力转移培训同样起到重要的作用，但往往受到忽视，这里从持续学习文化、整合沟通能力、协同运作能力三个方面评价相关组织机构。在今后的研究中可以对农村剩余劳动力转移培训整合的四维联合评估模型进行深入的研究与细化，对指导培训实效评估工作具有一定的理论与实践意义。

二是要形成责任认定和追究制度。由于剩余劳动力的转移培训攸关转移后能否持续的问题，甚至影响着城乡一体化发展、农村空间的整合和重构、农村产业发展模式等重大问题，所以，在转移培训工作中应引入多元化的评价方式，使转移培训工作始终保持在正确的航道上。通过对剩余劳动力转移培训中责任履行的程度给出公正的评价，对该过程中出现的浪费和不作为现象，应给予责任追究。

三是要依法规范劳动者就业的综合素质要求。我国经济经过多年的高速发展之后终于放慢了速度，真正沿着科学发展的方向向前推进，人们开始对生产质量、生活质量、环境质量等领域给予更多的关注。全社会更加重视产品的标准、操作的流程和劳动规范。这些严谨的要求必然强化对劳动力转移培训工作的管理。随着时间的推移，常态化的高素质招工需求将使培训不再流于形式，而是发自待转劳动力个体内心深处的渴求。

8.3 剩余劳动力转移培训的国际化

8.3.1 培训理念的国际化

一是各级政府要更新观念。总体上,我们国家农村剩余劳动力转移以普通技术劳务与体力劳务为主,但国际劳务市场的需求趋势是向着高技术、高智能人才发展。高技术、高智能人才的薪酬远高于普通转移劳动力。大力促进剩余劳动力的国际化转移,不仅不会造成当地人才资源的流失,反而会大大激发人才的培训需求与培训供给能力,有效改善劳动力人才结构,打造区域人才品牌。国际化的劳动力转移必须引起政府的高度重视,要树立新的观念,将剩余劳动力国际化转移提高到"加快社会主义新农村建设"与"实现城乡统筹发展"的战略高度,把剩余劳动力国际化转移作为农村劳动力转移的重要工程与创新途径,作为农村致富与稳定发展的主要支柱。取消劳动力国际化转移的种种限制,改变传统上由国家垄断签订劳务协议、安排劳动力国际化转移的做法,鼓励劳务中介机构与国际劳动力转移机构的发展,鼓励个人通过国外亲友联系等实现劳动力国际化转移。

二是积极开拓国际转移市场。政府要积极发挥核心作用,扎实推进剩余劳动力国际化转移工作,为劳动力国际化转移谋求更大的空间与市场。政府要主动加强与其他国家的多边、双边劳务合作,建立有效的长期劳务合作机制。在国际服务贸易规则与法律的制定方面发挥积极的作用,与劳务需求国加强沟通协调,逐步减少劳务需求国对劳动力转移的限制,消除劳动力国际化转移壁垒,争取劳动力国际化转移更大的自由度、更多的利益,大力拓展劳动力转移的国际市场。

三是加强宣传与引导。改革开放后,农村劳动力转移就业的思想与观念有了极大的转变,大量农村劳动力离开土地向城市流动,寻求更大的发展空间。倘若要他们背井离乡远赴国外,大部分农村劳动力是无法接受的。政府要大力推进劳动力国际化转移的宣传,消除农民对国际化劳务转移的误解。转变宣传方式与手段,摈弃传统的官僚化宣传引导,要从农民最关心的切身利益出发,通过网络、电视、报纸、案例榜样等多种宣传方式,让农民认识到劳动力国际化转移的现实收益与长远发展,激发他们实现国际化转移的积极性。健全和完善劳动力国际化转移的配套服务体系,减除劳动力国际化转移的后顾之忧,增强农村剩余劳动力国际化转移的信心与愿望,引导他们主动加入劳动力国际化转移的队伍中。

8.3.2 培训体系的国际化

一是完善转移培训体系。对于国际化的劳动力转移来说,语言技能的培训与业务技能的培训同样重要,需要在传统培训业务技能的基础上,提升语言技能的培训力度。培训机构应以实用为宗旨,根据转移国别、公共要求及转移劳动力的外语水平程度,制订有效促进听、说能力的培训计划,使他们不但能"干"得好,而且能"说"得好。认真研究用工国家对转移劳动力的详细需求,提高转移培训的针对性,引入国际承认的职业资格认证制度,增强国际劳动力转移的竞争力。除此之外，对转移国家的风土人情、基本国情、法律道德等方面做一些知识讲座，能够使转移劳动力快速适应国外新环境，获得用工单位的认可。

二是加强培训基地建设。打破劳动力国际化转移培训只能由政府部门或所属机构承担的惯例，在政府宏观管理与协调的前提下，大力引进与鼓励民营劳动力转移中介与培训组织的发展，吸纳更多的社会资金参与到培训与转移建设中来，形成充足的资金供给机制。在形式方面，除了各类劳动力转移基地自办的培训学校外，还可以鼓励高校、职业技术院校、社会培训组织等开展劳动力国际化转移培训。借助这些优势培训资源，可以保障师资力量与培训水平。联合劳动力接收国打造联合培训机构，完成专业的对口培训，能够在短时间内实现有效的定向培训，达到劳动力接收国单位的用工要求。

三是拓宽培训转移渠道。多年来，转移培训渠道狭窄单一，跟不上劳动力转移的国际化步伐。长期以来，我国劳动力国际化转移方式主要以承揽国际工程带动的形式发展，借助技术设备出口与安装，借助大型企业设厂管理还未成为主流。政府各级部门要不断拓展培训转移渠道与方式，放开劳动力国际化转移经营权的限制，在继续发展国有企业劳动力国际化转移的基础上，支持民营企业、集体与乡镇企业的合法劳动力国际化转移，保障所有经营主体的公平竞争。虽然我国在1999年放宽了对外劳务经营权的申请资格，但与国际上的普遍做法对比，审批标准和门槛依然很高，严格的审批把大部分民营企业和中小企业拒之门外。因此，需要进一步简化劳动力国际化转移的烦琐流程，给予民营企业和转移劳动力足够的帮助和指导，提高管理效率。

8.3.3 转移保障的国际化

一是国际转移信息化。信息是农村劳动力国际化转移工作的指导线。要综合应用现代信息化手段，建立完善的国际、国内劳动力转移信息系统，及时完成劳动力转移信息的搜集、识别、筛选、整合、传输、发布等工作。构建的劳动力就业信息互联网能集成政府相关劳动力转移系统、国际劳动力转移公司信息系统、国内劳动力市场信息系统、国内培训机构信息系统及国外专业服务机构信息系统，确保国际劳动力转移与培训部门及机构能及时掌握国际劳务供需的最新情况，做到有的放矢，赢得更多的劳动力转移机会。完善系统的决策支持功能，准确统计与预测劳动力国际化转移信息，提前做好科学准备，改进工作不足。推进劳动力转移信息系统的建设，密切关注劳动力转移情况的变化，准确及时配对劳动力供求，找到培训与转移中存在的问题。

二是服务保障完善化。全球的境外劳动力转移输出大国都建立了专门的境外劳动力服务机构，以便及时掌握境外劳动力转移动态，保障境外劳动力权益。国外务工人员遇到权益纠纷或安全侵害时往往容易走向极端，不利于劳动力转移的健康持续发展，因此，在劳动力国际化转移比较集中的国家建立专门的服务机构，一旦境外劳动力遇到困难与问题，就能够及时提供多方面的帮助。设立专门的境外劳动力转移保护基金，当境外转移劳动力面对严重疾病、重大灾难等突发事件时，能够给予他们有效救助。制定国际化劳动力转移的小额信贷制度，为境外转移劳动力给予抵押贷款的支持，对境外劳动力在社会保障、子女入学、商业保险等方面给予相应的帮助。

三是转移法规健全化。长期以来，我国劳动力国际化转移没有健全的法律，各地主要依靠行政命令与相关文件进行管理，政出多头、秩序混乱、行业分割、过程烦琐等现象普遍存在。要改变这一现状，需从加强境外劳动力转移的法律法规建设，建立完整的法规制度，在全国范围内统一实施，避免劳动力国际化转移中的违规事件发生，规范劳动力转移经营管理者与劳动力的行为等方面进行管理。修改劳动力国际化转移审批机制，简化审批流程，提高审批效率，增加审批透明度，逐步与国际上通用规则与惯例相适应。进一步弱化政府行政层面的过度干预，提升宏观管理与服务能力，强化劳动力国际化转移行业协会的自律作用，保证国际化转移的持续健康发展。

9　主要结论、政策建议及应用展望

9.1　主要研究结论

9.1.1　理论研究结论

(1)农村剩余劳动力转移培训与经济协调发展的关联度分析

在研究关联度时，设定从第一产业转出的剩余劳动力均参加了转移培训，本课题选取河南、山东、浙江、新疆四个地区作为研究样本空间，使用非农产业从业人员占全社会从业人员的比例(%)作为农村剩余劳动力转移培训指标。理论研究显示，这四个地区农村剩余劳动力转移培训与经济协调发展具有较大关联性。通过培训，缩小了城乡差距，降低了第一产业的从业人员比例，促进了产业结构升级。

利用灰色预测模型对四个地区劳动力从业人员比重进行预测，得出：到 2015 年，河南农业产业从业人员占全社会从业人员的比例将降低到 36.44%，山东农业产业从业人员占全社会从业人员的比例将降低到 29.68%，浙江农业产业从业人员占全社会从业人员的比例将降低到 10.82%，新疆农业产业从业人员占全社会从业人员的比例将降低到45.55%。总的来说，农业产业从业人员占全社会从业人员的比例在降低，农村劳动力转移在继续增加，浙江劳动力转移水平较高，山东、河南次之，新疆最低。

(2)农村剩余劳动力转移培训与产业结构升级的适配度分析

在研究过程中，将适配度等级划分为极度失调、高度失调、中度失调、低度失调、弱度失调、弱度协调、低度协调、中度协调、高度协调、极度协调十个级别。建模分析显示，四个地区中，浙江省、河南省、山东省、新疆维吾尔自治区的农村剩余劳动力转移培训与产业结构升级的适配度指标依次为 6、5、5、4，表明近几年在农村剩余劳动力转移培训领域已取得较大成效，浙江省的适配度指标已达到 6，尽管处于弱度协调状态，但已基本适配。河南、山东作为劳动力输出大省，也已上升为弱度失调状态，正在接近基本适配指数。新疆在适配度领域较弱一些，仍处于低度失调阶段，但也已取得进步，摆脱了严重失调状态，使失调区域和缓。

(3)农村剩余劳动力转移与培训的工作契合度分析

本课题以供给-需求契合、需求-能力契合、自我概念-工作契合为研究重点，构建了各产业转移就业弹性与培训契合度关系模型以及农村剩余劳动力转移的就业弹性系数计算模型，并在 2004—2012 年分别对河南、山东、浙江、新疆四个地区的三次产业与劳动力转移培训的契合度进行了研究，对四个地区的契合度指标进行了横向比较。结果显示：浙江省在第一产业、第二产业领域劳动力转移契合度最优，其次是河南省、山东省、新疆维吾尔自治区；而在第三产业领域新疆维吾尔自治区占有优势，其次为河南省、浙江省和山东省。

(4)农村剩余劳动力转移培训的投入产出分析

本课题从经济结构模型——经济结构偏离度、经济质量模型——农村劳动生产率和经济总量模型——计量经济分析法三个层面分析，在2003—2012年内对样本空间四个地区的农村剩余劳动力转移培训投入产出状况进行了研究。结果显示：经济结构的偏离度随着劳动力培训的投入而逐步趋于平缓，农村劳动生产率在逐步攀升，尤其是河南、山东、浙江、新疆四个地区的农村剩余劳动力转移培训的投入产出拟合系数分别达到了14.377、7.206、13.583和5.451，说明农村剩余劳动力转移培训投入产出有较好的拟合度。

9.1.2 实证研究结论

(1)河南省农村剩余劳动力转移培训的效果

河南省作为全国第一人口大省，农村剩余劳动资源相对丰富，转移培训的压力相对较大，河南省近几年采取的阳光工程和雨露计划、“学校出菜单、企业下订单、政府埋单”的“三单”模式、开放性职业学校模式、(村庄)社区工作模式以及中介培训模式等，成效显著，在提高劳动者职业能力和技能人才培养方面分别实现了量和质上的双突破。2009—2013年，1000万农村劳动力转移就业技能培训任务顺利完成，80%以上培训者人员获得专项证书。5年间培养扶持了50万创业带头人，实现了500万人就地就近转移就业，培训就业方面成效显著。

(2)山东省农村剩余劳动力转移培训的效果

山东省也是我国的农业大省，农村劳动力人口众多。2012年山东省农村剩余劳动力达到2330万人，农村劳动力转移的任务非常艰巨，压力也非常之大。通过转移培训，就业地域结构呈现省内就业为主、中小城镇为主；就业产业结构主要集中在第二产业；就业收入结构显示工资水平明显提高，尤其是在大中城市的务工人员。

(3)浙江省农村剩余劳动力转移培训的效果

实证研究表明，浙江省是接收劳动力转入的较大省份，2010年的外省转移劳动力数量达1182.4万人，占浙江全部常住人口的比重为21.7%。外省转入劳动力结构仍然保持“231”结构，即第二产业是吸纳省外劳动力的主渠道，就业人口达到75.7%；第三产业次之，达到23.1%；第一产业就业比重仅为1.2%。一方面，外省农村剩余劳动力的转入有效弥补了企业用工的不足。另一方面，由于农村剩余劳动力大量转入到第二产业和第三产业，加大了城镇人口的比重。浙江省城镇人口比重2010年为61.6%，2011年为62.3%，2012年达到63.3%，比2012年全国52.57%的城镇化率高出10多个百分点。由于浙江经济社会的转型，农村剩余劳动力转移培训的岗位需求大多集中在技能工种，这也诉求对农村剩余劳动力需要加大转移培训的力度。

(4)新疆维吾尔自治区农村剩余劳动力转移培训的效果

2012 年底，新疆维吾尔自治区需要转移就业的人员有 198.83 万人。进入 21 世纪，新疆发展战略的调整，使工业结构趋于合理化，城市第二产业、第三产业的发展，吸引着大量农村剩余劳动力向城市集中。尤其是通过培训进入城镇的劳动力收入明显高于农村地区的，进一步激发了农村剩余劳动力转移培训的热情。

9.2 政策建议

9.2.1 基层政府层面

基层政府要认真研究、严格落实国家关于农村剩余劳动力培训的规划。政府部门在农村剩余劳动力培训中要不断创新组织管理模式、提升宏观的协调与整合能力，把农村剩余劳动力培训工作与农村剩余劳动力转移工作紧密结合在一起，进一步加大投入力度、提高投资效益。

基层政府应履行好掌舵责任。对培训工作，政府应"掌舵"而不"划桨"，主要履行项目论证、方案审查、平台建设、财政支付、过程监督、培训绩效考核等方面的管理，将其他工作下放给市场。

9.2.2 企业层面

企业是农村剩余劳动力转移培训的参与者、承接者、受益者，在转移培训过程中扮演着极其重要的角色。它既是培训后转移就业的载体，也是培训的平台。由于企业最了解自身的岗位需求和企业文化，因此，在农村剩余劳动力转移培训绩效评估这个业务中绝不能置身事外。

企业家应承担起划桨责任。企业家是企业的经营管理者，市场需要什么规格的人才他们最了解，就业岗位需要他们提供，企业家参与培训的全过程有利于转移培训工作的有的放矢。因此，在培训进程中只有充分发挥企业家的划桨作用，这艘剩余劳动力转移的"巨轮"才会快速前行。

9.2.3 培训机构层面

新型职业农民由于岗位不同，对培训的需求也存在较大差异，对培训机构也提出了更高的要求。第一，建立层次性的培训机构。农民对培训的需求是多元化的，有的需要最基本的技能，有的需要培训时间较长的高级别技能，有的需要后续的支持与学习，还有的需要创业辅导。因此，应根据本地情况，充分调查农民工的实际需要，建立能够满足农民工培训需求的多层次培训教育体系。第二，要选取有特色的培训内容。要根据输入地对劳动力的需求，结合输出地劳动力的特点，制订合适的培训目标、培训项目与培训内容，增强培训的实用性与受训农民转移过程中的就业竞争力。第三，要加强对各类培训机构的业务管理与绩效考核。要严格审查资质，重点检查师资力量、培训场地、教学设备、培训工种、培训规模是否与培训目标相适应。按照公开、公平、公正原则，运用招投标方式，通过市场选择农民工培训机构，明确承担的培训项目和工种，建立动态的管理和退出机制。

9.2.4 中介机构层面

劳务中介机构在农村剩余劳动力转移培训过程中要发挥桥梁和纽带作用。专业的第三方培训评估机构，可以对培训工作进行有效的监督和评价，提升培训的实效。第三方评估机构要以市场机制独立运作，强化对农村剩余劳动力转移培训进行评价与评估。政府部门要剥离管理和培训职责，逐步建立高效的农村剩余劳动力培训转移和就业服务新机制。要大力发展现代人才服务业，大力开展中低端人才服务，引导与支持劳务公司的成长与发展，在农村剩余劳动力和就业岗位间建立通道，形成完善的信息提供、就业服务、咨询指导、培训转移、就业介绍等一体化劳务中介。

9.2.5 劳动力个人层面

劳动者应肩负起创造责任。作为剩余劳动力转移培训的主体，劳动者面对政府的投入，企业家的资助，应该以积极的心态，创造性地投入培训。外因是变化的条件，内因是变化的根据。中国经济社会的转型升级，关键在于劳动者的素质，在于生产管理过程中是否具有创造性开展工作的能力。劳动者在培训过程中应时刻具备创造意识，抢抓机遇，才能从根本上提升转移培训的绩效。

9.3 本研究成果的创新点及应用展望

9.3.1 本研究成果的创新点

本研究成果有三个创新点。

(1)研究思路的创新

通过挖掘影响农村剩余劳动力转移培训实效的主要障碍，包括体制与机制的障碍(政出多门的领导体制、政绩导向的运行机制、政府主导的监管体系)、区域分布的障碍(农村剩余劳动力转移培训供需分布不均衡、农村剩余劳动力转移培训的条件不一致、农村剩余劳动力转移培训实效评价的体系不统一)、供需单位的障碍(供需双方利益的博弈、信息不对称增加的成本、师资不匹配造成的浪费)、劳动力个体的障碍(农民“小富即安”、劳动力个体“过早辍学”、劳动力个体“特长缺失”)等方面，深入研究了农村剩余劳动力转移培训有关要素的整合问题，包括培训政策、培训方式、培训内容、绩效评价体系等领域的整合。

(2)评价方式的创新

首先采用了融合关联度、适配度、契合度和投入产出模型于一体的农村剩余劳动力转移培训绩效的四维评价方式。通过构建农村剩余劳动力转移培训绩效评价的关联度、适配度、契合度和投入产出模型，对河南、山东、浙江、新疆四个地区样本空间中的相关数据进行了定量和定性分析，得出了科学评价。以接受培训的农民、培训管理部门（政府相关部门）、培训机构、培训相关组织（劳务中介、行业协会等）这四维主体作为评估对象，针对不同主体的特点，制订不同的实效评价方法，形成了农村剩余劳动力转移培训实效评估的新四维联合评估模型。

（3）特色模式的创新

通过放大剩余劳动力转移培训获利的动力源、抑制剩余劳动力转移培训博弈的失策点和拓展剩余劳动力转移培训增效的协同圈，形成了以实现农村剩余劳动力转移培训利益最大化路径为核心的特色模式。

9.3.2 本研究成果的应用展望

党的十八大之后，国家整体发展思路又提升到了一个新层级。特别是工业化、信息化、农业现代化以及城镇化的推进，大批的农村剩余劳动力必须有序地转移。因此，对转移培训绩效的评估将是一个极其重要的环节。该研究成果尽管以浙江、河南、山东、新疆为研究样本空间，但是，由于这四个地区的代表性，无疑对全国范围具有借鉴意义，相信该成果将对农村剩余劳动力转移培训绩效评估工作的开展具有指导作用。

附　录

××省农村劳动力转移培训调查问卷

2012.12

调查对象姓名		联系方式	
户籍所在地	市　　区　　镇		
工作单位			

一、个人、家庭等基本情况

请在您选中的项目编码上打"√"。

1. 您的性别：

①男　　②女

2. 您的年龄：

① 20 岁以下　　② 20～39 岁

③ 40～59 岁

3. 您现有的文化程度：

①未读过书　　②小学

③初中　　④高中(职高)

⑤大专

4. 您的婚姻状况：

① 未婚　　② 已婚无子女

③ 已婚有子女　　④ 其他

5. 您现有家庭成员：

① 1 个　　② 2 个

③ 3 个　　④ 4 个

⑤ 5 个及 5 个以上

6. 您现在从事的主要职业：

① 企业职员　　② 服务人员

③ 务农在家　　④ 其他(请填写)____________

7. 您现在家庭年收入：

① 4000 元以下　　② 4000～7000 元

③ 7000～10000 元　　④ 10000 元以上

二、培训基本情况

请在您选中的项目编码上打“√”(可多选)。

1. 您是否具有工作经验?

① 是　② 否

2. 您是否参加过培训?

① 是　② 否

3. 如果没参加过培训,原因有哪些?

① 无法得到培训信息　② 没有合适的培训机构

③ 其他,如__________

4. 您提升学历的方法:

① 电大　② 自学考试

③ 网络教育　④ 职业培训

⑤ 其他(请填写)__________

三、就业认知

请您在选中的项目编码上打“√”(可多选)。

1. 您认为在就业中拥有技能等级重要吗?

① 重要　② 不重要

2. 您拥有何种技能等级?

① 没有　② 初级

③ 中级　④ 高级

3. 如目前暂无工作,您因何种原因待业在家?

① 工资太低　② 工作时间太长

③ 工作太辛苦　④ 福利待遇不高

⑤ 拖欠工资　⑥ 自身职业技能不够好

⑦ 失去土地　⑧ 缺乏就业信息

⑨ 不愿意工作　⑩ 其他,如__________

4. 您在工作中遇到的最大的困难有哪些?

① 能力技术水平不够　② 与组织难以沟通

③ 与同事关系不好　④ 工作环境不好

⑤ 工种不理想　⑥ 工资福利待遇低

⑦ 家庭问题的困扰　⑧ 其他,如__________

5. 您是否遇到过拖欠工资?

① 是　② 否

6. 您遇到工资拖欠时采取的办法:

① 束手无策　② 自己交涉

③ 求助主管部门　④ 用《中华人民共和国劳动法》保护自己

四、培训需求

请您在选中的项目编码上打“√”(可多选)。

1. 您对自己现在的工作状况的态度:

① 满意　　② 不满意

③ 无所谓

2. 您今后想从事什么工作?

① 服务业人员　　② 一般职员

③ 技术人员　　④ 自主创业

⑤其他(请填写)____________

五、培训评价

请您在选中的项目编码上打“√”(可多选)。

1. 您是否能获得培训信息?

① 很容易　　② 很难

2. 您是否愿意参加培训?

① 不愿意　　② 愿意

3. 家人是否支持您参加培训?

① 不支持　　② 支持

4. 您参加培训是否有资金困难?

① 有　　② 没有

5. 培训所学知识是否对您工作有所帮助?

① 有　　② 没有